KB197805

No Code 빅데이터 분석

: Altair RapidMiner AI Studio를 활용한 분석실무

김양석 지음

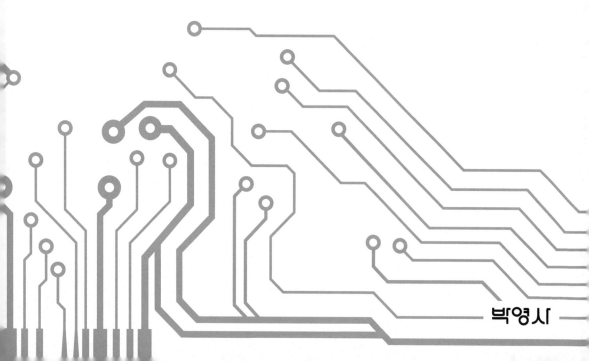

박영사

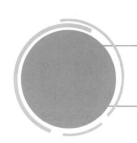

머리말

데이터 분석이 기본 소양이 되는 시대가 되었다. 데이터를 활용하는 것은 이미 오래전부터 강조되어 왔지만, 근래에 들어 데이터 분석이 개인이나 조직의 생존과 발전을 위한 필수 사항이 되고 있다.

데이터 분석을 머신러닝과 같은 것으로 보는 사람도 있다. 그러나 이 두 분야는 서로 다른 목적으로 존재한다. 머신러닝은 추상화된 문제를 해결하는 방법, 즉 알고리즘의 개발을 주요 목적으로 하는 반면, 데이터 분석은 머신러닝을 포함한 다양한 분석 방법을 사용하여 현실의 문제를 해결하기 위한 통찰(insights)을 얻는 것을 목적으로 한다. 데이터 분석의 핵심 도구로 머신러닝이 사용되기 때문에 겹치는 부분도 있지만, 머신러닝은 머신러닝만의 고유한 영역이 있고, 데이터 분석은 데이터 분석만의 영역이 있다.

데이터 분석은 누가 수행할까? 오늘날 마케팅이든, 전략이든, 생산이든 어떤 영역에 있는 사람들도 데이터 분석을 할 줄 알아야 하며, 이것이 경쟁 우위의 원천이 된다. 저자는 현업에 있는 사람들의 데이터 분석 입문을 돕기 위해 이 책을 저술하였다. 이 책은 독자들이 Altair사의 No Code 데이터 분석 소프트웨어인 Rapid-Miner AI Studio를 사용하여 코드를 작성하지 않고 데이터 분석을 수행하는 방법을 학습하도록 한다.

이 책의 목적은 데이터 분석을 배우는 것이다. 데이터 분석을 배우면 머신러닝과 혼동하듯이, RapidMiner AI Studio를 배우는 것이 데이터 분석이라고 혼동할 수 있다. 이 사실을 명심하고 학습하길 바란다. 데이터 분석의 전체적인 맥락을 놓치지 않도록 하기 위해 이 책은 CRISP-DM 방법론을 따라 학습하도록 내용을 구성하였다. 먼저 데이터 분석의 체계를 학습하고, 그 안에 있는 세부 내용을 학습하도록 하자.

이 책은 데이터 분석을 배우기 위한 교두보이다. 이 책에서 다루지 않은 많은 주제들이 있다. 다양한 시각화 기법도 있을 수 있고, 통계적 기법도 있다. 물론, 다양한 머신러닝 기법은 말할 것도 없다. 그러나 나는 데이터 분석 학습자들이 세부적인 관심으로 가기 전에 데이터 분석의 큰 틀을 익히는 데 집중했으면 한다. 큰 틀이 있으면 세부적인 다른 내용들은 큰 틀에 맞추어 넣기만 하면 된다. 이 책을 통해 데이터 분석을 잘 시작하고, 성공적인 데이터 분석가가 되길 바란다.

이 책이 나오기까지 수고해 주신 많은 분들께 감사를 드린다. 이 책의 내용을 함께 공부했던 이충권, 노미진, 한무명초 교수에게 특별히 감사한다. 책의 내용에 대한 귀중한 조언을 해 주셔서 더 나은 책이 될 수 있었다. 이 책의 내용을 읽고 도움을 주었던 석사 과정의 이소원, 메기 학생에게 감사한다. 이 책이 만들어진 과정에 꼼꼼히 교정을 해 주신 박영사 탁종민 선생께 감사드린다. 마지막으로 나를 사랑하고 후원하는 늘 희생하는 우리 가족에게 진심으로 감사한다.

저자 김양석 배상

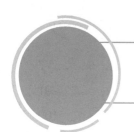

목차

제 **1** 장

서론

데이터가 핵심인 세상이 되었다. 우리가 생활하는 곳곳에서 데이터가 생성된다. 데이터의 디지털화와 데이터 저장과 처리 기술의 비약적 발전으로 우리는 이전에 갖지 못했던 크고, 다양하며, 빠르게 생성되는 데이터를 갖게 되었다. 사람들은 데이터를 활용하여 다양한 문제를 해결하려 시도하고 있다.

데이터 분석은 다양한 기법을 활용하여 데이터에서 문제 해결을 위한 정보나 지식을 얻는 체계적인 시도를 말한다. 데이터 분석은 단순히 자료를 정리하고 대푯값을 산출하여 보여주는 통계적 분석에서 출발하였으나, 데이터의 복잡한 패턴을 이해하고, 인과적 의사결정의 근거를 제공하고, 알려지지 않은 사건의 결과를 예측하는 등의 작업을 하는 인공지능 기반의 분석으로 발전하였다.

조직은 데이터 분석을 사용하면 경쟁 우위를 확보할 수 있다. 데이븐 포트가 말한 것처럼 이런 조직들은 "데이터를 수집하고 분석하고 행동하는 능력"으로 경쟁우위를 얻는다. 분석 기반 경쟁자들은 다양한 분석 기술을 회사의 모든 업무 기능에 사용하며, 모든 직원들이 일정 수준의 데이터 분석 역량을 보유해야 한다는 것을 의미한다(Davenport 2006).

그러나 모든 직원이 데이터 분석을 수행한다는 것은 쉽지 않다. 데이터 분석의 기초가 되는 지식은 이해하기에 난해한 경우가 많으며, 전문적 훈련을 받지 못한 일반 직원이 데이터 분석을 직접 수행하는 데 어려움이 있어 왔다. 따라서, 많은 기업들에게 있어 데이터 분석을 수행할 수 있는 직원을 채용하는 것은 중요한 문제였었다.

최근 이런 문제를 해결하기 위한 방법으로 시민 데이터 과학자(Citizen Data Scientist)에 대한 기대가 높아지고 있다. "시민 데이터 과학자는 첨단 진단 분석 또는 예측 및 처방 능력을 사용하는 모델을 생성하지만, 주된 직무 기능이 통계 및 분석 분야 밖에 있는 사람"으로 "비즈니스 사용자들의 셀프 서비스 분석과 데이터 과학자들의 고급 분석 사이의 격차를 해소"할 수 있다고 본다. 즉, 시민 데이터 과학자는 "이전에는 더 많은 전문 지식이 필요했을 정교한 분석을 수행할 수 있게 되었고, 데이터 과학자들을 특징짓는 기술 없이도 고급 분석을 제공"할 수 있다고 본다(Gartner 2017).

시민 데이터 과학자의 출현은 데이터 분석을 쉽게 수행할 수 있는 셀프서비스 분석 소프트웨어의 발전으로 가능하게 되었다. 셀프서비스 분석 소프트웨어(self-service analytics software)는 기존의 비즈니스 인텔리전스 기능, 즉 시각 분석을 지원하는 소프트웨어와 인공지능 기반의 예측 분석을 지원하는 소프트웨어를 모두 포괄하는 것으로 볼 수 있다.

소프트웨어만 있다고 분석을 할 수 있는 것은 아니다. 성공적인 시민 데이터 과학자가 되기 위해서는 데이터 분석 기법을 충분히 이해해야 하며, 분석 수행을 위한 체계적인 방법론을 배워야 한다. 이것이 이 책을 저술하게 된 가장 핵심적인 이유이다. 즉, 이 책은 한편으론 셀프서비스 분석을 지원하는 탁월한 셀프서비스 분석 소프트웨어인 AI Studio에 대한 소개를 하면서, 실제로 데이터 분석을 어떻게 수행할 것인지에 관해 학습할 수 있도록 하는 것을 목표로 한다.

이 목표를 달성하기 위해 이 책은 다음의 세 가지에 중점을 두었다. 첫째, 데이터 분석 방법론을 제시하고 각 단계별로 해야 할 일들을 서술하였다. 둘째, 데이터 분석 기법을 쉽게 이해할 수 있도록 설명하였다. 가능하면 수학적 설명 대신에 비즈니스 사용자도 쉽게 이해할 수 있게 직관적인 설명을 활용하였다. 셋째, 데이터 분석 문제를 해결하기 위해 AI Studio를 사용하는 방법을 그림과 설명으로 제시하여 학습자가 스스로 학습할 수 있도록 하였다.

AI Studio는 도르트문트 대학의 인공지능 연구팀의 랄프 클린캔버그(Ralf Klinkenberg), 잉고 미에스와(Ingo Mierswa), 사이몬 피셔(Simon Fischer) 등에 의해 "Yet Another Learning Environment(YALE)"라는 오픈 소스 프로젝트로 시작됐다 (Rittho, Klinkenberg et al. 2001). 처음부터 래피드마이너 개발팀은 누구나 쉽게 데이터를 분석할 수 있도록 지원할 수 있는 솔루션 개발을 목표로 했다. 래피드마이너는 2006년에 상용화 버전으로 개발되었다. 래피드마이너는 IT 조사 기관인 가트너와 포레스터의 시장 조사에서 가장 매력적인 데이터 분석 도구 중의 하나로 선정되었다. 최근 래피드마이너는 알테어에 인수되어, AI Studio로 새롭게 출시되었다.

AI Studio는 왜 매력적인가? 사용자는 오퍼레이터(operators)의 조합을 통해 쉽게 데이터 분석 프로세스를 정의할 수 있다. AI Studio는 기본 데이터 분석 업무를 지원하기 위해 500개가 넘는 내장 오퍼레이터(built-in operators)를 제공한다. 내장 오퍼레이터는 데이터 접근(Data Access), 데이터 블랜딩(Data Blending), 데이터 클렌징(Data Cleansing), 모델링(Modeling), 성과 검증(Validation) 등의 분석 단계에 맞춰 유사한 것끼리 묶어 패키지로 제공된다. 내장 오퍼레이터 이외에도 텍스트마이닝(text mining), 추천(recommendation), 딥러닝(deep learning) 등 다양한 확장 오퍼레이터(expansion operators)를 제공한다. 더 나아가 Python이나 R같은 데이터 분석 프로그램을 AI Studio와 통합하여 사용할 수 있는 기능도 지원한다.

AI Studio를 설치하는 것은 일반적인 소프트웨어 설치와 유사하다. 다음의 웹사이트에서 설치 파일을 받고 실행하여 설치 마법사를 따르면 문제없이 설치가 된다.

https://altair.com/altair-rapidminer-free-trials

이 책은 AI Studio 2024.0을 기준으로 사용법을 설명한다.

사용자 인터페이스

1.2.1 사용자 인터페이스 구조

AI Studio의 사용자 인터페이스는 계층적 구조를 갖는다. 최상위 사용자 인터페이스는 뷰(View)라 불리는데, 다른 사용자 인터페이스 요소들을 담는 역할을 수행한다. 뷰에는 디자인 뷰(Design View), 결과 뷰(Results View), 터보 프랩 뷰(Turbo Prep View), 오토 모델 뷰(Auto Model View), 인터렉티브 분석 뷰(Interactive Analysis View)가 있다. 메뉴 바에 있는 뷰 아이콘을 클릭하여 뷰를 전환할 수 있다(그림 1.1 ①).

그림 1.1) AI Studio 사용자 인터페이스

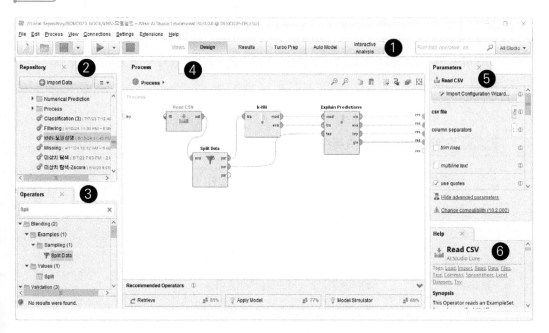

1.2.2 디자인 뷰

디자인 뷰는 오퍼레이터(Operators), 저장소(Repository), 프로세스(Process), 파라미터(Parameters), 도움말(Help) 등의 패널로 구성되어 있다.

1) 저장소 패널

저장소 패널은 데이터, 분석 프로세스, 분석 결과 등을 저장할 수 있는 저장소를 관리하는 인터페이스를 제공한다. 사용자는 'Local Repository' 폴더 아래에 폴더를 생성하거나, 데이터나 프로세스를 저장할 수 있다(그림 1.1 ②).

2) 오퍼레이터 패널

오퍼레이터 패널은 AI Studio에서 사용되는 오퍼레이터(operators)를 서로 관련 있는 것끼리 그룹화하여 오퍼레이터 트리(operator tree)라고 불리 우는 트리 형태로 조직하여 제공한다(그림 1.1 ③). 오퍼레이터 트리의 최상위 패키지는 〈표 1.1〉과 같이 구성되어 있다.

표 1.1 오퍼레이터 트리 최상위 패키지

이름	설명
Data Access	데이터를 읽는 작업과 쓰는 작업을 지원
Blending	다양한 데이터를 함께 쓸 수 있도록 하는 작업을 지원
Cleansing	데이터의 품질을 개선할 수 있는 작업 지원
Modeling	데이터를 가지고 분석 모델링 작업을 지원
Scoring	생성된 모델의 성과를 평가하는 작업을 지원
Validation	모델의 성과 검증을 위한 검증 작업 지원
Utility	분석 프로세스 생성과 관련된 다양한 작업 지원
Extensions	특별한 데이터 분석을 위한 작업 지원
Deployment	모델 배치를 위한 작업 지원

3) 프로세스 패널

프로세스 패널은 오퍼레이터를 사용하여 분석 절차를 구현하는 작업 공간이다. 분석가는 분석 프로세스에 필요한 오퍼레이터를 오퍼레이터 트리에서 찾아, 프로세스 패널에 가져다 놓고, 관련 있는 다른 오퍼레이터와 포트를 통해 연결을 해 주면 된다. 프로세스 패널의 하단에 있는 Recommended Operators는 인터넷에 접속되어 있는 경우에 현재 분석 맥락에서 사용 가능성이 높은 오퍼레이터를 추천해 준다(그림 1.1 ④).

4) 파라미터 패널

오퍼레이터를 선택하면, 그것이 정상적으로 작동할 수 있도록 설정해 주어야 하는 파라미터들이 파라미터 패널에 표시된다. 구체적인 파라미터에 대한 설명은 분석 작업에서 제시할 것이다(그림 1.1 ⑤).

5) 도움말 패널

프로세스 패널 또는 오퍼레이터 트리에서 특정한 오퍼레이터를 선택하면, Help 패널에 오퍼레이터에 대한 설명이 표시된다. 도움말은 요약(Synopsis), 설명(Description), 차이(Differentiation), 입력(Input)/출력(Output), 파라미터(Parameters), 학습 프로세스(Tutorial Process)로 구성되어 있다. 도움말을 읽으면 각 오퍼레이터에 관해 충분히 이해할 수 있다(그림 1.1 ⑥).

> ⚜ 참고
>
> 가끔 기본 사용자 인터페이스로 복귀하고 싶을 때가 있다. 이런 경우에는 메뉴바에서 "View > Restore Default View"라는 메뉴를 실행하면 된다.

1.2.3 결과 뷰

결과 뷰는 프로세스를 실행할 때 결과를 보여준다. 결과 뷰에 어떤 것이 보일지는 프로세스 패널의 res 포트에 무엇이 연결되어 있는지, 또는 브레이크포인트

(Breakpoint Before 또는 Breakpoint After)가 어떤 오퍼레이터에 설정되었는지에 따라 달라진다.

그림 1.2 | AI Studio 결과 뷰

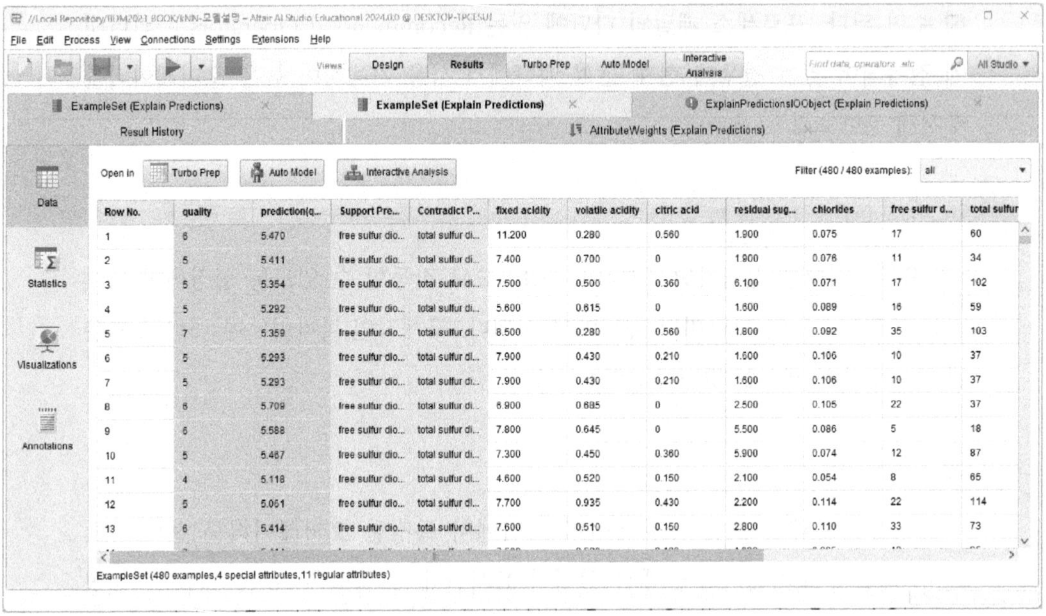

1.3 오퍼레이터 사용 방법

1.3.1 오퍼레이터 형태

오퍼레이터를 나타내는 박스는 오퍼레이터 이름(그림 1.3 ①), 입력 포트(그림 1.3 ②), 출력 포트(그림 1.3 ③)를 가지고 있다. 어떤 오퍼레이터는 하위 프로세스를 구성해 주어야 하는 경우가 있다. 그런 경우 〈그림 1.3 ④〉와 같은 테두리가 두 줄로 표시된다.

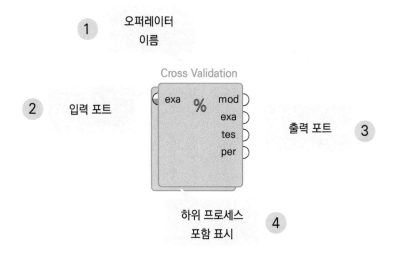

그림 1.3 오퍼레이터 사용자 인터페이스 구성 요소

1.3.2 오퍼레이터 찾기

오퍼레이터 트리에서 오퍼레이터를 찾는 방법은 트리 노드를 단계적으로 펼치며 찾는 브라우징(browse) 방법과 검색 창에 오퍼레이터 이름을 입력하여 찾는 검색(search) 방법이 있다. 그림 1.4는 Retrieve오퍼레이터를 찾기 위해 이 두 접근 사용 방법을 보여준다.

검색을 이용하는 경우 〈그림 1.4 ①〉와 같이 오퍼레이터 검색 창에 오퍼레이터 이름(예, Retrieve)을 입력하면 매칭되는 오퍼레이터를 보여준다. 브라우징을 하는 경우에는 〈그림 1.4 ②〉와 같이 사용자가 Data Access 폴더 아래에 있는 Retrieve에 접근할 수 있다. 이 경우에 사용자는 오퍼레이터가 어디에 있는지 또는 어떤 그룹에 속하는지 알고 있어야 한다.

그림 1.4 오퍼레이터 찾기

 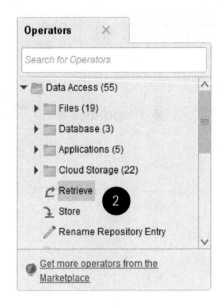

1.3.3 오퍼레이터 추가, 삭제, 위치 변경

1) 오퍼레이터 추가

오퍼레이터를 분석에 사용하려면, 일반적으로 오퍼레이터 트리의 오퍼레이터를 마우스로 선택한 후(그림 1.5 ①), 프로세스 패널에 끌어 놓는 방법(drag and drop)을 사용한다(그림 1.5 ②).

> ⚙ 참고
>
> 오페이터를 추가하는 두 가지 대안이 있다. 첫째, 오퍼레이터를 마우스로 선택한 후 오른쪽 단축 버튼을 눌러 단축 메뉴를 실행한 후, "Insert Operator"란 명령을 실행하면 Process 패널에 추가 된다. 또한, 오퍼레이터 트리에서 오퍼레이터를 선택한 후 마우스로 더블 클릭하면 Process 패널 에 추가된다. 이 경우에는 오퍼레이터가 놓이는 위치는 시스템이 정한다.

그림 1.5 오퍼레이터 추가

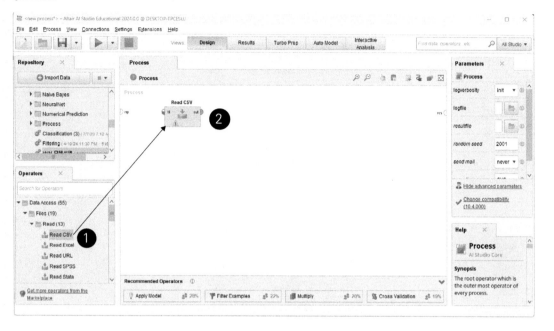

2) 오퍼레이터 작업

사용자는 특정한 오퍼레이터를 마우스로 클릭하여 선택할 수 있다. 오퍼레이터를 선택하면 오퍼레이터 박스의 테두리가 하이라이트 되고, 오퍼레이터 이름이 주황색으로 변경된다. 하나의 오퍼레이터를 선택한 후 마우스로 단축 메뉴를 실행하면 다양한 작업을 수행할 수 있다(그림 1.6). 단축 메뉴를 사용하여 오퍼레이터에 수행할 수 있는 작업은 〈표 1.2〉에 정리되어 있다.

그림 1.6 오퍼레이터 수행 작업

표 1.2 오퍼레이터 단축 명령 설명

명령	단축키	기능 설명
Show Operator Info...	F1	오퍼레이터 정보를 보여준다.
Enable Operator	Ctrl+E	오퍼레이터를 사용할지 여부를 설정한다. 여러 개의 오퍼레이터를 함께 선택하여 변경할 수 있다.
Rename operator	F2	오퍼레이터의 이름을 변경한다.
Replace operator		선택된 오퍼레이터를 다른 오퍼레이터로 변경한다.
Save as Building Block		선택된 오퍼레이터를 하나의 단위로 저장한다.
Cut	Ctrl+X	선택된 오퍼레이터를 잘라낸다.
Copy	Ctrl+C	선택된 오퍼레이터를 복사한다.
Paste	Ctrl+P	선택된 오퍼레이터를 복사하여 붙여 넣는다.

Delete	Ctrl+D	선택된 오퍼레이터를 삭제한다.
Add note		노트를 추가한다.
Breakpoint Before	Shift+F7	프로젝트 실행 중 선택된 오퍼레이터 앞에서 실행을 정지하고, 오퍼레이터 입력 포트의 데이터를 결과 뷰에 보여준다.
Breakpoint After	F7	프로젝트 실행 중 선택된 오퍼레이터를 실행한 후 출력 포트의 출력 결과를 보여준다.
Remove all Breakpoints		모든 브레이크포인트를 제거한다.

3) 오퍼레이터 이동 및 삭제

오퍼레이터를 마우스로 선택한 끌어서 다른 위치에 놓을 수 있다. 오퍼레이터 선택 후 키보드의 삭제 버튼(Delete)을 클릭하거나, 오른쪽 마우스 버튼을 클릭하여 단축 메뉴를 실행한 후 Delete 메뉴를 실행하여 오퍼레이터를 삭제할 수 있다.

1.3.4 오퍼레이터 파라미터 설정

오퍼레이터를 선택하면 파라미터 패널에 관련 파라미터들이 활성화된다. 파라미터에는 일반 사용자가 설정할 수 있는 일반 파라미터와 전문가가 설정해 주어야 할 고급 파라미터가 있다. 고급 파라미터를 보기 위해서는 "Show advanced parameters"라는 링크를 클릭하면 된다. 파라미터의 설정에는 다양한 방법이 있는데, 대표적인 파라미터 입력 유형은 〈표 1.3〉에 정리되어 있다. 실제 파라미터 설정 방법을 이후의 분석 과정에서 배우도록 하자.

표 1.3 **파라미터 유형**

유형	설명	사례(Read Excel)
체크 박스	사용할 경우 체크	first row as name
텍스트 박스	사용자가 값을 입력하는 경우	sheet number
리스트	리스트 아이템에서 선택	date format
버튼	새로운 입력 다이아로그를 활성화하는 경우	Import Configuration Wizard...

1.3.5 오퍼레이터 연결과 삭제

AI Studio는 오퍼레이터를 연결하여 데이터 분석 프로세스를 설계할 수 있도록 한다. 즉, 한 오퍼레이터의 출력 포트는 다른 오퍼레이터의 입력 포트에 연결할 수 있다. 〈그림 1.7〉은 Retrieve의 out포트를 프로세스 패널의 res포트에 연결하는 것을 보여준다. Retrieve의 out포트를 마우스 왼쪽 버튼을 클릭한 후(그림 1.7 ①), 그대로 끌어서 res포트에 올려놓고 버튼을 해제하면 선이 연결된다(그림 1.7 ②). 연결을 삭제하려면 연결선을 선택한 후 키보드의 삭제 버튼(Delete)을 클릭하거나, 마우스의 오른쪽 버튼을 클릭하여 단축 메뉴를 실행한 후 Remove Connection 메뉴를 실행하면 된다.

그림 1.7) 오퍼레이터의 포트 연결

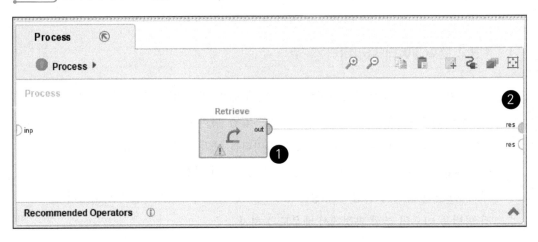

1.4 AI Studio분석 프로세스

AI Studio의 분석 프로세스는 단위 기능을 수행하는 오퍼레이터를 프로세스 패널에 추가한 후 오퍼레이터를 선(line)으로 연결하여 구성한다. 프로세스가 잘 작동하려면 오퍼레이터의 입력 및 출력 포트를 적절하게 연결해야 한다. 프로세스를 실행하고 결과를 보기 위해서는 마지막 연결은 프로세스 패널의 res(result 준말) 포트에 연결해야 한다. 오퍼레이터가 수행하는 작업을 통제하기 위해서는 파라미터를 적절히 선택하여 설정해 주어야 한다. 〈그림 1.8〉에서 Retrieve를 추가한 후 out 포트를 res포트와 연결하여 프로세스를 구성하였다.

그림 1.8 | 프로세스 오류

1.4.1 프로세스 실행

프로세스 실행 버튼을 클릭하여 프로세스를 실행해 보자(그림 1.8 ①). 프로세스가 잘 연결되어 있는데도, 프로세스를 실행하면 오류가 발생한다. 오류는 Retrieve의 파라미터를 설정해야 한다는 것이고(그림 1.8 ②), 설정해야 할 파라미터가 파라미터 패널에 활성화된다(그림 1.8 ③). 문제해결을 위해 Retrieve 파라미터 패널의 repository entry의 파일 브라우저 버튼을 클릭한 후(그림 1.9 ①), 활성화된 Repos—

itory Browser에서 Repository〉Samples〉data에 저장되어 있는 데이터인 Titanic을 선택한 다음(그림 1.9 ②), OK버튼을 클릭하여 다이얼로그를 종료한다.

그림 1.9 Retrieve 파라미터 설정

1.4.2 프로세스 결과 확인

이제 다시 프로세스 실행 버튼을 클릭하여 프로세스를 실행하면 〈그림 1.10〉과 같은 사례 세트(Example Set)가 로딩된 결과를 확인할 수 있다. 간단하지만 완벽한 AI Studio분석 프로세스가 완성됐다. 성공적인 분석 프로세스를 만든 것을 축하한다!

결과 뷰에는 다수의 결과가 있을 수 있으며 탭의 이름으로 구분할 수 있다. Example Set(Retrieve)은 Retrieve의 사례 세트 결과라는 것을 의미한다(그림 1.10 ①). Example Set 결과는 Data, Statistics, Visualizations 등의 메뉴가 활성화된다(그림 1.10 ②). 사례 세트의 테이블의 아래 보면 사례 개수와 속성 개수가 표시된다(그림 1.10 ③). 사례 세트의 테이블의 오른쪽을 보면 데이터에 대한 필터링 작업을 할 수 있다(그림 1.10 ④). 마지막으로 테이블 상단에는 Turbo Prep, Auto Model, Inter-active Analysis 등의 작업을 할 수 있는 버튼 메뉴가 있다(그림 1.10 ⑤).

그림 1.10 | 프로세스 실행 결과

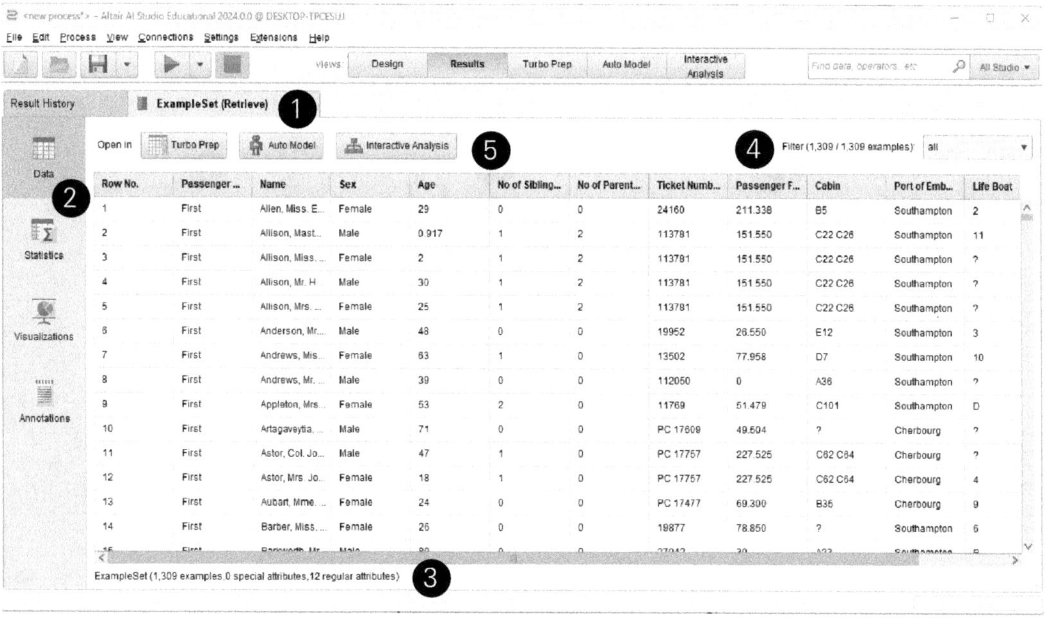

1.4.3 데이터와 분석 프로세스 저장

분석 개요

앞에서 수행한 작업에 추가하여 읽은 데이터 세트에서 필터를 추가한 후 30세
이상의 3등급 승객만 선택하고(그림 1.11 ①), 선택된 데이터 세트를 저장해 보자(그
림 1.11 ②).

그림 1.11 AI Studio 분석 프로세스

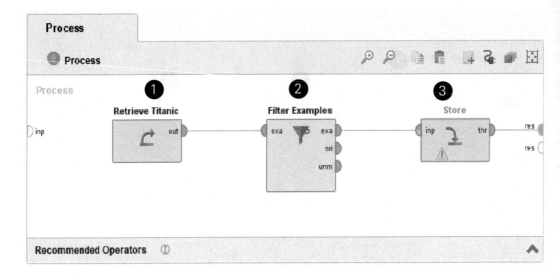

상세 분석 프로세스

1. 데이터 세트의 필터링을 위해 Filter Examples를 사용한다. Filter Examples의
   파라미터 패널에서 Add Filters... 버튼을 클릭한 다음(①), Create Filter filters
   다이얼로그가 활성화되면 Add Entry버튼을 클릭하여(②) 항목을 추가한 후 데
   이터 필터링 조건(Passenger Class equals Third, Age≥30)을 입력한다(③).

그림 1.12 Filter Examples 조건 생성

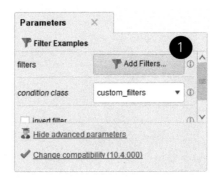

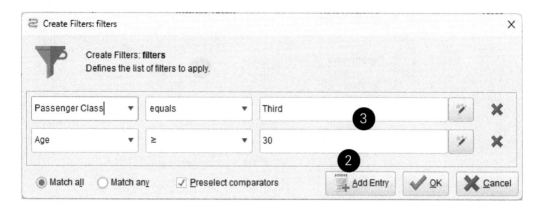

2. 데이터 저장을 위해 Store를 추가한 후 파라미터 패널에서 repository entry
   의 값을 입력하기 위해 저장소 브라우저 버튼을 클릭한다(①). 저장소 브
   라우저에서 Local Repository를 선택한 후 단축 메뉴를 실행하여 "Create
   subfolder" 메뉴를 실행한 후(②), New Folder 다이얼로그의 Name에 Altair
   Study 2024라고 입력하고(③), OK 버튼을 클릭하여 종료한다(④). 마지막으
   로 데이터 세트의 이름을 "First Analysis"로 입력하고(⑤), OK 버튼을 클릭
   하여 저장소 브라우저 다이얼로그를 종료한다(⑥).

그림 1.13 Store를 활용한 데이터 저장

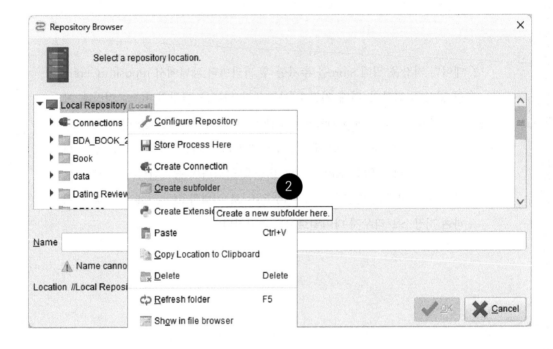

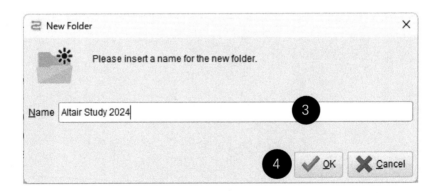

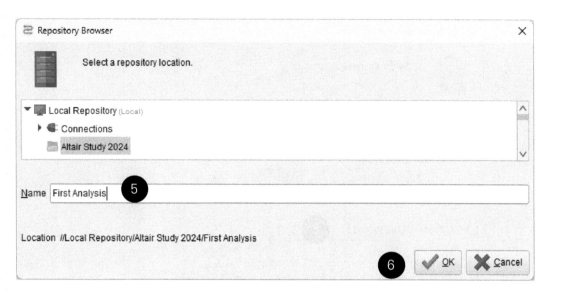

3. 이제까지 생성한 프로세스를 저장해 보자. 저장 아이콘에서 "Save Process as…" 메뉴를 선택한다(①). Repository Brower 다이얼로그가 열리면 저장될 폴더(예, Altair Study 2024)를 선택한 후 "First Analysis Process"라고 Name 필드에 입력한다(②).

그림 1.14 분석 프로세스 저장

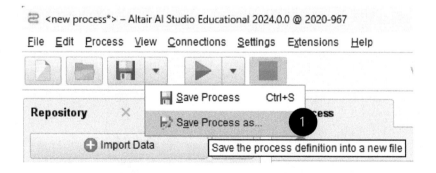

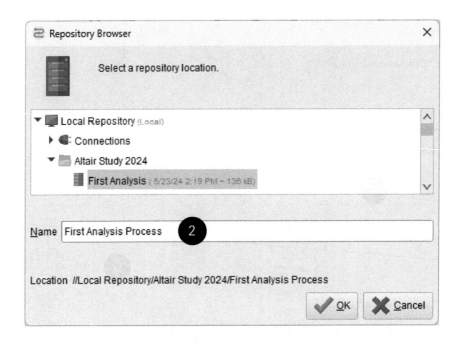

참고

저장 관련된 메뉴는 File 메뉴에서도 실행할 수 있다.

4. 프로세스만 구성했다고 해서 데이터가 저장되지는 않는다. 분석 프로세스를 실행해야만 데이터 세트가 Local Repository의 해당 폴더에 저장된다. 프로세스를 실행해 보자.

그림 1.15 데이터 및 분석 프로세스 저장 결과

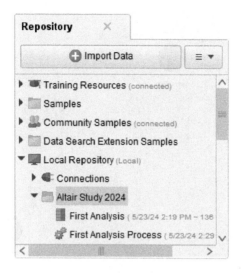

5. 데이터와 프로세스가 저장되었는지 확인하기 위해 현재 프로세스를 닫고 새로운 Blank Process를 실행해 보자. Local Repository〉Altair Study 2024 에서 "First Analysis Process"를 더블 클릭하면, 저장된 프로세스가 열린다 (①). 또한 "First Analysis"를 선택하여 끌어서 프로세스 패널에 가져다 놓 으면 "Retrieve First Analysis"가 추가된다(②). 프로세스를 실행하여 〈그림 1.16〉처럼 2개의 데이터 세트의 데이터를 결과뷰에서 확인해 보자.

그림 1.16 저장된 프로세스와 데이터 확인

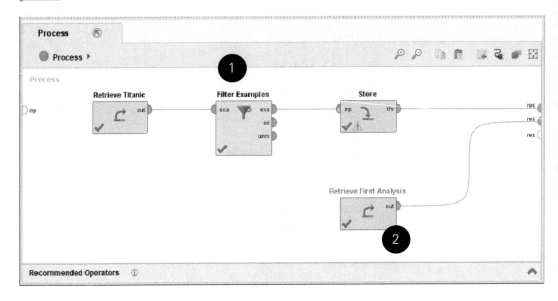

1.5 데이터 분석 방법론

1.5.1 CRISP-DM 방법론

데이터 분석을 수행할 수 있는 절차와 산출물을 정의한 것을 데이터 분석 방법론(data analysis methodology)이라고 한다. 이 책에서는 대표적인 데이터 분석 업체들의 컨소시엄이 제안한 CRISP-DM(Cross Industry Standard Process for Data Mining) 방법론에 따라 설명을 할 것이다(Wirth and Hipp 2000). CRISP-DM은 데이터 마이닝 수행 방법론으로 개발되었고, 개발된 이후 상당히 오랜 시간이 지났지만, 아직도 가장 많이 사용되는 데이터 분석 방법론으로 사용되고 있다.

CRISP-DM은 단계(phase), 일반 작업(generic task), 특화 작업(specialized task), 프로세스 인스턴스(process instance)의 네 가지 추상화 수준에서 설명되는 작업 집합으로 구성된 계층적 프로세스 모델로 설명된다(그림 1.17참조).

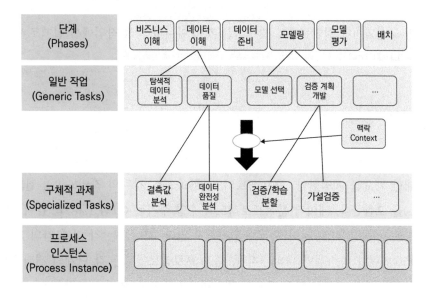

그림 1.17 데이터 분석을 위한 CRISP-DM 방법론의 4단계 세분화

최상위 수준은 데이터 분석 과정의 단계(phases)로 구성된다. 각 단계는 여러 개의 두 번째 단계 일반 작업(general tasks)으로 구성된다. 이 수준은 가능한 모든 데이터 분석 상황을 포괄할 수 있을 정도로 일반적인 것을 목표로 하기 때문에 일반 작업이라고 한다.

일반 작업은 가능한 완전하고 안정적인 것을 목표로 설계된다. 완전하다는 것은 데이터 분석의 전체 과정과 가능한 모든 데이터 분석 응용 프로그램을 모두 포괄하는 것을 의미한다. 안정적이란 새로운 모델링 기법과 같이 아직 예측하지 못한 개발에 대해 모델이 유효하다는 것을 의미한다.

세 번째 수준인 특화 작업(specialized tasks) 수준은 특정 상황에서 일반적인 작업의 작업을 어떻게 수행해야 하는지를 설명한다. 예를 들어, 두 번째 수준에는 데이터 품질이라는 일반적인 작업이 있다. 세 번째 수준에서는 결측값 분석, 데이터 완전성 분석, 학습/검증 데이터 분할 같은 구체적인 작업이 있다. 단계들 및 작업들을 특정 순서로 수행되는 단계로 기술하는 것은 이상적인 이벤트들의 순서를 나타내지만, 실제로 작업들 중 다수는 상이한 순서로 수행될 수 있고 종종 이전 작업으로 돌아갈 수 있고, 특정 작업을 반복할 수 있다.

네 번째 수준인 프로세스 인스턴스 수준은 실제 데이터 마이닝 작업의 행동, 결정 및 결과를 기록한 것이다. 프로세스 인스턴스는 상위 수준에서 정의된 작업에 따라 구성되지만 일반적으로 발생하는 것이 아니라 특정 작업에서 실제로 발생한 것을 나타낸다.

1.5.2 일반 CRISP-DM 참조 모델

데이터 분석을 위한 CRISP-DM 참조 모델은 데이터 분석 프로젝트의 수명 주기에 대한 개요를 제공한다. 프로젝트의 단계(phases), 각각의 작업(tasks), 결과물(outputs)을 포함한다. 데이터 분석프로젝트의 수명 주기는 〈그림 1.18〉과 같이 6개의 단계로 나뉜다. 각 단계의 순서는 엄격하지 않다. 화살표는 각 단계 간의 가장 중요하고 빈번한 종속성만 나타내지만, 특정 프로젝트에서는 각 단계의 결과, 즉 어떤 단계의 특정 작업을 다음에 수행해야 하는지에 달려 있다. 〈그림 1.18〉의 바깥쪽 원은 데이터 분석의 순환성 자체를 상징한다. 해결 방안이 배치되더라도 데이터 분석은 완전히 종료되는 것은 아니다. 프로세스 중에 그리고 배포된 해결 방안에서 얻은 교훈은 새롭고, 종종 더 집중적인 비즈니스 질문을 촉발할 수 있다. 이후의 데이터 분석 프로세스는 이전 프로세스의 경험에서 얻은 통찰을 활용한다.

그림 1.18 CRISP-DM 참조 모델의 실행 단계

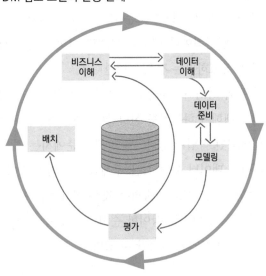

각 단계에 관해 간략하게 알아보도록 하자.

비즈니스 이해(Business Understanding) 단계는 비즈니스 관점에서 프로젝트 목표와 요구 사항을 이해한 다음 이 지식을 데이터 마이닝 문제 정의 및 목표 달성을 위한 프로젝트 계획을 수립하는 데 중점을 둔다.

데이터 이해(Data Understanding) 단계는 초기 데이터 수집으로 시작하여 데이터에 익숙해지는데, 중점을 둔다. 데이터 품질 문제를 파악하거나, 데이터에 대한 첫 번째 통찰력을 발견하거나, 흥미로운 부분 집합을 탐지하여 숨겨진 정보에 대한 가설을 구성하는 활동을 진행한다.

데이터 준비(Data Preparation) 단계는 초기 원시 데이터로부터 최종 데이터 세트를 구성하기 위한 모든 활동들을 포괄한다. 데이터 준비 작업은 테이블, 레코드 및 속성 선택, 데이터 클리닝, 새로운 속성들의 구성, 및 모델링 도구를 위한 데이터의 변환을 포함한다.

모델링(Modeling) 단계에서는 다양한 모델링 기법을 선택하여 적용하고, 이들의 파라미터를 최적의 값으로 보정하여 문제해결을 위한 최적의 모델을 구축한다. 일반적으로 동일한 데이터 분석 문제 유형에 대해서는 여러 기법이 존재한다. 따라서 생성된 모델을 비교하여 최선의 모델을 선택해야 한다.

평가(Evaluation) 단계에서는 모델의 최종 배포를 진행하기 전에 모델을 보다 철저히 평가하고 모델을 구성하기 위해 실행된 단계를 검토하여 비즈니스 목표를 제대로 달성하는지 확인한다.

배포(Deployment) 단계는 선택된 모델을 비즈니스에 적용하여 활용하는 데 중점을 둔다. 요구 사항에 따라 배포 단계는 보고서를 생성하는 것처럼 간단하거나 반복 가능한 정보시스템을 구현하는 것처럼 복잡할 수 있다. 어떤 경우든 생성된 모델을 실제로 활용하여 비즈니스 문제를 해결하여야 데이터 분석이 가치있는 활동이 될 것이다.

1.5.3 CRISP-DM 작업과 산출물

　〈그림 1.19〉는 각 단계별 일반적인 작업과 산출물을 보여준다. 제2장에서 제7장까지 각 단계의 작업들을 상세히 설명하고, AI Studio를 활용하여 작업을 수행하는 방법을 학습할 것이다.

그림 1.19 CRISP-DM 작업과 산출물 개요

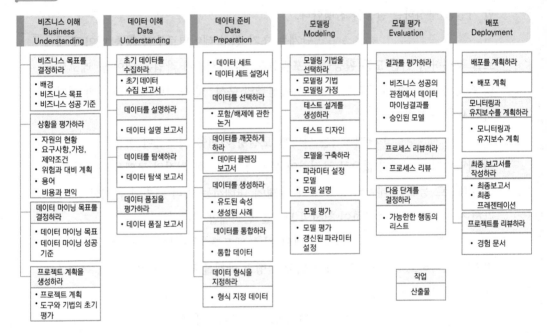

1.6 결론

　이번 장에서는 AI Studio에 대한 기본적인 소개를 하였다. 사용자 인터페이스의 주요 구성요소인 디자인 뷰의 패널과 결과 뷰에 대해서 알아 보았고, 사용자 인터페이스 중 분석에서 핵심이 되는 오퍼레이터의 사용법에 대해 알아보았다. 또한 오퍼레이터를 사용하여 저장되어 있는 데이터를 읽어오는 간단한 분석 프로세스를 구성해 보았다. 마지막으로 데이터 분석에 사용되는 분석 방법론인 CRISP-DM의 내용에 대해 알아보았다. 다음 장에서는 CRISP-DM의 첫 단계인 비즈니스 이해 단계에 대해서 학습할 것이다.

제**2**장

비즈니스
이해

제2장 비즈니스 이해

2.1 서론

데이터 분석 프로젝트는 비즈니스에서 시작한다. 비즈니스 이해 단계는 데이터 분석 프로젝트를 수행하려는 조직의 비즈니스를 이해하고, 프로젝트를 통해 달성하는 목표를 명확히 결정해야 한다.

CRISP-DM에 따르면 비즈니스 이해 단계에서 다음과 같이 4가지 작업을 수행해야 한다.

비즈니스 목표 결정하라: 먼저 비즈니스 관점에서 고객이 진정으로 달성하고자 하는 바를 철저히 이해한 다음 비즈니스 성공 기준을 정의해야 한다. 이 작업을 마치면 문제에 대한 배경, 비즈니스 목표, 비즈니스 성공 기준 등에 대한 문서화가 이루어진다.

상황을 평가하라: 자원 가용성, 프로젝트 요구사항을 결정하고, 위험 및 우발 상황을 평가하고, 비용 편익 분석을 수행한다. 이 단계에의 산출물은 자원 현황, 요구사항, 가정 및 제약조건, 위험과 대비 계획, 용어 사전, 비용과 이익 등을 포함한다.

데이터 분석 목표 결정하라: 비즈니스 목표를 정의하는 것 외에도 기술 데이터 분석의 관점에서 성공이 무엇인지 정의해야 한다. 이 단계의 산출물은 데이터 분석 목표와 데이터 분석의 성공 기준이다.

프로젝트 계획서를 작성하라: 기술 및 도구를 선택하고 프로젝트 단계별 세부 계획을 정의한다. 이 단계의 산출물은 프로젝트 계획과 도구와 기법의 초기 평가이다.

비즈니스 이해 단계는 데이터 분석의 전체적인 틀을 생성하고, 이후 진행의 청사진을 제공하기 때문에 이후에 오는 다른 단계의 수행에 직접적인 영향을 미친다. 비즈니스 이해 단계가 제대로 수행되지 않는다면 프로젝트가 원하지 않는 방향으로 갈 수 있고, 바라는 결과를 얻을 수 없다. 뭐든 시작이 중요한 것이다. 이번 장에서는 이와 관련된 내용을 좀 더 상세히 배워보도록 하자.

2.2 비즈니스 목표를 결정하라

2.2.1 문제 정의

데이터 분석 프로젝트의 비즈니스 목표를 식별하는 첫 번째 단계는 해결해야 할 문제 또는 탐색해야 할 기회를 정의하는 것이다. 이는 프로젝트의 맥락, 범위 및 이해 관계자만 아니라 현재 상황, 과제 및 목표를 이해하는 것을 포함한다. 문제 정의는 명확하고 구체적이며 측정 가능해야 하며 프로젝트의 비즈니스 가치와 영향을 반영해야 한다.

이 책에서는 아래의 문제를 다룰 것이다.

1) 타이타닉 생존자 예측 문제: 이 사람은 생존했을까?

타이타닉 호의 침몰은 역사상 가장 악명 높은 파선 사고 중 하나다. 1912년 4월 15일에 처녀항해에서 타이타닉 호는 빙하와 충돌한 후 가라 앉았다. 2,224명의 승객과 승무원 중 1,502명이 죽었다. 이 비극은 국제 사회에 충격을 주었고, 배에 대한 보다 안전한 규칙을 정하도록 하였다. 충돌에서 생존한 사람은 운이 좋아서 그럴 수도 있지만, 특별한 이유가 있지 않을까? 생존자에 대한 예측이 가능하지는 않을까? 이런 것을 알 수 있다면 구조 작업에 좀 더 도움이 될 수 있을 것이다.

2) 소득 수준 예측 문제: 이 사람은 고소득자일까?

사람들의 소득 수준은 다양한 이유로 해서 서로 다를 수 있다. 직접 사람들에게 물어보는 것은 실례가 될 수도 있다. 사람들의 특징, 예를 들면 인구 통계학적 속성(성별, 나이, 결혼 여부 등)과 사회 경제적 속성(직업, 교육 수준 등)을 기반으로 개인의 소득 수준을 예측할 수 있을까? 이 문제를 해결한다면 마케팅에 도움이 될 것으로 생각한다(Kohavi 1996).

3) 와인 품질 예측 문제: 이 와인은 좋은 와인일까?

최근 한국에서는 와인을 즐기는 인구가 증가하고 있어 세계 각국으로부터 다양한 품종이 수입되고 있다. 다양한 와인 중에 좋은 와인을 어떻게 고를 수 있을까? 포도주의 품질을 평가할 수 있는 전문 평가사를 옆에 둘 수도 없고, 좀 더 좋은 방법이 없을까? 이 문제를 해결한다면 보다 신속하게 와인 품질을 검사할 수 있고, 더 나아가 회사는 비용을 절감할 수 있을 것이다(Cortez, Cerdeira et al. 2009).

4) 고객 이탈 문제: 이 사람은 우리 서비스 이용을 중단할까?

통신사들은 고객은 정기적으로 재계약을 필요로 하는 고객들이 일반적이다. 재계약 시점에 고객들은 다른 통신사로 이동하는 경우가 발생할 수 있다. 고객 이탈(Churn)은 고객들이 제품이나 서비스 이용을 중단하는 것을 말한다. 새로운 고객을 확보하는 것은 기존 고객을 유지하는 것보다 훨씬 더 어렵다. 따라서 어떤 고객이 이탈을 할 것인지 예측할 수 있다면 회사가 고객을 유지하는 많은 도움이 될 것이다(Huang, Kechadi et al. 2012).

5) 다이렉트 마케팅 문제: 이 사람은 우리 제품에 관심을 가질까?

기업은 제품 또는 서비스를 홍보하기 위해 일반 대중을 목표로 하는 대량 캠페인(mass campaigns) 또는 특별히 접촉할 수 있는 사람을 목표로 하는 다이렉트 마케팅을 수행할 수 있다. 고객들의 다이렉트 마케팅에 대한 인식이 좋지 않아 대량 캠페인에 대한 긍정적인 응답은 1% 이하다. 이것은 단 1%만이라도 증가시킨다면 도움이 많이 될 것이다. 어떻게 하면 다이렉트 마케팅의 성공을 증가시킬 수 있을까?(Kasem, Hamada et al. 2024)

6) 상점 고객 분석 문제: 상점의 고객을 유사한 특징을 갖는 그룹으로 분할
   할 수 있을까?

고객들을 이해하고 그들을 비슷한 특징을 갖는 그룹으로 분할할 수 있다면 고객 관리를 위해 다양한 일을 할 수 있을 것이다. 이 문제에서는 고객과 관련된 다양한 정보를 활용하여 유사한 특징을 갖는 그룹, 즉 클러스터를 생성하고자 한다 (Chen, Fang et al. 2017).

7) 구매 데이터 분석 문제: 구매 패턴으로 고객에게 더 나은 서비스를 해 줄
   수 있을까?

고객들은 다양한 상품을 함께 구매하는 경향이 있다. 따라서 고객이 구매한 제품 이력을 활용하여 구매 상품 간 연관 패턴을 분석하고자 한다. 이런 정보를 안다면 우리는 고객에게 다양한 추천을 제공할 수도 있고, 제품을 진열하거나 판촉 활동에 활용할 수 있을 것이다(Ünvan 2021).

2.2.2 데이터 평가

다음 단계는 데이터 분석 프로젝트에 사용 가능하고 관련이 있는 데이터를 평가하는 것이다. 이것은 데이터 소스, 품질 및 특성을 수집, 탐색 및 평가하는 것을 포함한다. 데이터 평가는 다음과 같은 질문에 답해야 한다. 우리는 어떤 데이터를 가지고 있는가? 어디서 온 것인가? 얼마나 신뢰할 수 있고 정확한가? 얼마나 많은 데이터가 필요한가? 데이터의 주요 특징과 변수는 무엇인가? 그들은 문제와 어떻게 관련이 있는가? 데이터 평가는 또한 프로젝트에 영향을 미칠 수 있는 데이터의 공백, 문제 또는 제한 사항을 식별해야 한다.

2.2.3 목표 수립

목표 수립은 문제 정의와 데이터 평가를 기반으로 데이터 분석 프로젝트의 목표를 공식화하는 것이다. 목표는 프로젝트가 달성하고자 하는 목표가 무엇인

지, 어떻게 측정될 것인지, 그리고 결과를 평가하기 위해 어떤 기준을 사용할 것인지를 명시해야 한다. 목표는 SMART 원칙에 따라 작성되어야 한다. 즉, 목표는 구체적이어야 하고(Specific), 측정 가능해야 하며(Measurable), 달성 가능해야 하며(Achievable), 관련성이 있어야 하며(Related), 시간 제한(Time-Bound)이 있어야 함을 의미한다(Latham 2020). 예를 들어, "고객 유지에 영향을 미치는 주요 요인을 식별하고 이달 말까지 고객을 다양한 유지 부문으로 분류할 수 있는 예측 모델을 개발하는 것"이 목표가 될 수 있다.

2.2.4 목표 우선순위 결정

목표 우선순위 결정은 데이터 분석 프로젝트의 목표를 중요도, 시급성, 실현 가능성에 따라 우선순위를 매기는 것이다. 이는 목표의 잠재적 가치, 영향력, 복잡성, 종속성, 위험, 자원 등을 기준으로 순위를 매기는 것이다. 우선순위는 프로젝트가 가장 중요하고 현실적인 목표에 초점을 맞추고 그에 따라 시간, 예산, 노력을 할당하는 데 도움이 되어야 한다. 또한 우선순위는 프로젝트에서 발생할 수 있는 상충 관계와 제약 조건도 고려해야 한다.

2.2.5 목표 소통

목표가 설정되면 그것을 관련된 모든 이해관계자에게 전달하는 것이 필요하다. 여기에는 프로젝트 팀, 경영진, 고객 및 최종 사용자가 포함된다. 커뮤니케이션은 명확하고 간결하며 일관성이 있어야 하며 프로젝트의 이유, 이점 및 기대를 설명해야 한다. 커뮤니케이션은 또한 이해관계자의 피드백, 입력 및 지원을 요청하고 이해관계자가 가질 수 있는 질문, 우려 또는 반대 사항을 해결해야 한다. 커뮤니케이션은 프로젝트에 대한 각 이해관계자의 역할, 책임 및 기대를 설정해야 한다.

2.2.6 목표 검토

프로젝트의 목표는 정기적으로 검토하고 필요에 따라 조정해야 한다. 이는 프로젝트의 진행 과정, 성과 및 결과를 모니터링하고 목표와 비교하는 것을 포함한다. 또한 검토는 데이터, 방법 및 결과의 타당성, 신뢰성 및 관련성을 평가하고 프로젝트에 영향을 미칠 수 있는 변화, 도전 또는 기회를 식별해야 한다. 또한 검토에는 이해 관계자가 참여해야 하며 프로젝트의 결과, 통찰력 및 권장 사항을 보고해야 한다.

2.3 상황을 평가하라

일단 비즈니스 목표가 설정되고 합의가 이뤄졌다면 이제는 데이터 분석을 실행하기 위한 상황을 평가해야 한다. 상황 평가는 현재 보유하고 있는 자원 현황을 파악하고, 요구사항, 가정, 제약 등을 파악하는 과정이며, 더 나아가 프로젝트의 성공 또는 실패에 영향을 미칠 수 있는 위험 요인을 파악하고 이에 대한 계획을 수립해야 한다. 의사소통을 원활하게 하고 프로젝트 팀의 컨센서스의 형성을 도울 수 있는 용어의 정리가 필요하다. 마지막으로 소요되는 비용과 이익에 대한 평가가 이루어져야 한다.

2.3.1 자원

분석을 시작하기 전에, 어떤 자원을 사용할 수 있는지 파악해야 한다. 여기에는 분석 인력, 데이터, 컴퓨팅 자원 등이 포함될 수 있다. 사용 가능한 자원을 이해하면 비용/편익 분석 및 초기 프로젝트 계획에 도움이 된다.

- 분석 인력: 분석 인력은 조직 내부에 있을 수도 있고, 외부에서 아웃소싱을 해야 하는 경우도 있다. 데이터 분석에 대한 관심이 늘어남에 따라 많은 조직들이 데이터 분석 부서를 두는 경우가 증가하고 있다. 또한, 최근 조직의 일

반 업무를 수행하는 일반 직원이 직접 데이터 분석을 수행하는 경우가 많아지고 있다. 이들을 셀프서비스 분석가 또는 시민 데이터 과학자라고 한다. 이들은 업무와 관련된 많은 지식을 보유하고 있기 때문에 분석을 잘 수행할 수 있다면 조직의 분석 역량을 강화하는 데 도움이 될 수 있다. 외부의 인력을 아웃소싱하여 수행하는 경우 내부의 데이터 분석가 또는 셀프서비스 분석가를 참여시켜 데이터 분석 노하우를 배우고 조직에 분석과 관련된 지식이 축적되도록 하여야 할 것이다.

- 데이터: 데이터는 데이터 분석에서 가장 중요한 자원이다. 데이터 분석은 문제 해결에 필요한 충분한 데이터가 없으면 성공할 수 없다. 데이터가 없는 경우도 있지만, 데이터가 있음에도 문제와 관련된 데이터가 부족한 경우가 있다. 데이터가 많은 것이 중요한 것이 아니라, 우리가 해결하고자 하는 문제와 데이터가 관련이 있는지가 중요하다. 문제는 데이터가 스스로 가치를 증명하는 것이 아니라는 점이다. 데이터 분석가가 문제 해결에 적합한지 가설을 세워가면서 필요한 데이터를 선택하고, 때에 따라서는 배제하면서 적절한 데이터를 선택해야 한다. 이런 의사 결정의 결과물로 데이터 원천 보고서(data source report)를 작성하는 것이 유용할 수 있다. 다음의 사례를 보고 데이터 원천 보고서를 생성해 보자.

타이타닉 사고 분석을 위한 데이터를 수집하는 일이 주어졌다고 생각해 보자. 어디서 데이터를 구할 수 있을까? 데이터는 일반적으로 한 곳에 있지 않을 것이다. 타이타닉 사고를 재구성해 보면 데이터는 적어도 3가지 데이터 원천이 있지 않을까 생각된다.

- 승객 개인 정보: 승객 개인에 관한 정보가 있을 것이다. 이름, 성별, 나이 등이 그런 정보에 해당할 것 같다. 이것은 타이타닉 호를 운영한 운영 선사가 가지고 있을 수 있지만, 추가 정보는 다른 원천에서 얻어야 할 수도 있다.
- 승선권 정보: 승선권 정보가 있을 것이다. 이것은 항해를 계획하고 판매했던 회사에서 얻을 수 있을 것이다. 승선권 정보에는 승선권 번호, 승객 등급, 요금, 캐빈 사용 여부 및 캐빈 번호, 탑승지 등의 정보를 얻을 수 있다.
- 승객 생존 정보: 승객의 생존 여부에 대한 데이터일 것이다. 이것은 구조 작업

을 했던 조직에서 가지고 있을 것이다.

데이터 분석을 학습할 때 이미 수집하여 적재되어 있는 데이터 세트를 사용하는 경우가 많다. 그렇지만 실제 데이터 분석에서는 데이터 분석에 활용할 수 있는 데이터가 이미 모아져 있는 경우는 거의 없다. 가설을 세우고 데이터 원천을 찾고 필요한 데이터를 선택하는 과정을 거쳐 데이터를 모으게 된다. 따라서 데이터를 찾고 수집하는 과정은 추리하는 작업과 유사하며 문제 해결을 위한 조각을 맞추어 가며 큰 그림을 완성하는 것이다.

데이터 원천에 대한 점검이 끝나면 데이터 원천에 대한 자료를 정리해야 한다. 데이터 원천 식별 단계에서 발견된 데이터 원천은 체계적으로 정리해야 한다. 데이터 원천 보고서는 데이터 분석에 사용될 수 있는 데이터 원천을 정리하여 가용한 데이터가 무엇인지 쉽게 파악할 수 있도록 한다. 〈표 2.1〉은 데이터 원천을 정리하는 예시 표를 보여준다.

표 2.1 데이터 원천 보고서 - 타이타닉 사고 분석 예시

ID	원천 이름	설명	소유자	형태	수집방법
1	승객 개인 정보	개인의 성별, 이름, 나이 등에 대한 정보	주민 등록 기관	CSV파일	파일 복사
2	승선권 정보	승선권에 관한 번호, 캐빈 번호, 요금, 등급 등에 대한 정보	여행 회사	CSV파일	파일 복사
3	승객 생존 정보	승객의 생존에 대한 정보	구조 업체	CSV파일	파일 복사

🔧 참고

데이터 원천 보고서는 한 번 작성하고 끝나는 경우는 드물다. 새로운 환경에 따라 또는 필요에 따라 새로운 데이터 원천이 생기고, 그것을 체계적으로 정리하는 것이 필요하다.

컴퓨팅 자원: 데이터 분석은 일반적으로 고사양의 컴퓨팅 자원을 필요로 한다. 데이터 양이 늘어나면 늘어날수록 컴퓨팅 자원의 중요성은 증가한다. 또한 분석을 지원할 수 있는 소프트웨어가 있는지도 체크해야 할 중요한 요인이다. 최근 클라우드 컴퓨팅의 발전으로 이런 하드웨어나 소프트웨어를 원하는 시간만큼 원하는 양의 자원을 임대하여 사용하는 것이 증가하고 있다.

2.3.2 요구사항, 가정 및 제약

요구사항(Requirements): 요구사항은 일정에 대한 모든 요구사항, 데이터 분석 프로젝트와 결과 모델의 이해도, 정확도, 배치 가능성, 유지보수 가능성, 반복성에 관한 요구사항, 보안, 법률 제약, 개인정보보호, 보고 등에 대한 요구사항 등이 있다.

가정(Assumptions): 가정은 데이터 분석 동안에 검증될 수 있는 데이터에 관한 가정과 비즈니스에 관한 가정을 포함할 수 있다. 암묵적인 것을 포함해 모든 가정을 명확히 하고 명시적으로 만들어야 한다. 파악해야 할 가정은 ① 데이터 품질(예, 정확성, 가용성)에 관한 가정, ② 외부 요인(예, 경제적 문제, 경쟁 제품, 기술 진보 등)에 관한 가정, ③ 어떤 유형이든 추정과 관련된 가정, ④ 모델을 이해하고 기술 또는 설명하기 위해 필요한 가정 등을 포함한다.

제약조건(Constraints): 제약조건은 자원의 가용성에 관한 제약일 수 있지만 모델링을 위해 실질적으로 사용될 데이터의 규모 같은 기술적 제약조건을 포함할 수도 있다. 검토해야 할 제약조건은 ① 일반 제약(예, 법률 문제, 예산, 시간, 자원 등), ② 데이터 원천에 대한 접근 권리(예, 접근 제한, 암호 등), ③ 데이터의 기술적 접근 가능성(예, 운영시스템, 데이터관리시스템, 파일 또는 데이터베이스 형식 등), ④ 관련 지식 접근 가능성, ⑤ 예산 제약조건(고정비용, 구현 비용 등) 등이 있다.

2.3.3 위험 및 대비 계획

프로젝트 일정, 품질 또는 결과의 유효성에 중요한 영향을 미칠 요인을 가능하면 처음부터 명확하게 식별해야 한다. 식별된 요인에 대해서는 개선 조치를 수립하고, 대안을 마련해야 한다.

2.3.4 용어 정리

혼란을 줄이고 명확성을 보장하기 위해 조직과 데이터 분석에 참여한 사람들 모두가 이해할 수 있는 비즈니스 용어 및 데이터 용어 목록을 준비한다. 이것은 비즈니스에 대한 배경지식을 쌓는 데 도움이 되고 프로젝트 참여자들 간에 오해가 생길 가능성도 줄인다. 고객을 위해 데이터 분석을 수행하는 전문 데이터 분석가의 경우 일반적으로 데이터 분석 도메인이 특정하게 지정되지 않는 경우가 있다. 즉, 프로젝트마다 새로운 환경에서 데이터 분석을 수행하여야 한다. 이럴 경우 데이터 분석가는 새로운 비즈니스에 대한 이해가 필수적인데 용어 정리는 일을 빠르게 체계적으로 할 수 있는 방법이다. 셀프서비스 분석가는 자신의 업무 분야에서 본인이 아는 것을 대상으로 하여 분석하는 경우가 많으므로 자신은 이미 모든 용어에 익숙해져 있을 수 있다. 그렇지만 셀프서비스 분석가의 경우에도 용어를 정리하는 것이 유용할 수 있다. 특히 전문 데이터 분석가와 협의를 하는 경우, 경영진 등 다른 이해관계자에게 보고를 할 경우에 용어집은 유용하다.

2.3.5 비용과 이익

데이터 분석 프로젝트를 수행하는 것은 쉽게 할 수 있는 작업이 아니다. 많은 예산과 인력이 들어간다. 따라서 프로젝트를 수행하여 얻을 수 있는 이익과 프로젝트 수행에 따른 비용을 비교하여 가치가 있는 경우에 프로젝트를 진행해야 한다. 비용과 이익을 분석할 때 재무적 및 비재무적 비용과 편익을 모두 고려해야 한다. 비용 측면에서는 하드웨어나 소프트웨어 같은 분석을 위한 컴퓨팅 자산의 구매 또는 임대 비용, 데이터 생성, 수집, 처리와 관련된 비용, 데이터 분석 수행을 위해 필요한 인원에 대한 인적 비용 등을 고려해야 한다. 이익 측면에서는 서비스 효율의 증가, 운영 효율 증가, 비용의 감소, 이익의 증대 등을 고려할 수 있다. 기대되는 이익이 없다면 데이터 분석을 수행한다는 것은 의미가 없다. 따라서 프로젝트 수행에 따른 이익을 정량적으로 계산할 수 있는 방법에 관해 신중히 고려해야 한다.

　　일단 비즈니스 측면에서 문제가 정의되면, 다음 단계는 정의된 비즈니스 문제를 데이터 분석 문제로 해석해야 한다. 데이터 분석 프로젝트가 성공하지 못하는 가장 큰 이유 중 하나는 이 전환이 쉽게 이루어지지 않기 때문이다. 이것은 비즈니스와 데이터 분석이라는 두 분야를 이해하고 있어야만 가능하다. 데이터 과학자의 한 중요한 역할은 바로 이것을 수행하는 것이다.

2.4.1 데이터 분석 문제 유형

　　다양한 실제 데이터 분석 문제를 추상화 하면 몇 가지 유형으로 단순화할 수 있다. 추상화를 하는 이유는 추상적 수준에서 문제 해결 방법을 찾아서 다양한 현실 문제에 적용할 수 있기 때문이다. 〈그림 2.1〉은 데이터 분석의 추상적 문제 유형을 보여준다.

그림 2.1   모델링 기법의 분류

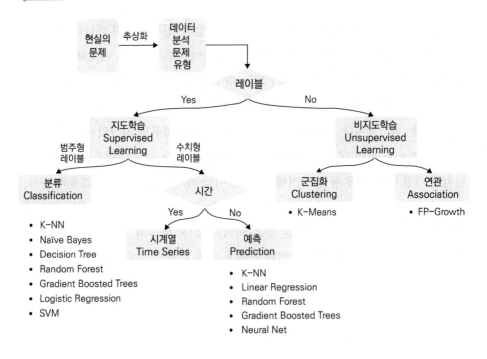

2.4.2 데이터 분석 문제 유형 예시

앞에서 제시했던 문제들이 어떤 문제 유형에 속하는지 검토해 보자.

타이타닉 생존자 문제: 이 데이터 분석 문제는 탑승객의 속성(성별, 승객 등급 등)을 기반으로 생존 여부(생존 또는 사망)를 예측하고자 하는 범주 분류 문제다.

소득 수준 예측 문제: 이 데이터 분석 문제는 개인의 사회/경제적 특성과 근로시간 등의 속성을 기반으로 소득이 미화 5만불 이상인 사람(또는 미화 5만불보다 작은 사람)을 예측하고자 하는 범주 분류 문제다.

와인 품질 예측 문제: 이 데이터 분석 문제는 포도주를 특성화 하는 데 일반적으로 사용되는 물리화학적 특성[예, 밀도(density), 알코올(alcohol), 산도(values) 등]과 관능 검사 결과(1 ~ 9 등급)를 활용하여 품질 등급을 예측하는 수치 예측 문제로도 볼 수 있다.

고객 이탈 문제: 이 데이터 분석 문제는 통신 서비스를 이용하는 고객의 개인 프로파일 데이터와 서비스 사용 이력 등의 데이터를 활용하여 고객이 이탈할지 여부를 예측하는 범주 분류 문제이다.

은행 마케팅 문제: 이 데이터 분석 문제는 개인의 속성을 활용하여 다이렉트 마케팅의 성공 또는 실패를 예측하는 범주 분류 문제이다.

상점 고객 분석 문제: 이 데이터 분석 문제는 고객의 구매 이력을 분석하여 유사한 구매 패턴을 갖는 고객 그룹을 판별하는 군집 문제이다.

구매 데이터 분석 문제: 이 데이터 분석 문제는 고객의 구매 패턴을 나타내는 규칙을 추출하는 연관 규칙 마이닝 문제로 볼 수 있다.

이상의 내용을 정리하면 〈표 2.2〉와 같이 프로젝트의 데이터 분석 목표를 정리할 수 있다.

표 2.2 데이터 분석 프로젝트

데이터 세트	범주 분류	수치 예측	군집화	연관 규칙
타이타닉 생존자 문제	○			
소득 수준 예측 문제	○			
와인 품질 예측 문제	△	○		
고객 이탈 문제	○			
다이렉트 마케팅 문제	○			
상점 고객 분석 문제			○	
구매 데이터 분석 문제				○

2.4.3 데이터 분석 측면에서 성공 기준

데이터 분석 측면의 성공 기준, 즉 모델의 성과 측정 기준을 정하는 것은 비즈니스 이해 단계에서 결정해야 할 중요한 작업이다. 모델 성과 지표는 데이터 분석에서 수행하는 작업이 무엇인지에 따라 달라진다. 데이터 분석 문제 유형별 성과 지표에 대해서 확인해 보자.

1) 분류 성과 지표

〈그림 2.2〉는 고객 이탈 예측 여부를 예측하는 문제에서 모델이 10개의 사례에 대해 예측한 결과를 보여준다. Yes는 고객이 이탈한 경우를 No는 고객이 이탈하지 않은 경우를 나타낸다. 아래의 4가지 기준을 사용하여 오른쪽 테이블에 정리하였는데 이것을 혼동 행렬(confusion matrix)이라고 한다.

- True positive(TP): 실제가 긍정인데 예측도 긍정인 경우
- False positive(FP): 실제는 부정인데 예측이 긍정인 경우
- True negative(TN): 실제가 부정인데 예측도 부정인 경우
- False negative(FN): 실제는 긍정인데 예측은 부정인 경우

그림 2.2   범주예측 성과지표

id	실제	예측	유형
1	Yes	Yes	TP
2	Yes	No	FN
3	Yes	No	FN
4	No	No	TN
5	No	Yes	FP
6	Yes	Yes	TP
7	No	No	TN
8	Yes	Yes	TP
9	No	No	TN
10	No	No	TN

결과를
정리하면?

		실제		정밀도
		True	False	
예측	Positive	TP=3	FP=1	3/4
	Negative	FN=2	TN=4	4/6
재현율		3/5	4/5	

정확도: (3+4)/10 = 0.7
F-1 score: (2 X (3/4) X (3/5))/ (3/4 + 3/5) = 0.667

혼동 행렬의 값을 사용하여 아래와 같이 다양한 평가 지표를 계산할 수 있다.

정확도(accuracy): 정확도는 맞게 예측한 사례의 개수를 전체 사례로 나눈 값으로 아래와 같은 식으로 정의할 수 있다.

$$accuracy = \frac{(TP+TN)}{(TP+FP+FN+TN)}$$

이 식을 사용하여 위의 분류 결과에서 정확도를 계산하면 아래와 같다.

$$accuracy = \frac{(3+4)}{(3+2+1+4)} = 0.7$$

정확도는 데이터 세트의 사례가 레이블값을 기준으로 보았을 때 균형을 이룰 때 좋은 성과 측정 지표이지만, 심하게 불균형 하면 정확도를 성과측정 지표로 사용해서는 안 된다.

정밀도(precision): 정밀도는 전체 긍정 예측에 대한 모형의 올바른 긍정 예측의 비율을 나타낸다. 예를 들어, 이탈하지 않았다고 예측한 고객 중에서 실제로 이탈하지 않은 고객의 비율을 나타낸다. 알고리즘은 스스로 어떤 것이 긍정인지 알 수 없기 때문에 분석가가 긍정 값을 지정해야 한다. 정밀도는 다음과 같이 정의된다.

$$precision = \frac{TP}{(TP + FP)}$$

따라서 위의 사례에서 정밀도는 다음과 같이 계산된다.

$$\text{precision} = \frac{3}{(3+1)} = 0.75$$

재현율(recall): 재현율은 원래 긍정이었던 사례 중에서 모델이 긍정이라고 예측한 사례의 비율이다. 예를 들어, 실제 이탈한 고객 중에서 이탈했다고 예측한 사례의 비율을 나타낸다. 재현율은 다음과 같이 정의된다.

$$\text{recall} = \frac{\text{TP}}{(\text{TP}+\text{FN})}$$

따라서 위의 사례에서 재현율은 다음과 같이 계산된다.

$$\text{recall} = \frac{3}{(3+2)} = 0.60$$

정밀도와 재현율은 성과 측정을 위한 서로 다른 기준을 제시한다. 언제 정밀도 또는 재현율을 사용해야 할까? 재현율은 거짓 음성과 관련한 분류 예측 성능에 대한 정보를 제공하는 반면, 정밀도는 거짓 양성과 관련하여 모델의 성능에 대한 정보를 제공한다. 정밀도는 모델이 얼마나 정확한지에 관한 것이다. 그래서 우리가 단 하나의 암 사례만 예측하고 그것이 정확했다면 우리는 100% 정밀하다고 말한다. 재현율은 사례를 정확하게 포착하는 것이 아니라 진정한 모든 사례 중에서 진정한 것으로 파악하는 것을 말한다. 예를 들어, "암"을 가진 모든 사례 중에서 "암"이라고 진단한 경우를 말한다. 이런 경우 우리가 모든 경우를 단순히 "암"이라고만 말한다면, 우리는 100% 재현율을 갖게 된다. 따라서 기본적으로 거짓 음성을 최소화하는 데 더 중점을 두고 싶다면 재현율을 가능한 한 100%에 근접하고, 거짓 양성을 최소화하는 데 중점을 두고 싶다면 정밀도를 가능한 100%에 근접시키는 것이 좋다. 일반적으로 정밀도와 재현율이 모두 높으면 좋다. 문제는 모델에 따라 다를 수 있다는 점이다. 따라서 이 두 지표를 하나로 표현할 수 없을까 하는 문제가 생긴다. 이것을 해결하는 방법 중 하나가 F1-score이다.

F1-score: F1-score는 정밀도와 재현율을 모두 나타내는 단일 점수로 다음과 같이 정의된다.

$$\text{F1-score} = \frac{2 \times \text{precision} \times \text{recall}}{(\text{precision}+ \text{recall})}$$

따라서 위의 사례에서 F1-score는 다음과 같이 계산된다.

$$F1 - score = \frac{2 \times 0.75 \times 0.60}{0.75 + 0.6}$$

$$= 0.667$$

정밀도와 재현율 중에 하나가 정말 작으면 F1-score는 더 큰 숫자보다 더 작은 숫자에 더 가깝게 한다. 이를 위해 F1-score는 모델에 단순한 산술 평균이 아닌 적절한 점수를 준다.

AI Studio는 이항 범주 성과 지표로 Performance(Binomial Classification)를 지원하고, 다항 범주 성과 지표로 Performance(Classification)을 지원한다.

2) 수치 예측 성과 지표

수치 예측에 있어서 실젯값과 예측값의 차이를 기반으로 성과를 측정한다. 단순히 실젯값과 예측값의 차이는 그림에서 보는 것처럼 음수값과 양수값을 가질 수 있다. 따라서 단순히 차이를 합하게 되면 값이 서로 상쇄하게 되는 문제가 있다. 이것을 해결하기 위해 제안된 방법이 RMSE(Root Mean Squared Errors)와 MAE(Mean Absolute Error)이다. 〈그림 2.3〉은 이들을 계산하는 방법을 보여준다.

그림 2.3) 수치 예측 성과 지표 계산

ID	실제	예측	차이
1	1500	1470	30
2	1605	1600	5
3	1000	1010	-10
4	1150	1250	-100
5	1250	1250	0
6	1300	1280	20
7	1700	1705	-5
8	1500	1380	120
9	1150	1230	-80
10	1250	1300	-50

결과를 정리하면?

ID	제곱값	절댓값
1	900	30
2	25	5
3	100	10
4	10000	100
5	0	0
6	400	20
7	25	5
8	14400	120
9	6400	80
10	2500	50
합계	34750	420
평균	3475	42
루트	58.94	

MAE

RMSE

RMSE(root mean squared errors): 이 측정 지표는 예측값과 관측값 간의 차이(잔차, residuals)의 제곱의 합에 평균의 루트값을 나타내며 수학적으로 다음 공식을 사용하여 계산한다.

$$RMSE = \sqrt{\frac{1}{n}\sum_{i=1}^{n}(y_i - \hat{y}_i)^2}$$

여기서 y_i는 i번째 사례의 실젯값, $\hat{y}_i$는 i번째 사례의 예측값, n은 사례의 개수를 의미한다.

MAE(mean absolute errors): MAE는 예측값과 관측값 사이 차이의 절대값을 평균낸 값으로 다음과 같이 정의된다.

$$MAE = \frac{1}{n}\sum_{i=1}^{n}|y_i - \hat{y}_i|$$

AI Studio는 수치예측 성과지표로 Performance(Regression)을 지원한다.

3) 시각적 성과 지표

모델의 성과는 수치적으로 표현되는 테이블을 사용하여 평가할 수 있지만, 때로는 결과를 시각적으로 표현하면 좀 더 쉽게 결과를 이해할 수 있다. 데이터 분석에서 자주 사용하는 모델 성과의 시각적 표현 방법에는 ROC(Receiver Operating Characteristic) 곡선이 있다. ROC곡선은 여러 분류 임곗값에서 다음과 같이 정의되는 True Positive Rate(TPR) 대 False Positive Rate (FPR)을 표시한다.

• True Positive Rate: TP/(TP+FN)
• False Positive Rate: FP/(FP+TN)

〈그림 2.4〉는 일반적인 ROC 곡선을 보여준다. ROC 커브는 좌상단에 붙어있는 커브가 더 좋은 모델을 의미한다.

AUC는 Area under the ROC Curve를 나타낸다. 즉, AUC(0,0)에서부터 (1,1)까지의 전체 ROC 곡선 밑에 있는 전체 이차원 영역을 측정한다. AUC의 값 범위는

0 ~ 1로, 예측이 100% 틀린 모형의 AUC는 0.0이고 예측이 100% 올바른 모형의
AUC는 1.0이다.

그림 2.4 ROC곡선

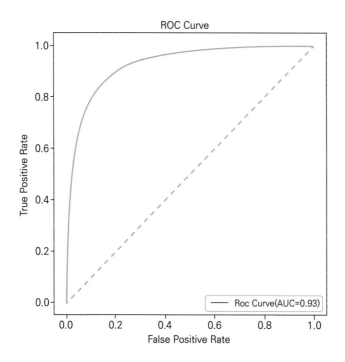

4) 군집화 성과지표

클러스터링은 사례가 알려진 레이블값이 없어서 분류나 회귀처럼 틀린 정도를
측정할 수 없어 다른 접근 방법이 필요하다. 아래에서 클러스터링 모델 성과 측정
방법을 설명한다. 다만 이런 정량적인 지표가 절대적인 성과 지표는 아니라는 점
을 기억해야 한다.

클러스터 개수. 클러스터 개수(number of clusters)는 최종 분할에 있는 각 군집의
관측치 수이다. 평균 거리, 군집 내 제곱합 등 변동성의 측도를 해석할 때 각 군집
의 관측치 수를 조사한다. 관측치 수를 줄이거나 늘리면 군집의 변동성이 영향을

받을 수도 있다. 예를 들어, 관측치를 추가하면 군집 내 제곱합이 증가한다. 다른 군집보다 관측치 수가 유의하게 적은 군집을 조사해야 한다. 관측치 수가 매우 적은 군집에는 특이치나 고유한 특성을 가진 비정상적인 관측치가 포함될 수도 있기 때문이다. 클러스터 개수 지수(cluster number index; CNI)는 아래와 같이 정의된다.

$$\text{Cluster Number Index} = 1-(k/n)$$

여기서 k는 군집 수이고 n은 사례의 개수를 나타낸다. 이는 군집 수와 관련하여 군집 결과의 범위를 최적화하는 데 사용할 수 있다. AI Studio는 이 측정지표를 Cluster Counter Performance로 지원한다.

클러스터 간 거리. 클러스터 거리는 군집에 속한 사례의 군집 중심으로부터의 거리를 측정한다. 군집 내 평균 거리(Average within cluster distance)와 Davies-Boul-din 지수(Davies-Bouldin index)라는 2가지 방법이 있다. AI Studio는 이 평가지표를 Cluster Distance Performance로 지원한다.

- 군집 내 평균 거리(average within cluster distance): 군집 내 거리의 평균은 중심과 군집의 모든 사례 사이의 거리를 평균하여 계산한다. 관측치에서 군집 중심까지의 평균 거리는 각 군집 내 관측치의 변동성 척도다. 일반적으로 평균 거리가 더 작은 군집은 평균 거리가 더 큰 군집보다 크기가 작다. 값이 더 클수록 군집 내 관측치의 변동성이 더 크다는 것을 나타낸다.

- Davies Bouldin: DBI(Davies-Bouldin Index)는 클러스터링 알고리즘 평가 척도 중 하나다. 지정된 수의 군집에 대해 K-평균 군집화 알고리즘으로 분할의 우수성을 평가하는 데 가장 일반적으로 사용된다. DBI가 낮을수록 군집이 더 잘 분리되고 수행된 군집의 결과가 더 좋다.

클러스터 밀도. 군집 밀도는 군집 유사성/거리 내 평균을 기반으로 비계층적 군집 모형을 평가하는 데 사용한다. 이 값은 각 군집 사례 쌍 간의 모든 유사성/거리를 평균하여 계산된다. AI Studio는 이 평가지표를 Cluster Density Performance로 지원한다.

- 아이템 분포. 아이템 분포는 클러스터 모델을 입력으로 사용하고 예제의 분포, 즉 예제가 클러스터에 얼마나 잘 분포되어 있는지를 기준으로 모델의 성능을 평가한다. AI Studio는 이 평가지표를 Item Distribution Performance로 지원하

며, Sum of Squares와 Gini Coefficient의 2가지 측정 방법을 지원한다.

- Sum of Squares: 각 관측치의 군집 중심으로부터의 편차 제곱 합이다. 군집 내 제곱합은 각 군집 내 관측치의 변동성 측도이다. 값이 더 클수록 군집 내 관측치의 변동성이 더 크다는 것을 나타내지만, 분산 분석의 제곱합 및 평균 제곱과 마찬가지로 군집 내 제곱합은 관측치 수의 영향을 받는다. 관측치 수가 증가하면 제곱합이 증가하며 군집 내 제곱합은 일반적으로 관측치 수가 다른 군집 간에 직접 비교할 수 없다. 여러 군집의 군집 내 변동성을 비교하려면 중심으로부터의 평균 거리를 대신 사용할 수 있다.

- Gini Coefficient: 지니 계수(지니 지수 또는 지니 비율)는 통계적 분산의 척도이다. 이것은 빈도 분포의 값들 사이의 부등식을 측정합니다. 지니 계수가 0이면 완전한 동일성에 해당하는 더 동등한 분포를 나타내며, 지니 계수가 1이면 완전한 불평등에 해당하는 더 불평등한 분포를 나타낸다.

5) 연관 분석 성과지표

데이터 내에서 의미 있는 패턴을 드러내는 데 있어 연관 규칙의 유용성과 효과성을 판단하기 위해서는 연관 규칙의 성과 측정이 필수적이다. 연관 규칙 마이닝은 대규모 데이터 세트에서 변수들 간의 관계를 찾는 데 일반적으로 사용되며, 종종 시장 바스켓 분석의 맥락에서 사용된다.

다음의 사례는 연관 분석에서 사용되는 일반적인 사례이다. 이것을 활용하여 도출되는 연관 규칙의 성과를 평가하는 데 사용되는 주요 지표를 알아보도록 하자.

표 2.3 거래 데이터 세트 사례

Transaction ID	구매 아이템
1	빵, 우유
2	빵, 기저귀, 맥주, 달걀
3	우유, 기저귀, 맥주, 콜라
4	빵, 우유, 기저귀, 맥주
5	빵, 우유, 기저귀, 콜라

- 지지도(Support): 지지도는 규칙의 항목이 데이터 세트에 함께 나타나는 빈도를 측정한다.

$$\text{Support}(A \to B) = \frac{\text{Frequency}(A, B)}{N}$$

여기서 N은 거래(transactions)의 총개수를 *Frequency(A, B)*는 *A*와 *B*를 포함하는 거래의 개수를 나타낸다. Support가 높다는 것은 데이터 세트에서 규칙이 더 일반적이라는 것을 의미한다. 위의 사례를 사용하여 Support(빵→우유)를 계산해 보자.

$$\text{Support}(빵 \to 우유) = \frac{3}{5} = 0.6$$

- 신뢰도(Confidence): 신뢰도는 선행 (A)가 포함된 거래에서 결과 (B)의 항목이 나타나는 빈도를 측정한다.

$$\text{Confidence}(A \to B) = \frac{\text{Frequency}(A, B)}{\text{Frequency}(A)}$$

신뢰도가 높다는 것은 선행과 후행 사이의 연관성이 더 강하다는 것을 나타낸다. 위의 사례를 사용하여 Confidence(빵→우유)를 계산해 보자.

$$\text{Confidence}(빵 \to 우유) = \frac{3}{4} = 0.75$$

- 리프트(Lift): Lift는 선행 (A)을 고려할 때 전체적인 발생 가능성과 비교하여 결과 (B)가 발생할 가능성이 얼마나 높은지를 측정한다.

$$\text{Lift}(A \to B) = \frac{\text{Confidence}(A \to B)}{\text{Support}(B)}$$

리프트 값이 1보다 크면 양의 연관성을 나타내며, 이는 A의 발생이 B의 가능성을 높인다는 것을 의미한다. 리프트 값이 1보다 작으면 음의 연관성을 나타낸다. 위의 사례를 사용하여 Lift(빵→우유)를 계산해 보자.

$$\text{Lift}(빵 \to 우유) = \frac{0.75}{0.8} = 0.9375$$

- 레버리지(Leverage): 레버리지는 A와 B가 함께 나타나는 관측 빈도와 A와 B가 독립적인 경우 예상되는 빈도 간의 차이를 측정한다.

$$\text{Leverage(A}\rightarrow\text{B)} = \text{Support(A}\rightarrow\text{B)} - (\text{Support(A)} \times \text{Support(B)})$$

레버리지 값이 0이면 A와 B 사이의 독립성을 나타내고, 값이 높을수록 연관성이 강함을 나타낸다. 위의 사례를 사용하여 Leverage(빵→우유)를 계산해 보자.

$$\text{Leverage(빵}\rightarrow\text{우유)} = 0.6 - (0.8 \times 0.8) = 0.6 - 0.64 = -0.04$$

- 컨빅션(Conviction): 컨빅션은 B가 없는 상태에서 발생하는 A의 빈도를 B와 함께 발생하는 A의 빈도와 비교한다.

$$\text{Conviction(A}\rightarrow\text{B)} = \frac{1-\text{Support(B)}}{1-\text{Confidence(A}\rightarrow\text{B)}}$$

1보다 큰 컨빅션 값은 A와 B가 양의 상관관계가 있음을 시사한다. 위의 사례를 사용하여 Conviction(빵→우유)를 계산해 보자.

$$\text{Conviction(빵}\rightarrow\text{우유)} = \frac{1-0.8}{1-0.75} = \frac{0.2}{0.25} = 0.8$$

AI Studio는 Create Association Rules를 실행하면 규칙별로 위에서 설명한 성과지표를 계산하여 보여준다.

2.5 프로젝트 계획서를 작성하라

프로젝트 계획은 비즈니스 이해 단계를 수행하며 얻은 결과물을 기반으로 향후 어떻게 데이터 분석 프로젝트를 수행할 것인지를 정리하는 문서다. 실제 프로젝트 계획은 복잡하지만 본서에서 프로젝트의 제목, 배경, 문제 정의, 일정 계획 등을 포함한 간단한 프로젝트 계획서를 작성해 보자. 앞으로 몇 장에 걸쳐 우리는 타이타닉 사고 분석을 수행하고자 한다. 타이타닉 사고에 대한 프로젝트 계획서를 작성해 보자.

1. 제목: 타이타닉 사고 데이터 분석

2. 배경: 타이타닉 호의 침몰은 역사상 가장 악명 높은 파선 사고 중 하나다. 1912년 4월 15일에 처녀항해에서 타이타닉 호는 빙하와 충돌한 후 가라앉았다. 2,224명의 승객과 승무원 중 1,502명이 죽었다. 이 비극은 국제 사회에 충격을 주었고, 배에 대한 보다 안전한 규칙을 정하도록 하였다. 이 선박 사고에서 생존한 사람은 운이 좋아서 일 수도 있지만 특별한 이유가 있지 않을까? 본 과제는 이 질문에 대한 답을 찾아보는 것이다.

3. 문제 정의: 프로젝트는 데이터 분석을 통해 어떤 유형의 사람들이 더 잘 생존했는지 예측하는 모델을 개발하고자 한다. 본 분석은 타이타닉 호에 탑승한 승객들의 정보를 수집하여 승객이 어떤 이유로 생존(사망) 했는지 설명하는 이항 분류 분석을 수행한다.

4. 데이터 원천

본 프로젝트 수행을 위해 다음의 3 가지 데이터 원천에서 데이터를 수집할 것이다.

- 개인 정보: 승객 개인에 관한 정보가 있을 것이다. 이름, 성별, 나이 등이 그런 정보에 해당할 것 같다. 이것은 타이타닉 호를 운영한 운영 선사가 가지고 있을 수 있지만, 추가 정보는 다른 원천에서 얻어야 할 수도 있다.
- 승선권 정보: 승선권 정보가 있을 것이다. 이것은 항해를 계획하고 판매했던 회사에서 얻을 수 있을 것이다. 승선권 정보에는 승선권 번호, 승객 등급, 요금, 캐빈 사용 여부 및 캐빈 번호, 탑승지 등의 정보를 얻을 수 있다.
- 승객 생존 정보: 승객의 생존 여부에 대한 데이터일 것이다. 이것은 구조 작업을 했던 조직에서 가지고 있을 것이다.

5. 일정

본 프로젝트는 CRISP-DM의 방법론에 따라 수행할 것이다. 각 단계별 단계의 주별 수행 일정은 아래와 같다.

단계	1	2	3	4	5	6	7	8	9	10	비고
비즈니스 이해											영업부 참여
데이터 이해											
데이터 준비											
모델링											
평가											구조 부서 참여
배치											시스템 개발자 참여

2.6 결론

이번 장에서는 CRISP-DM의 첫 번째 단계인 비즈니스 이해에 대해 학습하였다. 비즈니스 측면에서 문제를 정의하는 방법과 상황 평가 방법 등에 대해서 배웠다. 또한 비즈니스 문제를 데이터 분석 문제로 전환하고 평가하는 방법에 대해 배웠다. 마지막으로 데이터 분석 프로젝트 계획을 수립하는 방법에 대해 배웠다. 이제 본격적으로 데이터 분석을 시작할 준비가 되었다. 이제 다음 장에서 데이터 이해 방법에 관해 학습해 보자.

제**3**장

데이터
이해

3.1 서론

비즈니스 이해 단계가 완료되었다면, 분석에 필요한 데이터를 수집하고 데이터에 대한 이해 작업을 해야 한다. 즉, 데이터에 어떤 정보가 있는지, 데이터 분석에 적합한지, 충분한 데이터가 있는지 파악을 해야 한다. 더 나아가 데이터 내에 있는 잠재적인 패턴을 파악해야 한다. 이것이 데이터 이해(data understanding) 단계의 주된 목적이다.

CRISP-DM에 따르면 데이트 이해 단계에서 다음과 같은 작업을 수행해야 한다고 한다.

초기 데이터를 수집하라: 초기 데이터를 수집하거나 프로젝트 자원에 나열된 데이터에 대한 데이터 및 액세스 권한을 획득한다. 또한 초기 데이터를 수집하면 획득한 데이터 세트의 체크리스트, 데이터 세트 위치, 데이터 세트 획득 방법을 알고 다른 사용자나 프로젝트 구성원이 인식할 수 있도록 모든 문제와 해결 방법을 기록해야 한다. 이 작업의 산출물은 초기 데이터 수집 보고서(initial data collection report)에 기록한다.

데이터를 설명하라: 이 작업에서는 수집된 데이터의 전체적이고 개략적인 속성을 검사하고 결과를 보고한다. 수집된 데이터의 속성을 조사하여 데이터를 설명하고, 데이터의 형식, 데이터의 양, 각 테이블 또는 데이터 세트의 레코드 및 필드에 대한 설명 보고서를 제공한다. 이 작업의 산출물은 데이터 설명 보고서(data description report)에 기록한다.

데이터를 탐색하라: 이 작업에서는 질의, 시각화, 보고를 통해 신속하게 답변할 수 있는 데이터 분석 질문을 사용하여 데이터를 탐색한다. 이 단계에서는 첫 번째 또는 초기 가설과 이 가설이 프로젝트에 미치는 영향을 확인할 수 있다. 이 작업의 산출물은 데이터 탐색 보고서(data exploration report)에 기록한다.

데이터 품질을 확인하라: 이 작업에서는 데이터가 분석에 사용할 수 있을 만한 품질을 가지고 있는지 확인한다. 쓰레기가 들어가면 쓰레기가 나오는 것이다. 좋은 품질의 데이터가 없다면 좋은 결과는 없다. 데이터가 완전한지, 정확한지, 오류가 포함되어 있는지, 오류가 있는 경우 얼마나 일반적인지 등과 같은 질문을 처리하여 데이터 품질을 검사한다. 이 작업의 산출물은 데이터 품질 보고서(data quality report)에 기록한다.

AI Studio는 데이터 이해 작업에 필요한 다양한 방법을 제공한다. 이번 장에서는 AI Studio를 활용하여 데이터 이해 작업을 수행하는 구체적인 기법에 대해 학습하도록 하자.

3.2 초기 데이터를 수집하라

3.2.1 데이터

데이터는 실제 현상의 관측치(observations)이다. 데이터는 다양한 데이터 원천 (예, 사람, 인터넷, 모바일 폰 등)에서 수집된 사실의 모음(collections of facts)이다. 실제 현상의 범위의 정의에 따라 관측치 또는 사실의 모음은 달라질 것이다. 같은 사람이더라도 의료 데이터 분석에서 사용하는 환자와 전자상거래 사이트의 고객은 다른 것이다. 따라서 데이터를 수집하는 작업에서 가장 먼저 해야 하는 것은 어떤 데이터를 수집하는지를 결정해야 한다.

이와 관련하여 분석의 단위(unit of analysis)라는 개념이 있다. 이것은 연구나 분석의 대상이 되는 관찰의 실체 또는 수준(observations or levels of observations)을 의미한다. 연구자들이 연구 문제나 가설에 대한 결론을 도출하기 위해 자료를 수집하고 분석하는 구체적인 '단위' 또는 '사물'이다. 분석의 단위는 연구 설계에 있어서 기본적인 개념으로 연구의 성격과 연구목적에 따라 달라진다. 분석 단위의 선택은 연구 결과의 범위, 초점 및 적용 가능성을 결정하기 때문에 연구 설계에서 매우 중요하다. 연구자는 연구문제, 가설, 이용 가능한 자료, 실무적 고려 등을 바탕으로 적절한 분석 단위를 신중하게 선택할 필요가 있다. 분석의 단위는 ① 명확성 및 정밀성: 분석 단위를 정의하면 데이터 수집 및 분석의 정밀성이 명확하게 보장된다. ② 일반화 가능성: 분석의 단위는 연구 결과를 더 넓은 모집단이나 맥락에 일반화할 수 있는 범위를 결정한다. ③ 타당성과 신뢰성: 적절한 분석 단위를 선택하는 것은 관련 실체나 현상에 초점을 맞추어 연구 결과의 타당성과 신뢰성을 높인다. ④ 실용적 고려사항: 실용적 제약(예: 데이터 가용성, 자원, 실현 가능성)이 분석 단위의 선택에 영향을 미치는 경우가 많다.

당신이 타이타닉 사고를 분석하는 분석 팀에 소집되었다고 가정하자. 어떤 데이터를 수집해야 할까? 탑승객에 대한 정보를 먼저 파악해야 할 것이다. 이름은? 성별은? 나이는? 또한 탑승객의 탑승 정보를 확인해야 할 것이다. 승객 등급은 어떻게 되는지? 얼마나 요금을 지불했는지? 어디에서 탔는지? 이런 정보를 수집했다면, 잘 정리를 해야 한다. 수집된 정보를 정리할 때 고려해야할 다음과 같은 몇 가지 개념들에 대해 알아보자.

- 엔티티(Entity): 엔티티는 존재하는 객체(object)이다. 데이터 분석에서 엔티티는 사물, 사람, 장소 또는 관념일 수 있다. 예를 들어, 타이타닉 사고 분석에서 탑승객이 엔티티라고 볼 수 있고, 와인 품질 분석 문제에서는 와인이 엔티티이다.

- 속성(Attributes): 속성은 저장해야 하는 엔티티의 정보를 정의한다. 속성은 분석하고자 하는 목적과 가용성에 따라 결정된다. 타이타닉 사고 분석의 경우 생존여부(Survived), 승객 등급(Passenger Class), 성별(Sex), 탑승 항구(Port of Embarkation), 이름(Name), 탑승권 번호(Ticket Number), 캐빈(Cabin), 나이(Age), 동승 형제 배우자(No of Siblings or Spouses on Board), 동승 부모 자녀(No of Parents or Children on Board), 탑승 요금(Passenger Fare) 등이 주요한 속성이다. 데이터 분석의 속성은 분석에 필요 여부를 기준으로 원천 데이터에서 선별된

다. 속성 선별 과정은 매우 중요한 단계다. 중요한 속성이 분석을 위한 데이터에 포함되지 않는다면 좋은 결과를 얻을 수 없다.

• 사례(Example): 하나의 엔티티가 속성값으로 표현되는 경우를 사례라고 한다. 예를 들어 타이타닉 사례의 경우 하나의 사례는 다음과 같이 정의된다. 첫 번째 1은 각 사례를 식별하기 위해 지정한 번호, 즉 식별자이다. 다른 속성값은 위에서 정의한 승객 속성에 대한 값이다.

(1, Yes, First, Female, Southampton, "Allen, Miss. Elisabeth Walton", 24160, B5, 29, 0, 0, 211.3375)

• 사례 세트(Example Set): 이런 사례의 집합을 사례 세트라고 한다. AI Studio 는 데이터 세트보다 사례 세트라는 용어를 사용한다. 데이터 분석은 실질적으로 사례 세트를 가지고 수행된다. 사례 세트는 파일, 데이터베이스 등에 저장되며 적절한 읽기 도구를 사용하여 AI Studio로 읽어야 한다. 〈그림 3.1〉은 사례 세트의 예시를 보여준다. 첫 번째 행에는 속성이 있고, 두 번째 행부터 각 행은 사례를 나타낸다. 각 열은 특정 속성에 대한 사례가 갖는 값을 나타낸다.

그림 3.1) 사례 세트

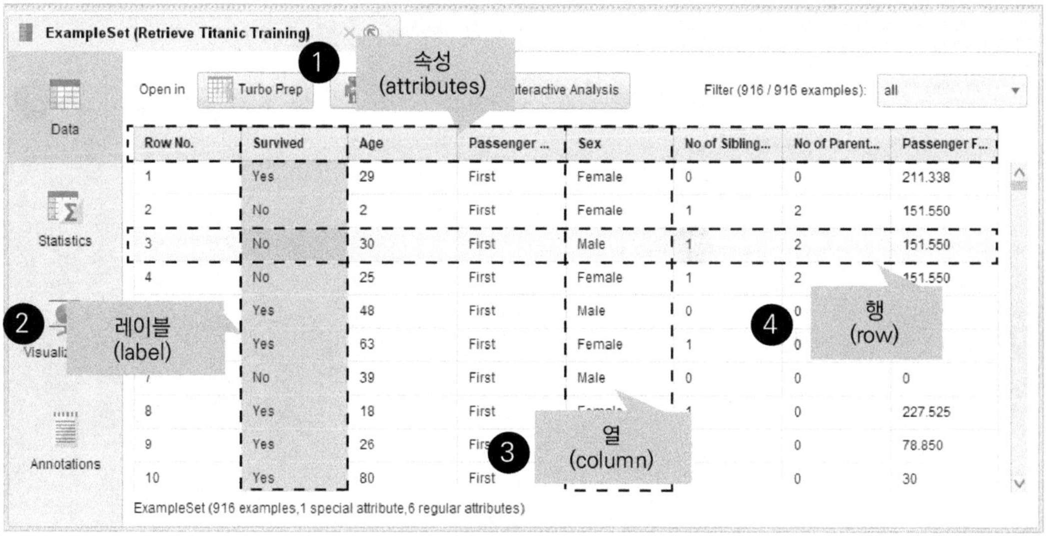

3.2.2 데이터 가져오기

데이터가 어디에 있고, 어떤 형식으로 저장되어 있는지 확인이 되었다면, 데이터를 읽어서 AI Studio로 읽어와야 한다. AI Studio는 오퍼레이터 트리의 Data Access 폴더에서 다양한 데이터 소스에서 데이터를 가져오는 방법을 제공한다. 타이타닉 데이터가 CSV파일 형식으로 저장되어 있다고 하자. 데이터 세트는 아래 링크에서 dm_titanic_all.csv 파일을 다운로드 하자.

https://cafe.daum.net/selfserviceanalytics/t0vn/4

이제 AI Studio의 Read CSV를 사용하여 데이터를 읽어보자.

1. 오퍼레이터 트리에서 Read CSV를 찾아 프로세스 패널에 추가한 후 out 출력 포트를 res 포트에 연결한다(그림 3.2 ①).

2. Read CSV의 파라미터 패널에서 Import Configuration Wizard … 버튼을 클릭하여 환경 설정 마법사를 시작하다(그림 3.2 ②).

> **그림 3.2** Read CSV로 데이터 읽기 - 오퍼레이터 추가

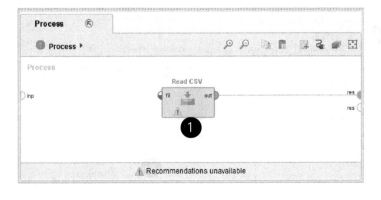

3. 마법사 1단계에서 파일 경로를 찾아 지정한 다음 Next 버튼을 클릭한다.

그림 3.3 Read CSV로 데이터 읽기 - 데이터 파일 경로 지정

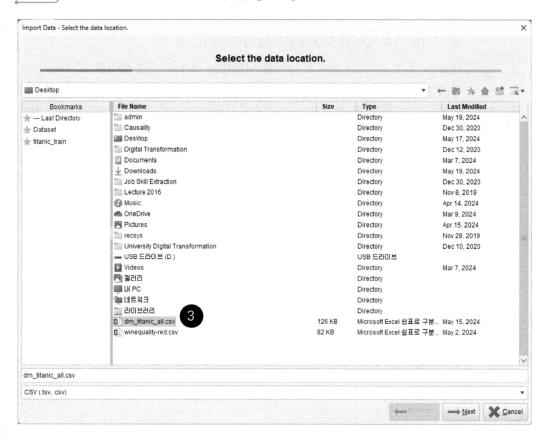

4. 마법사 2단계에서는 CSV 파일의 형태에 맞게 데이터 형식을 지정한다. 이 단계에서 설정해야 할 파라미터가 아래와 같이 매우 많다.

Header Row는 데이터 세트의 속성 이름으로 구성되어 있는 해더 행을 가지고 있는지 체크하는 것으로 현재 데이터 세트는 1행을 가지고 있으므로 체크박스를 체크하고 행을 1로 설정했다.

Start Row는 시작하는 행을 나타내며 마찬가지로 1행을 선택했다.

Column Separator는 데이터를 구분하는 기호를 의미하고, 현재 데이터는

세미콜론(;)으로 구분되기 때문에 세미콜론으로 설정하였다.

File Encoding은 데이터 파일의 인코딩 방식을 의미하며 일반적으로 운영체제가 윈도우인 경우에는 x-windows-949로 설정한다.

Escape Character는 역슬래시(\)를 사용한다. 데이터 가져오기 구성 마법사의 단계를 따라 데이터 로딩 방법을 설정을 한다.

Decimal Character는 소수점 아래를 나타내는 것으로 기본 설정은 그대로 점(.)으로 설정한다.

Use Quotes는 문자열의 경우 따옴표("...")로 하나의 문자열을 나타낸다. 사용하는 것으로 체크하고, 기본값은 따옴표를 사용한다.

Trim Lines은 데이터의 한 행 이후에 공백이 있는 경우에 공백을 제거하기 위해 사용한다.

Skip Comments는 코멘트를 나타내며 일반적으로 #을 사용하는 경우가 많으므로 기본값을 #으로 설정하였다.

잘 준비된 데이터 세트의 경우 Column Separator만 설정하면 문제가 없는 경우가 많다. Column Separator는 기본으로 콤마(,)를 사용하지만, 세미콜론(;), 탭 등 다양한 유형이 사용될 수 있다. 여기에서는 세미콜론(;)을 Column Separator로 지정한다. 데이터가 바르게 읽어졌으면, Next 버튼을 클릭하여 다음 단계로 이동한다.

그림 3.4 Read CSV로 데이터 읽기 - 데이터 형식 지정

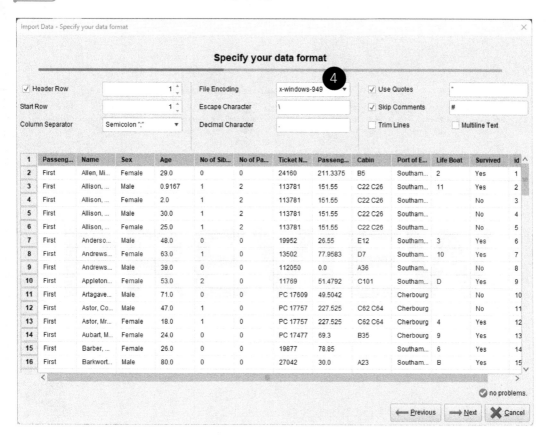

5. 마법사의 마지막 단계는 열 형식(column format)을 설정하는 것이다. 속성 이
   름 옆에 있는 역삼각형 모양의 아이콘(▼)을 클릭하면 Change Type(값 유
   형 변경), Change Role(역할 변경), Rename Column(열 이름 변경), Exclude
   Column(열 제외) 등이 메뉴가 활성화되고 변경할 수 있지만, 여기서는 변경
   하지 않고 데이터가 바르게 읽었는지 확인하고 문제없으면 Finish 버튼을
   클릭하고 마법사를 종료한다.

그림 3.5 Read CSV로 데이터 읽기 - 열 형식 지정

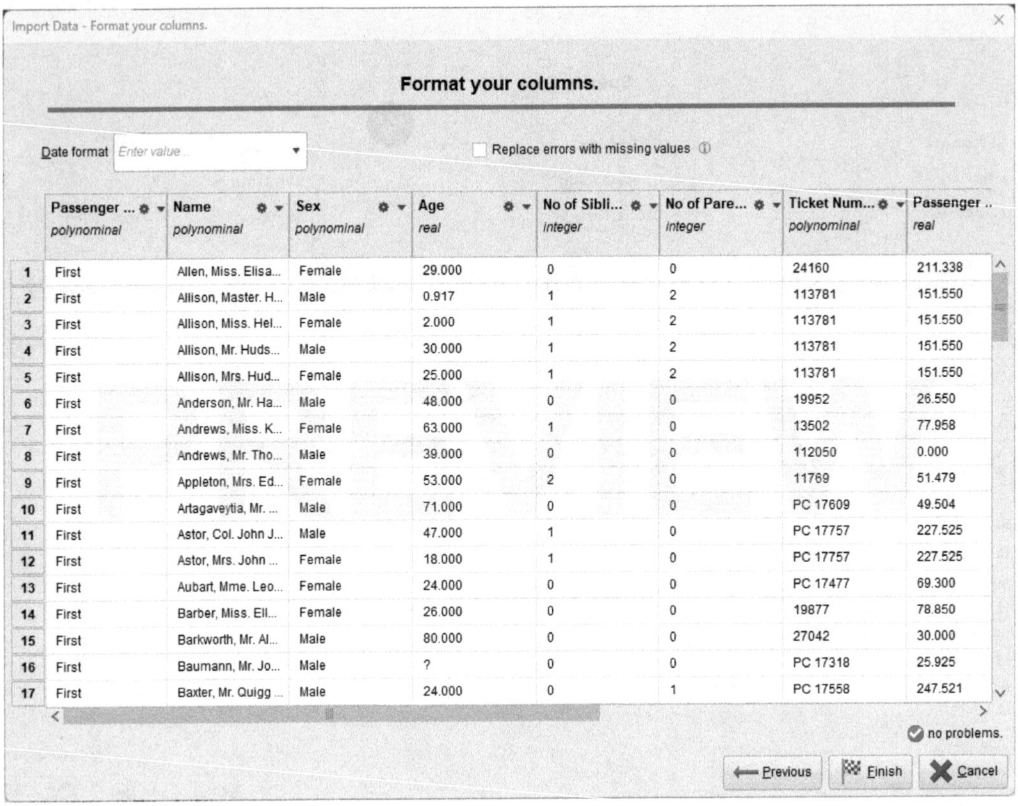

3.2.3 데이터 세트 메타 데이터

1) 데이터 세트 메타 데이터의 개념

데이터 세트에 대한 데이터를 데이터 세트 메타 데이터(dataset metadata) 라고 한다. 데이터 세트 메타 데이터는 데이터 세트 이름, 생성한 사람, 생성 일자, 속성 정의 등을 포함한다. 속성 정의는 데이터 세트 메타 데이터의 필수적인 요소로 속성 이름(attribute name), 속성값 유형(attribute value type), 속성 역할(attribute role) 등이 정의되어야 한다.

속성 이름. 한 데이터 세트 안에 속성 이름은 중복되면 안 된다. 속성 이름이 중

복된 경우 분석 도구는 이 오류 때문에 작동하지 않을 것이다.

속성값 유형. 속성값은 크게 나누어 범주 유형(nominal type), 숫자 유형(numeric type), 텍스트 유형(text type), 날짜-시간 유형(date time type) 등으로 구분할 수 있다. AI Studio가 지원하는 속성 유형은 〈표 3.1〉에 정리되어 있다.

표 3.1 속성값 유형

속성 유형	AI Studio 속성 유형
범주 유형	Nominal
숫자 유형	Numeric
정수 유형	Integer
실수 유형	Real
텍스트 유형	Text
이항범주 유형	Binominal
다항범주 유형	Polynomial
날짜 시간 유형	Data time
날짜 유형	Date
시간 유형	Time

Nominal: 범주 유형은 숫자값이 아닌, 분류값으로 유한한 서로 다른 특성을 갖는 값을 말한다. 예를 들어 타이타닉 데이터의 "Survived" 속성은 생존(1) 또는 사망(0) 등의 값을 가진다. AI Studio는 nominal로 쓰인다. 범주 유형은 두 가지 값을 갖는 이진 범주 유형(binomial type)과 여러 명목 값을 갖는 다중 범주 유형(polyno－mial type) 으로 구분한다. 속성값이 범주 유형인 경우 사례가 가질 수 있는 값은 이미 정의되어 있고, 사례는 그 중 하나의 값을 가진다.

Numeric: 숫자 유형은 일반적인 숫자값을 말한다. AI Studio는 숫자 유형을 좀 더 자세하게 정수 유형(integer type)과 실수 유형(real type)으로 구분하였다. 숫자값은 양수와 음수를 가진다.

Text: 텍스트 유형은 구조를 갖지 않은 자유 텍스트(free text)를 말한다. 텍스트 데이터 분석은 일반적으로 텍스트에 포함된 단어를 추출하여 분석을 수행한다.

Date Time: 날짜 시간 유형은 날짜와 시간을 동시에 표현하는 값이다(예, 2015/05/02 12:46 AM). 날짜와 시간을 별도로 표현하는 값은 날짜(date type) 유형과 시간 유형(time type) 이 있다.

속성의 역할. 속성의 역할에는 일반속성(attribute), 레이블(label), 식별자(id), 가중치(weight), 배치(batch), 군집(cluster), 예측(prediction), 이상치(outlier), 비용(cost), 기본값(base value) 등이 있다. 이 중에서 가장 일반적으로 사용되는 일반 속성, 레이블, 식별자 등에 대해서만 설명하도록 하겠다.

일반 속성(general attribute): 이 속성은 사례를 설명하는 일반적 속성을 말한다. AI Studio가 데이터를 읽어 들이면 모든 속성을 일반속성으로 간주한다.

식별자 속성(identifier attributes): 이 속성은 사례를 식별하기 위해 사용하는 속성 유형이다.

레이블 속성(label attribute): 이 속성은 모델이 예측해야 할 속성을 말한다. 분류 또는 회귀 문제인 경우, 학습과 시험 데이터 세트는 반드시 레이블 속성을 포함하고 있어야 한다.

3.2.4 데이터 세트 메타 데이터의 사례

제2장에서 소개한 데이터 분석 문제에 활용되는 데이터 세트 메타 데이터가 아래와 같다. 이후에 데이터 분석을 수행할 때는 여기에 있는 데이터 세트의 메타 데이터를 참조하여 분석을 수행할 것이다.

1) 타이타닉 데이터 세트

타이타닉 사고의 탑승자와 관련된 다양한 데이터 세트들이 생성되었다. 탑승자 정보는 개인 프로파일과 관련된 정보, 탑승권과 관련된 정보, 생존 여부와 관련된 정보를 포함한다. 타이타닉 데이터 세트의 메타 데이터는 〈표 3.2〉에 정리하였다. 데이터 세트의 최초의 작성자가 누구인지는 명확하지 않다. 이 책에서는 AI

Studio가 제공하는 데이터 세트를 사용한다.

표 3.2 타이타닉 데이터 세트의 메타 데이터

이름	값 유형	역할	설명	값
Passenger Class	Polynomial	Attribute	고객 등급	1(상)/2(중)/3(하)
Name	Text	Attribute	이름	
Sex	Binominal	Attribute	성별	남/여
Age	Real	Attribute	나이	수치값
No of Siblings or Spouse on Board	Integer	Attribute	함께 탑승한 형제/배우자 수	수치값
No of Parents or Children on Board	Integer	attribute	함께 탑승한 부모/자녀의 수	수치값
Ticket Number	Polynomial	attribute	티켓 번호	
Passenger Fare	Real	attribute	요금	수치값
Cabin	Polynomial	attribute	캐빈 유형	
Port of Embarkation	Polynomial	attribute	탑승지	Cherbourg Queenstown Southampton
Life Boat	Polynomial	attribute	탑승한 구명 보트	
Survived	Binominal	label	생존	Yes(생존)/No(사망)
Id	Integer	id	승객 일련 번호	

2) 소득 데이터 세트

배리 벡커(Barry Becker)는 1994년 미국 센서스 데이터베이스에서 추출한 개인의 정보를 가지고 소득이 5만 불 이상인지 여부를 예측하는 데이터 세트를 생성하였다. 데이터 세트는 개인의 인구통계적 정보, 교육 및 직업과 관련된 정보, 자본소득과 관련된 정보 등을 포함하고 있다. 소득 데이터 세트의 메타 데이터는 〈표 3.3〉에 정리하였다.

표 3.3 소득 데이터 세트의 메타 데이터

이름	값 유형	역할	설명	값
age	Integer	attribute	나이	수치값
workclass	Polynomial	attribute	직업 구분	Private, Self-emp-not-inc, Self-emp-inc, Federal-gov, Local-gov, State-gov, Without-pay, Never-worked
Education	Polynomial	attribute	교육	Bachelors, Some-college, 11th, HS-grad, Prof-school, Assoc-acdm, Assoc-voc, 9th, 7th-8th, 12th, Masters, 1st-4th, 10th, Doctorate, 5th-6th, Preschool
education-num	Integer	attribute	교육 기간	수치값
marital-status	Polynomial	attribute	결혼 상태	Married-civ-spouse, Divorced, Never-married, Separated, Widowed, Married-spouse-absent, Married-AF-spouse
occupation	Polynomial	attribute	직업	Tech-support, Craft-repair, Other-service, Sales, Exec-managerial, Prof-specialty, Handlers-cleaners, Machine-op-inspct, Adm-clerical, Farming-fishing, Transport-moving, Priv-house-serv, Protective-serv, Armed-Forces
relationship	Polynomial	attribute	가족 내 관계	Wife, Own-child, Husband, Not-in-family, Other-relative, Unmarried
Race	Polynomial	attribute	인종	White, Asian-Pac-Islander, Amer-Indian-Eskimo, Other, Black
sex	Binominal	attribute	성별	Female, Male
capital-gain	Integer	attribute	자본 이득	수치값
capital-loss	Integer	attribute	자본 손실	수치값

hours-per-week	Integer	attribute	주당 근로시간	수치값
native-country	Polynomial	attribute	출신 국가	국가 이름
Income	Binominal	label	소득	>50K, <=50K

3) 통신회사 고객이탈 데이터 세트

이 데이터 세트는 통신회사의 고객 이탈 여부를 예측하기 위해 수집되었다. 데이터의 실제 소스는 명확하지 않으며, 이 책에서 사용한 데이터는 캐글에서 수집하였다. 통신 회사 고객이탈 데이터 세트의 메타 데이터는 〈표 3.4〉에 정리하였다.

표 3.4 통신회사 고객이탈 데이터 세트의 메타 데이터

이름	값 유형	역할	설명	값
CustomerID	Integer	id	고객별 고유 식별자	수치값
Age	Integer	attribute	연령: 고객의 연령	
Gender	Binomial	attribute	성별: 고객의 성별	Male, Female
Tenure	Integer	attribute	사용 기간: 고객이 회사의 제품 또는 서비스를 사용한 기간(개월)	
Usage Frequency	Integer	attribute	사용빈도: 고객이 최근 한 달간 회사의 서비스를 이용한 횟수	
Support Calls	Integer	attribute	지원 전화: 고객이 지난 한 달 동안 고객 지원에 전화를 걸었던 횟수	
Payment Delay	Integer	attribute	결제 지연: 고객이 최근 한 달 동안 결제를 지연한 일수	
Subscription Type	Polynomial	attribute	구독 유형: 고객이 선택한 구독 유형	Standard, Premium, Basic
Contract Length	Polynomial	attribute	계약기간: 고객이 당사와 체결한 계약기간	Annual, Quarterly, Monthly

Total Spend	Integer	attribute	총지출: 고객이 회사의 제품 또는 서비스에 지출한 총금액	
Last Interaction	Integer	attribute	마지막 상호 작용: 고객이 회사와 마지막으로 상호 작용한 날 이후의 일수	
Churn	Binominal	label	고객 이탈 여부	1, 0

4) 은행 마케팅 데이터 세트

모로(Sérgio Moro)는 포르투갈 은행의 전화를 통해 실행한 다이렉트 마케팅 데이터를 수집하였다. 수집 기간은 2008년 5월부터 2010년 10월까지이며, 17개의 캠페인과 관련되어 있다. 이 전화 캠페인을 시행하는 동안에 높은 이자율을 제공하는 장기 저축에 대한 캠페인이 실행되었다. 다이렉트 마케팅 데이터 세트의 메타 데이터는 〈표 3.5〉에 정리하였다.

표 3.5 은행 마케팅 데이터 세트의 메타 데이터

이름	값 유형	역할	설명	값
age	Numeric	attribute	고객 나이	수치값
Job	Polynomial	attribute	고객 직업	admin., blue-collar, entreprneur, housemaid, management, retired, self-employed, services, student, technician, unemployed, unknown
Marital	Polynomial	attribute	결혼여부	divorced, married, single, unknown;
Education	Polynomial	attribute	교육	basic.4y, basic.6y, basic.9y, high.school, illiterate, professional.course, university.degree, unknown
Default	Polynomial	attribute	신용불량 여부	no, yes, unknown
Balance	Numeric	attribute	잔고	수치값
Housing	Polynomial	attribute	주택 대출 여부	no, yes, unknown

Loan	Polynomial	attribute	개인 대출 여부	no, yes, unknown
Contact	Binominal	attribute	통신 방법	cellular, telephone
day_of_week	Polynomial	attribute	마지막 접촉 요일	mon, tue, wed, thu, fri
Month	Polynomial	attribute	마지막 접촉 월	jan, feb, mar, ..., nov, dec
Duration	Numeric	attribute	마지막 전화 통화 기간(초)	수치값
Campaign	Numeric	attribute	캠페인 횟수	수치값
Pdays	Numeric	attribute	마지막 접촉 후 경과일	수치값
Previous	Numeric	attribute	이 캠페인 전에 수행된 접촉 수	수치값
Poutcome	Polynomial	attribute	이전 마케팅 캠페인 성공 여부	failure, nonexistent, success
Y	Binominal	label	계약 성공 여부	yes, no

5) 와인 품질 데이터 세트

파울로 코르테즈(Paulo Cortez)는 포르투갈 민호(Minho) 지역에서 생산된 비뇨 베르디(Vinho Verde) 라는 와인의 품질 측정 데이터를 수집하였다. 데이터는 공식 인증 기관에서 검증된 2004년 5월부터 2007년 2월까지 화학적 성분 데이터와 적어도 3명 이상의 와인 평가자의 와인의 등급 평가 데이터를 수집하였다. 점수는 0(매우 좋지 않음)에서 10(매우 우수함)까지 주었다. 와인 품질 데이터 세트의 메타 데이터는 〈표 3.6〉에 정리하였다.

표 3.6 **와인 품질 데이터 세트의 메타 데이터**

이름	값 유형	역할	설명	값
Quality	integer	label	품질(클래스)	수치값
fixed acidity	real	attribute	고정 산성도	수치값

volatile acidity	real	attribute	휘발성 산성도	수치값
citric acid	real	attribute	구연산	수치값
residual sugar	real	attribute	잔여 설탕	수치값
Chlorides	real	attribute	염화물	수치값
free sulfur dioxide	real	attribute	자유이산화황	수치값
total sulfur dioxide	real	attribute	총이산화황	수치값
Density	real	attribute	밀도	수치값
pH	real	attribute	산도	수치값
Sulphates	real	attribute	황산염	수치값
Alcohol	real	attribute	알코올	수치값

6) 상점 고객 데이터 세트

상점의 고객의 특징을 파악하고, 그것을 기반으로 고객의 하위 그룹을 생성하기 위한 문제를 해결하기 위해 수집된 데이터이다. 이 데이터는 캐글에서 수집되었지만, 수집에 대한 배경 정보는 명확하지는 않다. 상점 고객 데이터의 데이터 세트의 메타 데이터는 〈표 3.7〉에 정리하였다.

표 3.7 상점 고객 데이터의 메타 데이터

이름	값 유형	역할	설명	값
CustomerID	numeric	id	고객 ID	
Gender	Binomial	attribute	성별	Male, Female
Age	numeric	attribute	나이	
Annual Income($)	numeric	attribute	연간 소득	
Spending Score (1-100)	numeric	attribute	소비 스코어	
Profession	Polynomial	attribute	직업	

Work Experience	numeric	attribute	직업 경험	
Family Size	numeric	attribute	가족 크기	

7) 구매 데이터 세트

상점의 고객은 한 번 거래에 다양한 상품을 구매한다. 이들이 구매를 할 때 어떤 제품을 같이 구매하는지 패턴을 분석하기 위해 데이터를 수집하였다. 〈표 3.8〉은 이런 목적을 위해 수집한 데이터 세트의 메타 데이터 정보를 보여준다.

표 3.8 구매 데이터 세트의 메타 데이터

이름	값 유형	역할	설명	값
Member_number	Polynomial	Id	고객 ID	
Date	Date	attribute	거래 발생 일자	
itemDescription	Polynomial	attribute	나이	

3.2.5 데이터 세트 메타 데이터를 활용한 데이터 정리

우리는 앞에서 타이타닉 데이터 세트를 읽어오면서 컬럼 형식에 대한 것을 구체적으로 정리하지 않고 그대로 Import Configuration Wizard를 종료했다. 우리는 표 3.2에서 데이터 세트 메타 데이터를 정리했다. 즉, 이제 컬럼 형식을 다시 검토할 준비가 된 것이다.

1. AI Studio는 데이터 세트의 메타 데이터 확인을 위해 Read CSV의 파라미터 패널에서 data set metadata information 파라미터를 제공한다. 이 파라미터의 Edit List 버튼을 클릭한다(그림 3.6 ①).

2. 열린 다이얼로그에서 속성 메타 데이터 정보를 확인할 수 있고, 수정도 가능하다(그림 3.6 ②). 속성 메타 데이터 정보를 다음과 같이 수정하자. Name의 속성값 유형을 text로 변경하고, Sex의 속성값 유형을 binomial로 변하고, Life Boat은 분석에서 사용하지 않을 것이기 때문에 column selected를 해제한다. Survived는 속성값 유형을 binomial로 변경하고 역할을 label로 변경하고 id는 역할을 id로 변경한다. 메타 데이터에 대한 수정이 완료하고 Apply 버튼을 클릭하여 다이얼로그를 종료한다.

그림 3.6) 데이터 세트의 메타 데이터 수정

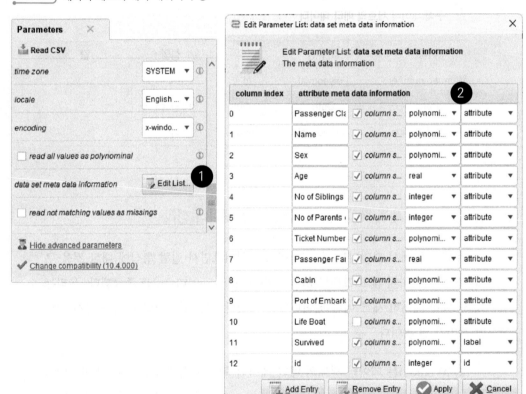

이제 데이터 세트의 메타 데이터가 수정되었으니 프로세스를 실행하여 데이터가 잘 읽히는지 확인해 보자. Life Boat속성은 삭제되었고, id는 식별자(identifier)로 설정되었으며, Survived는 레이블(label)로 설정되었다.

그림 3.7 데이터 읽기 결과

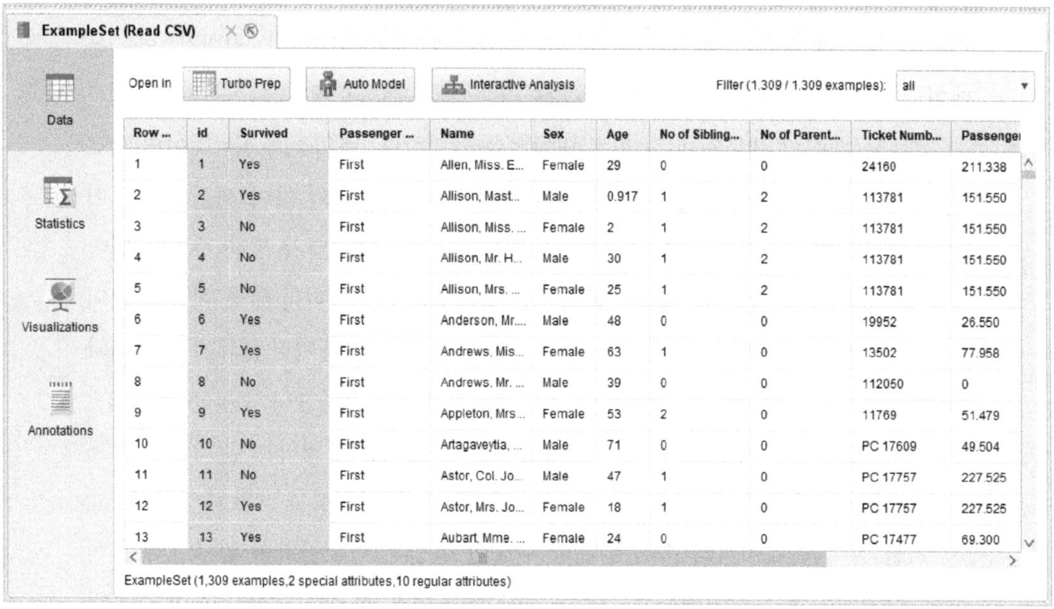
ExampleSet (Read CSV)
Data
Statistics
Visualizations
Annotations
Open in
Turbo Prep
Auto Model
Interactive Analysis
Filter (1,309 / 1,309 examples):
all
ExampleSet (1,309 examples,2 special attributes,10 regular attributes)

Row ...	id	Survived	Passenger ...	Name	Sex	Age	No of Sibling...	No of Parent...	Ticket Numb...	Passenger
1	1	Yes	First	Allen, Miss. E...	Female	29	0	0	24160	211.338
2	2	Yes	First	Allison, Mast...	Male	0.917	1	2	113781	151.550
3	3	No	First	Allison, Miss. ...	Female	2	1	2	113781	151.550
4	4	No	First	Allison, Mr. H...	Male	30	1	2	113781	151.550
5	5	No	First	Allison, Mrs. ...	Female	25	1	2	113781	151.550
6	6	Yes	First	Anderson, Mr....	Male	48	0	0	19952	26.550
7	7	Yes	First	Andrews, Mis...	Female	63	1	0	13502	77.958
8	8	No	First	Andrews, Mr. ...	Male	39	0	0	112050	0
9	9	Yes	First	Appleton, Mrs...	Female	53	2	0	11769	51.479
10	10	No	First	Artagaveytia, ...	Male	71	0	0	PC 17609	49.504
11	11	No	First	Astor, Col. Jo...	Male	47	1	0	PC 17757	227.525
12	12	Yes	First	Astor, Mrs. Jo...	Female	18	1	0	PC 17757	227.525
13	13	Yes	First	Aubart, Mme. ...	Female	24	0	0	PC 17477	69.300

3.3 데이터를 설명하라

3.3.1 단일 속성에 관한 설명

데이터에 대한 기술 통계 정보를 활용하여 데이터의 전반적인 특징을 확인할 수 있다. 기술통계는 데이터 세트의 중요한 특성이나 특징을 요약하고 기술하는 데 사용되는 일련의 기술을 의미한다. 이러한 통계적 측정은 많은 양의 데이터를 의미 있는 패턴으로 단순화하고 조직화하여 데이터를 보다 관리하기 쉽고 해석 가능하게 표현하는 데 도움이 된다. 기술통계는 탐색적 데이터 분석과 통계 분석의 초기 단계 모두에서 기본이다.

기술통계는 다음과 같이 중심 경향과 변동성에 관한 정보를 제공한다.

중심 경향. 데이터 세트의 중심 또는 평균을 설명한다. 평균(Mean)은 모든 값을 합산하여 값의 수로 나누어 계산한 산술평균이다. 중위수(Median)는 데이터 세트가 가장 작은 것에서 가장 큰 것으로 순서가 정해질 때의 중간값이다. 최빈값(Mode)은 데이터 세트에서 가장 자주 발생하는 값이다.

변동성. 데이터 세트의 퍼짐 또는 변동성을 설명한다. 범위(Range)는 데이터 세트의 최댓값과 최솟값의 차이이다. 분산(Distribution)은 평균과의 차이 제곱의 평균이다. 표준 편차(Standard Deviation)는 분산의 제곱근으로, 데이터가 평균 주변에 얼마나 퍼져 있는지 측정할 수 있다. 백분위수(Percentiles)는 데이터의 일정 비율이 떨어지는 값을 말한다. 사분위간 범위(Inter quartile Range, IQR)는 데이터 세트의 25번째와 75번째 백분위수 사이에 있는 값의 범위이다. 확률 밀도 함수(PDF; Probability Density Function)는 연속 확률 변수가 특정 값을 취할 가능성을 설명하는 함수이다. 왜도(Skewness)와 첨도(Kurtosis)는 데이터 분포의 비대칭성과 정점성을 각각 측정한다.

기술 통계는 데이터의 속성에 대한 귀중한 통찰력을 제공하여 연구자와 분석가가 데이터의 속성을 이해하고 패턴을 식별하며 이상 징후를 감지하고 정보에 입각한 의사 결정을 내리는 데 도움을 준다. 이러한 기법은 종종 데이터로부터 결론을 도출하거나 예측을 하기 위해 보다 발전된 추론 통계 및 모델링 기법이 적용되기 전의 예비 단계로 사용된다.

AI Studio는 데이터를 읽으면 중요한 기술 통계 정보를 제공한다. 위의 결과 뷰에서 통계 정보를 확인해 보자.

1. 결과 뷰에서 Statistics 메뉴를 클릭하면 각 속성에 대한 기술 통계 정보가 표시된다. 수치 유형 속성인 경우 최소, 최대, 평균값이 표시되고, 범주 유형 속성인 경우 범주값 별로 빈도가 표시된다.

2. 범주값 유형별 구체적인 분포를 추가로 확인하려면 Details 링크를 클릭하면(그림 3.8 ②), 범주값 별 사례 개수와 비율을 보여주는 Nominal values 다이얼로그가 열린다(그림 3.8 ③).

그림 3.8 Example Set(Read CSV) - Statistics 메뉴 실행

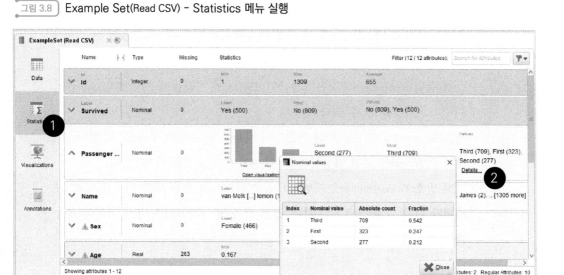

3. 기술 통계 데이터를 복사하여 보고서를 만들려면, 테이블 헤더에서 마우스 왼쪽 버튼을 클릭하여 Copy statistics to clipboard를 실행하여 데이터를 클립보드에 복사한다. 엑셀 프로그램을 열어 붙여 넣기를 하면 통곗값이 복사된다(그림 3.8 ④). 단, 범주 유형값의 경우 위에서 설명한 것처럼 Details 링크를 클릭하여 Nominal values 다이얼로그 내의 데이터를 복사하여 보고서에 붙여 넣어야 한다.

이 통계표를 통해 우리는 데이터의 속성별 특징에 대해 알 수 있다.

- 동승 형제 또는 배우자 수(No of Siblings or Spouses on Board)는 최소 0에서 최대 8명이고 평균적으로 0.5명인 것을 알 수 있다. 동승 부모 또는 자녀 수(No of Parents or Children on Board)도 최소 0명에서 최대 9명인 것을 알 수 있다.
- 요금(Passenger Fare)은 최소 0에서 최대 512이며, 평균은 33.30이다.
- 승객의 나이(Age)는 최소 0에서부터 최대 80세까지 있으며(0이라는 것은 아마도 아직 태어난 지 몇 개월 안 된 아기일 수 있다), 평균적으로 29.89세인 것을 알 수 있다.
- 승객 등급(Passenger Class)은 1등급이 25%(323), 2등급이 21%(277), 3등급이 54%(709)인 것을 알 수 있다.
- 생존(Survived)의 속성을 보면 생존자의 비율은 약 38%인 것을 알 수 있다.
- 남녀 성별(Sex)을 보면 여성이 36%, 남성이 64%인 것을 알 수 있다.
- 티켓 번호(Ticket Number), 캐빈(Cabin), 이름(Name) 등은 다항 범주 데이터 값이지만 너무 다양한 종류의 값이 있는 것을 알 수 있다. 따라서 이것이 유용한 정보인지 확인이 필요하다.

3.3.2 두 속성의 관계에 관한 설명

상관계수는 두 변수 간의 관계의 강도와 방향을 기술하는 통계적 척도이다. 변수들이 서로 얼마나 잘 연관되어 있는지를 수치화 한다. 두 속성의 표본 상관 계수(r)의 경우 공식은 다음과 같이 계산할 수 있다.

$$r = \frac{\sum_{i=1}^{n} (x_i - \bar{x})(y_i - \bar{y})}{\sqrt{\sum_{i=1}^{n} (x_i - \bar{x})^2 \sum_{i=1}^{n} (y_i - \bar{y})^2}}$$

여기서 x와 y는 n개의 값을 갖는 속성 $x_1, x_2, ..., x_n$과 $y_1, y_2, ..., y_n$을 나타내고, x_i과 y_i는 i번째 속성값을 말하고, $\bar{x}$와 $\bar{y}$는 x와 $\bar{y}$의 평균값이다.

상관계수는 r로 표시되며 -1에서 1 사이의 범위이다. $r=1$은 완벽한 양의 상관관계, 즉 한 변수가 증가할수록 다른 변수도 비례적으로 증가한다는 것을 의미한다. $r=-1$은 완전한 음의 상관관계, 즉 한 변수가 증가할수록 다른 변수는 비례적으로 감소한다는 것을 의미한다. $r=0$은 상관관계가 없는 것을 의미한다. r이 1 또는 -1에 가까울수록 변수들 간의 선형 관계가 강함을 의미한다. r이 0에 가까울수록 변수들 간의 선형 관계가 약하다는 것을 의미한다.

분석 프로세스

AI Studio의 Correlation Matrix를 사용하면 데이터 세트의 수치 속성 간 상관관계를 계산할 수 있다. 다음과 같이 분석을 수행해 보자.

1. 상관계수를 구하기 위해 Correlation Matrix를 추가한다. Correlation Matrix의 출력 포트에서 속성 간 상관계수 값을 보기 위해 mat와 wei 포트를 프로세스 패널의 res에 연결한다(그림 3.9 ①).

2. Correlation Matrix의 파라미터에서 type은 include attributes를 선택하고, attribute filter types는 type(s) of values를 선택한 후, type of value에서 수치 속성인 real, integer를 선택한다(그림 3.9 ②).

그림 3.9) Correlation Matrix를 활용한 상관관계 분석

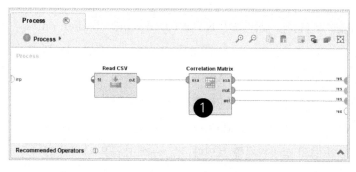

분석 결과

분석 프로세스를 실행하여 결과를 확인한다. Correlation Matrix(Correlation Matrix) 탭을 선택한다. 테이블의 행과 열은 속성을 보여주며, 대각선은 각 속성 자신과의 상관계수를 나타내기 때문에 1이다. 대각선을 중심으로 상하의 값이 대칭이다.

그림 3.10) Correlation Matrix - Correlation 결과

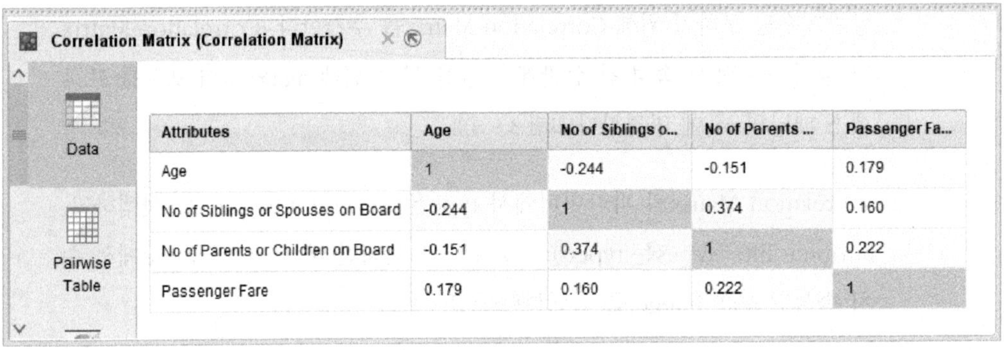

Correlation Matrix (Correlation Matrix) ✕ ®

Attributes	Age	No of Siblings o...	No of Parents ...	Passenger Fa...
Age	1	-0.244	-0.151	0.179
No of Siblings or Spouses on Board	-0.244	1	0.374	0.160
No of Parents or Children on Board	-0.151	0.374	1	0.222
Passenger Fare	0.179	0.160	0.222	1

Data / Pairwise Table

Correlation Matrix(Correlation Matrix) 탭에서 Pairwise Table 메뉴를 클릭하면 두 속성 쌍의 상관계수를 보여준다. 값을 보면 No of Parents and Children on Board와 No of Siblings or Spouses on Board가 가장 높은 0.374의 상관 관계를 보인다. No of Siblings or Spouses on Board과 Age는 -0.244의 음의 상관 관계를 보인다. 나이가 많을수록 형제 또는 배우자의 수가 많기 때문에 당연한 것으로 보인다. Passenger Fare는 Age, No of Parents and Children on Board, No of Siblings or Spouses on Board와 양의 상관관계를 보인다. 즉, 승객 요금은 나이가 많을 수록, 부모 또는 자식의 수가 많을 수록, 형제 또는 배우자의 수가 많을수록 높다는 것을 나타낸다.

그림 3.11 Correlation Matrix - Pairwise Table 결과

First Attribute	Second Attribute	Correlation
Age	No of Siblings or Spouses on Board	-0.244
Age	No of Parents or Children on Board	-0.151
Age	Passenger Fare	0.179
No of Siblings or Spouses on Board	No of Parents or Children on Board	0.374
No of Siblings or Spouses on Board	Passenger Fare	0.160
No of Parents or Children on Board	Passenger Fare	0.222

3.3.3 두 사례의 관계에 관한 설명

두 개의 사례의 관계는 얼마나 비슷한 지를 나타낸다. 유사한 정도에 대한 측정 지표는 유사도(similarity) 또는 거리(distance)가 사용된다. 즉, 유사도가 클수록 또는 거리가 가까울 수록 두 사례가 비슷하다는 것을 의미한다. 유사도 또는 거리는 속성값의 유형에 따라 ① 두 사례를 구성하는 속성값이 모두 숫자인 경우, ② 두 사례를 구성하는 속성값이 모두 범주인 경우, ③ 두 사례를 구성하는 속성값이 숫자와 범주로 되어 있는 경우 등 3가지로 구분할 수 있다(표 3.9 참조).

표 3.9 속성 유형에 따른 유사도/거리 함수

구분	유사도 지표
수치값	Euclidean Distance
	Canberra Distance
	Chebyshev Distance
	Correlation Similarity
	Cosine Similarity
	Dice Similarity
	Dynamic Time Warping Distance
	Inner Product Similarity
	Jaccard Similarity
	Kernel Euclidean Distance
	Manhattan Distance
	Max Product Similarity
	Overlap Similarity
범주값	Nominal Distance
	Dice Similarity
	Jaccard Similarity
	Kulczynski Similarity
	Rogers Tanimoto Similarity
	Russell Rao Similarity
	Simple Matching Similarity
혼합	Mixed Euclidean Distance

이 중에서 가장 기본이 되는 3가지 유사도 지표인 Euclidean, Cosine, Jaccard 유사도에 관해 알아보자.

다음의 e_1과 e_2는 꽃은 꽃받침 길이, 꽃받침 넓이, 꽃잎 길이, 꽃잎 넓이 등의 4

가지 속성을 갖는 2가지 사례이다. 이 사례의 Euclidean 거리와 Cosine 유사도를 계산해 보자.

$$e_1 = \{5.1, 3.5, 1.4, 0.2\}, \ e_2 = \{6.9, 3.1, 5.1, 2.3\}$$

Euclidean 거리: x_i과 y_i는 사례 e_1과 e_2의 i번째 속성을 나타낸다고 할 때, Euclidean거리를 계산하는 공식은 아래와 같다.

$$E_d = \sqrt{\sum_i^n (x_i - y_i)^2}$$

위의 공식을 사용하여 Euclidean거리를 계산하면 아래와 같이 계산할 수 있다.

$$\text{Euclidean Distance} = \sqrt{(5.1 - 6.9)^2 + (3.5 - 3.1)^2 + (1.4 - 5.1)^2 + (0.2 - 2.3)^2}$$
$$= \sqrt{21.5} = 4.64$$

Cosine 유사도: x_i과 y_i는 사례 e_1과 e_2의 i번째 속성을 나타낸다고 할 때, Cosine 유사도를 계산하는 공식은 아래와 같다.

$$C_s = \frac{\sum_i^n x_i \times y_i}{\sqrt{\sum_i^n (x_i)^2} \times \sqrt{\sum_i^n (y_i)^2}}$$

위의 공식을 사용하여 Cosine 유사도를 계산하면 아래와 같이 계산할 수 있다.

$$\text{Cosine Similarity} = \frac{5.1 \times 6.9 + 3.5 \times 3.1 + 1.4 \times 5.1 + 0.2 \times 2.3}{\sqrt{5.1^2 + 3.5^2 + 1.4^2 + 0.2^2} \times \sqrt{6.9^2 + 3.1^2 + 5.1^2 + 2.3^2}}$$
$$= \frac{53.64}{59.70} = 0.90$$

Jaccard 유사도: Jaccard 유사도는 전체 속성 개수를 N, 서로 같은 값을 갖는 속성의 개수 S라고 할 때 다음과 정의된다.

$$\text{Jaccard} = \frac{S}{N}$$

아래와 같이 3개의 사례 사이의 Jaccard 유사도를 계산해 보자.

e_1={Male,First,Yes}, e_2={Female,First,Yes}, e_3={Female,Second,No}

사례 1과 2의 Jaccard 유사도는 2/3인 반면에 사례 1과 3의 Jaccard 유사도는 0이다. Jaccard 유사도는 0과 1 사이의 값을 가지는데, 값이 1이라는 것은 두 사례가 서로 동일하다는 것을 의미하며, 반대로 0일 때는 두 사례가 공통된 요소를 전혀 가지지 않는다는 것을 뜻한다.

분석 프로세스

AI Studio의 Data to Similarity를 사용하면 사례 간 유사도를 계산할 수 있다. 위에서 수행한 분석에 연결하여 다음과 같이 분석을 수행해 보자.

그림 3.12) Data to Similarity를 활용한 사례 유사도 분석

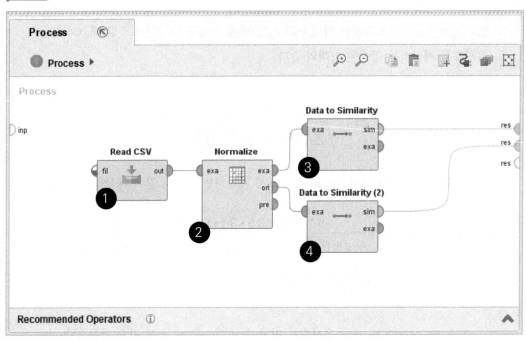

1. Read CSV로 데이터 세트를 읽어온다.

2. 수치 값의 크기가 서로 다르기 때문에 정규화 작업이 필요하다. Normalize 를 추가하고, exa 입력 포트를 Select Attributes의 exa출력 포트와 연결하고 파라미터를 기본값(attribute filter type은 all로, method는 Z-transformation)으로 설정한다.

그림 3.13 Normalize 파라미터 설정

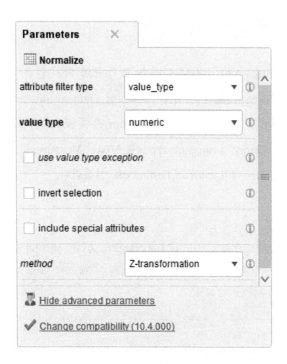

3. Data to Similarity를 추가한 후 exa입력 포트를 Normalize의 exa출력 포트와 연결하고, sim 출력 포트를 res포트에 연결한다. Data to Similarity의 measure types를 Mixed Measures로 설정하고, mixed measure는 Mixed Euclidean Distance로 설정한다.

그림 3.14 Data to Similarity

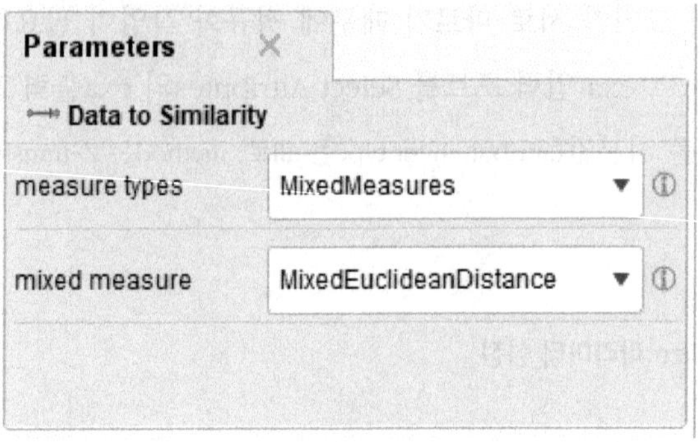

4. Data to Similarity를 추가로 붙여 넣고 정규화 되지 않은 데이터 세트를 사용하기 위해 Normalize의 ori출력 포트를 Data to Similarity의 exa입력 포트에 연결하고, Data to Similarity의 sim 출력 포트를 res포트에 연결한다. Data to Similarity의 measure types를 Mixed Measures로 설정하고, mixed measure는 Mixed Euclidean Distance로 설정한다.

❖ 참고

범주 유형 속성(Passenger Class, Port of Embarkation, Sex)만 선택하여 같은 분석을 수행해 보자. 또한 수치와 범주 유형의 속성을 모두 합쳐 분석을 수행해 보자. <표 3.9>의 유사도 함수를 참조하여 적절한 함수를 선택해 보자.

분석 결과

프로세스를 실행하여 결괏값을 확인해 보자. 먼저 SimilarityMeasureObject (Data to Similarity)의 Data 메뉴를 실행해 보면 First, Second가 있는 데 이는 사례의 인덱스를 가리키며, Similarity(또는 Distance)는 유사도(또는 거리)를 나타낸다. 즉, 첫 행에 보면 First에 1.0, Second에 2.0, Similarity에 3.923을 값으로 갖는데, 이는 첫 번째 사례와 두 번째 사례의 Mixed Euclidean Distance를 나타낸다(그림 3.15 (a)). Histogram 메뉴를 클릭하면 유사도의 분포를 확인할 수 있다(그림 3.15 (b)). 유사도는 약 1에서 14까지의 값을 가지며, 유사도가 넓게 분포된 것을 알 수 있다. k-distance는 k개의 근접 사례와의 평균 거리를 나타낸다. 예를 들어, 3개의 근접 사례와의 평균 거리 분포를 나타낸다.

> **참고**
> 본 분석에서는 Normalize를 통해 정규화를 한 후 유사도를 계산했다. 정규화의 영향을 파악하기 위해 Normalize를 제거한 후 유사도 결과가 어떻게 되는지 확인해 보자.

그림 3.15 Data to Similarity 유사도 결과

(a) 사례별 유사도

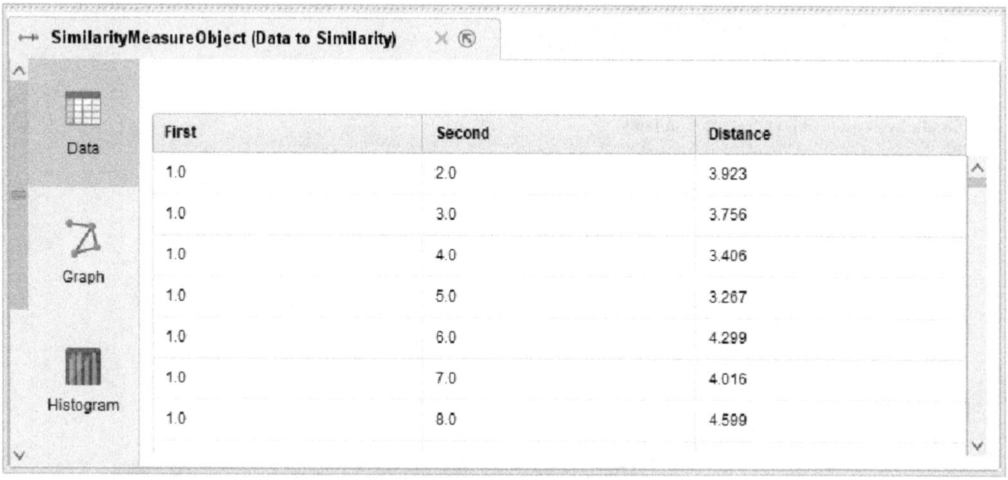

First	Second	Distance
1.0	2.0	3.923
1.0	3.0	3.756
1.0	4.0	3.406
1.0	5.0	3.267
1.0	6.0	4.299
1.0	7.0	4.016
1.0	8.0	4.599

(b) 유사도 분포 히스토그램

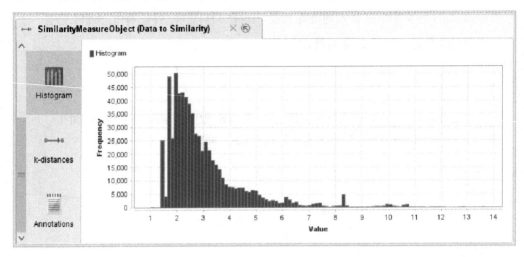

(c) K-distance 결과

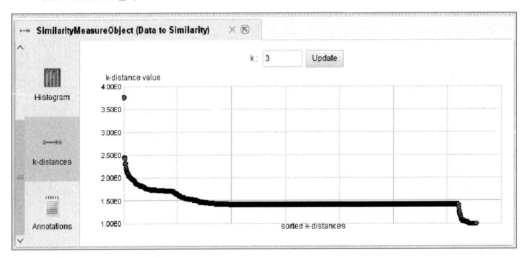

유사도는 모델링 단계에서 범주 예측과 수치 예측에 사용되는 k-NN과 클러스
터링에 사용되는 k-Mean 모델링 기법에서 사용된다.

데이터를 탐색하라

데이터를 탐색하는 것은 데이터에 숨겨진 패턴, 흥미로운 사실 및 트렌드 등을 찾는 과정을 말한다. 차트는 데이터 탐색을 위해 많이 사용하는 방법이다. 차트는 데이터를 시각적으로 보여주며, 데이터에 대한 직관적인 이해가 가능해진다. 저장소 패널에서 Samples>data 폴더에 있는 Titanic 데이터를 프로세스 패널에 가져다 놓고 out 출력 포트를 res 포트에 연결한 후 실행한 후 아래의 데이터 탐색을 수행한다.

그림 3.16) 데이터 탐색 - Titanic 데이터 세트 읽기

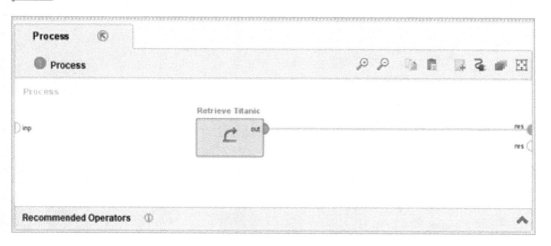

3.4.1 막대 차트

막대 차트는 속성값이 범주일 때 사용한다. 개별 범주를 보기 위한 기본 막대 차트와 범주 내 다른 속성의 구성을 보여주는 누적 막대 차트가 있다. 여기에서는 먼저 승객 등급 별 빈도를 먼저 보고, 각 승객 등급별 생존 여부를 나타내는 누적 막대 차트를 사용하여 데이터를 표현해 보자.

Result View의 메뉴에서 Visualizations를 클릭해 보자. Plot 파라미터 패널이

보이고 오른쪽에 차트 영역이 보인다. 파라미터를 다음과 같이 설정하여 먼저 승객 등급 차트를 생성해 보자. Plot type를 Bar(Column)로 선택하고, Value column을 id로 선택한다. Aggregate data를 체크하고 Group by를 Passenger Class로 설정한다. Aggregation Function은 승객 등급별로 사례 수를 세야 하므로 Count 함수를 선택한다. 이렇게 설정하면 등급별로 승객 수를 보여주는 막대 차트가 생성된다. 3등급(Third)이 가장 많고, 1등급(First)이 다음이고, 2등급(Second)이 가장 적다.

그림 3.17) 데이터 탐색 - 막대 차트

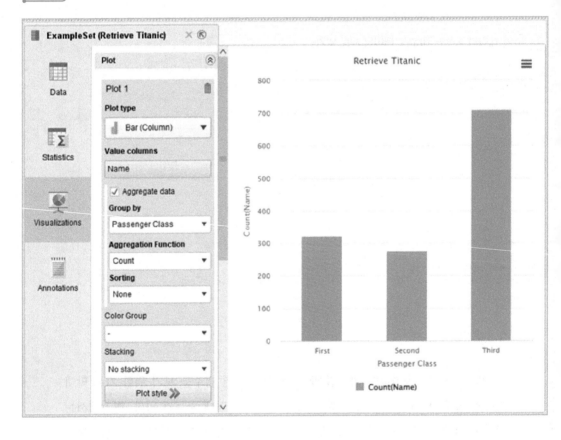

✤ 참고

다른 범주형 속성(예, Sex, Survived, Port of Embarkation)은 어떤 분포를 보이는지 확인해 보자.

등급별로 생존자의 비율을 확인하기 위해 Plot 파라미터에서 Color Group을 Survived로 설정하자. 차트는 각 승객 등급별로 생존자와 사망자의 수를 나란히 보여준다. 1등급인 경우 생존자 사망자보다 많지만, 2등급인 경우에는 약간 사망자 수가 많다. 3등급의 경우에는 사망자 수가 생존자 수에 비해 약 3배 정도 많은 것 같다.

그림 3.18 데이터 탐색 - 생존 여부에 따른 막대 차트

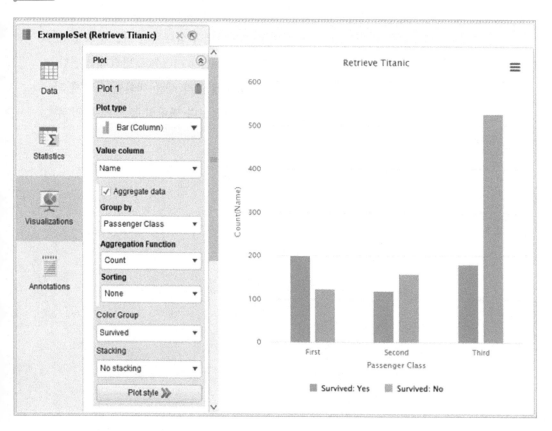

❖ 참고

Passenger Class 이외에 다른 범주 유형 속성(Sex, Port of Embarkation)을 선택한 후 생존여부가 어떻게 변경되는지 확인해 보자.

생존자와 사망자의 수를 옆으로 나타내면 비교하기 편하지만, 전체 숫자를 잘 알 수 없다. 따라서 누적(Stacking) 옵션을 사용하여 누적 차트를 생성해 보자. 먼저 Stacking의 값을 Stack values로 변경해 보자. 누적막대차트는 1차 기준이 되는 Passenger Class를 보여주면서, 생존 여부를 하나의 막대에서 다른 색으로 표현을 한다. 이렇게 함으로써 승객 등급별로 전체 구성이 어떻게 되며, 그 안에서 2차로 선택한 속성(Survived)이 어떻게 분포되는지를 좀 더 쉽게 알 수 있는 장점이 있다. 값을 기준으로 누적 차트는 각 승객 등급별 사례와 생존 여부를 알 수 있어 의사 결정에 도움이 될 수 있다. 때로는 절대적인 숫자보다 상대적인 비율을 보고 싶을 때가 있다. 이런 경우에는 Stacking 파라미터를 Stack to 100%로 변경하면 된다. 비율을 나타낸 누적막대차트는 Survived의 속성값에 따라 생존 비율이 어떻게 되는지를 명확히 보여준다. 1등급의 생존 비율이 3등급보다 명확히 높은 것을 알 수 있다.

그림 3.19 데이터 탐색 – 누적 막대 차트

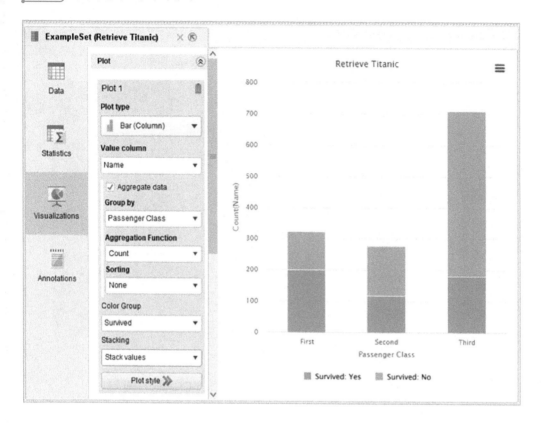

참고

다른 범주 속성의 경우 생존 비율은 어떨까? Sex, Port of Embarkation 등을 비교해 보자.

그림 3.20 데이터 탐색 - 누적 막대 비율 차트

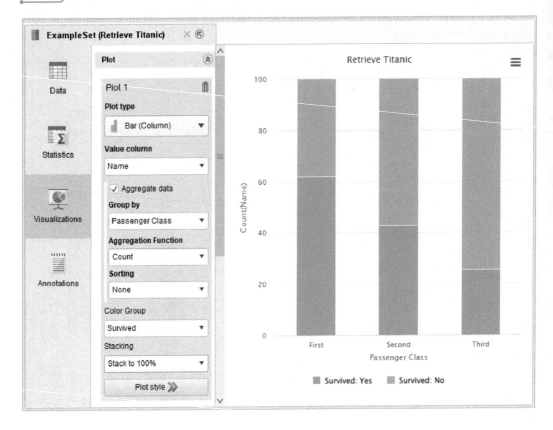

3.4.2 히스토그램 차트

수치값의 분포를 보기 위한 대표적인 시각화는 히스토그램(Histogram)을 이용하는 것이다. Age에 대한 히스토그램을 생성해 보고 어떤 특징이 있는지 확인해 보자. Plot 파라미터를 조정하여 Age의 히스토그램을 나타내 보자. Plot 파라미터를 Plot type을 Histogram으로, Value columns를 Age로, Number of bins는 16으로 설정한다. 차트를 보면 Age는 20세 ~ 25세 정도에서 가장 많은 사례가 있음을 확인할 수 있다. 5세 이하의 어린이들도 상당 수 탑승을 한 것을 알 수 있다. 물론 50대 이상의 승객들도 많이 탑승한 것을 알 수 있다. 그러나 대부분의 승객은 20 ~ 50세 사이에 많이 있는 것을 알 수 있다.

그림 3.21 데이터 탐색 – 히스토그램을 활용한 Age 분포

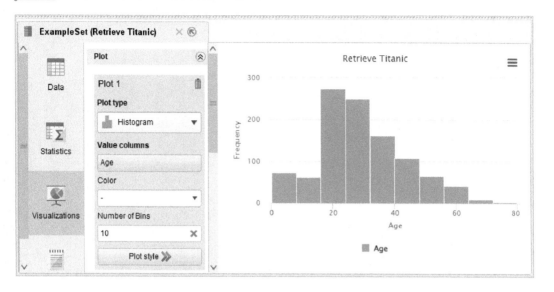

> ⚙️ 참고
>
> Number of Bins를 조정해 보자. 예를 들어, 16이 아니라 8로 변경해 보자. 차트 모양이 어떻게
> 되는지 확인해 보자.

3.4.3 박스 차트

　박스 차트는 하나의 속성에 대해 최솟값, 첫 번째 사분위수, 중위수, 세 번째
사분위수 및 최댓값을 하나의 차트에 보여준다. 박스 차트에서는 첫 번째 사분위
수에서 세 번째 사분위수까지 박스(box)를 그린다. 수평선은 중앙값에서 박스를
통과한다. 수염은 각 사분위수에서 최소 또는 최대까지 나간다. Age의 승객 등급
(Passenger Class)에 따라 박스 차트를 생성하여 비교해 보자. Plot 파라미터를 조정
하여 Boxplot을 생성할 수 있도록 한다. Plot type을 Boxplot으로, Value column
을 Age으로 Group by를 Passenger Class로 설정하자. 시각화 결과를 보면 1등급
승객의 나이의 중앙 값이 다른 등급보다 높은 것을 알 수 있다. 또한 1등급 승객의 나

이의 분포가 다른 등급에 비해 넓음을 알 수 있다. 최솟값은 등급별로 크게 차이가 없어 보이지만, 최댓값은 등급별로 차이가 있다. 1등급 승객의 최댓값이 가장 큰 반면에 2등급 승객은 가장 작은 것을 알 수 있다.

그림 3.22) 데이터 탐색 – 박스플롯

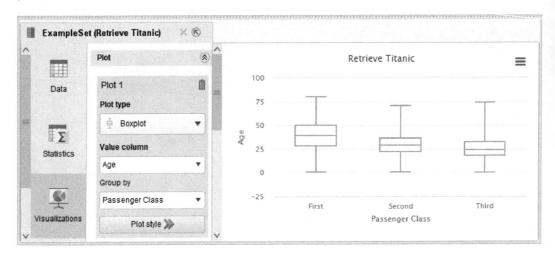

◦⁺◦ 참고

나이 분포는 생존 여부(Survived)에 따라, 또는 성별(Sex)에 따라 다를까? Group by 파라미터를 조정하여 어떤 결과가 나오는지 확인해 보자.

3.4.4 산포 차트

산포 차트(Scatter Chart)은 데이터를 점으로 나타내 데이터가 어떻게 분포되어 있는지를 나타낸다. 산포 차트는 X와 Y축에 서로 다른 속성을 사용하여 두 속성이 서로 어떤 관계가 있는지를 표현할 때 사용하기도 한다. Plot 파라미터를 조정하여 Plot type을 Scatter/Bubble로 설정하고, X-Axis column에 Age를, Value column에 Passenger Fare로 설정을 변경한다. 대부분의 데이터 포인트는 Passenger Fare가 100 이하인 영역에 몰려 있고 소수의 사례만이 500 이상인 것을 확인할 수 있다.

그림 3.23) 데이터 탐색 – 산포 차트

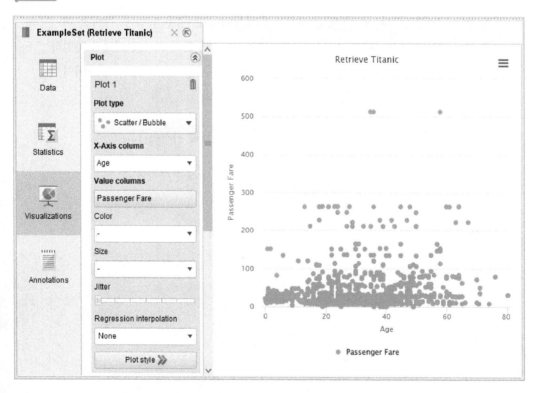

참고

Color를 Survived로 설정하고, 사망과 생존이 어떻게 분포하는지 확인해 보자. 또한 Size에 No of Parents and Children on Board나 No of Siblings and Spouses on Board를 설정한 후 데이터를 나타내는 점들의 크기가 어떻게 변하는지 확인해 보자.

3.5 데이터 품질을 검증하라

데이터의 품질 검증은 1차적으로 수치로 판단한다. 그러나 수치로만 판단할 수 없는 경우도 있다. 즉, 도메인 지식을 활용해야 하는 경우가 있다. 따라서 데이터 분석가는 도메인 전문가와 의사소통을 통해 데이터 값의 의미에 대해서 확인하는 작업을 거쳐야 한다. 여기에서는 Quality Measures를 사용하여 수치 데이터로 판단하는 과정에 대해서 설명하도록 할 것이다.

1. Local Repository에 저장된 Titanic 데이터 세트를 가져온다.

2. 데이터의 품질을 측정하기 위해 Quality Measures를 추가한다.

그림 3.24) 데이터 품질 - Quality Measures를 활용한 품질 지표 분석

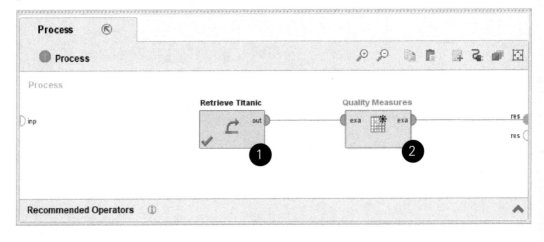

프로세스를 실행하면 다음과 같은 품질 검증 결과가 출력된다.

ID-ness: Ticket Number와 Name은 높은 수준의 ID-ness 결과를 보여준다.

안정성: No of Parents or Children on Board가 높은 수준의 Stability를 보여준다.

결측값: Cabin은 0.775 수준의 높은 결측값 비율을 보인다.

Text-ness: Name은 0.784의 높은 Text-ness 결과를 보인다.

위에서 언급된 속성들은 이하의 데이터 준비에서 면밀하게 살펴 문제가 없는 지 확인할 필요가 있는 것으로 예상된다.

그림 3.25 데이터 품질 - Quality Measures 를 활용한 품질 지표 결과

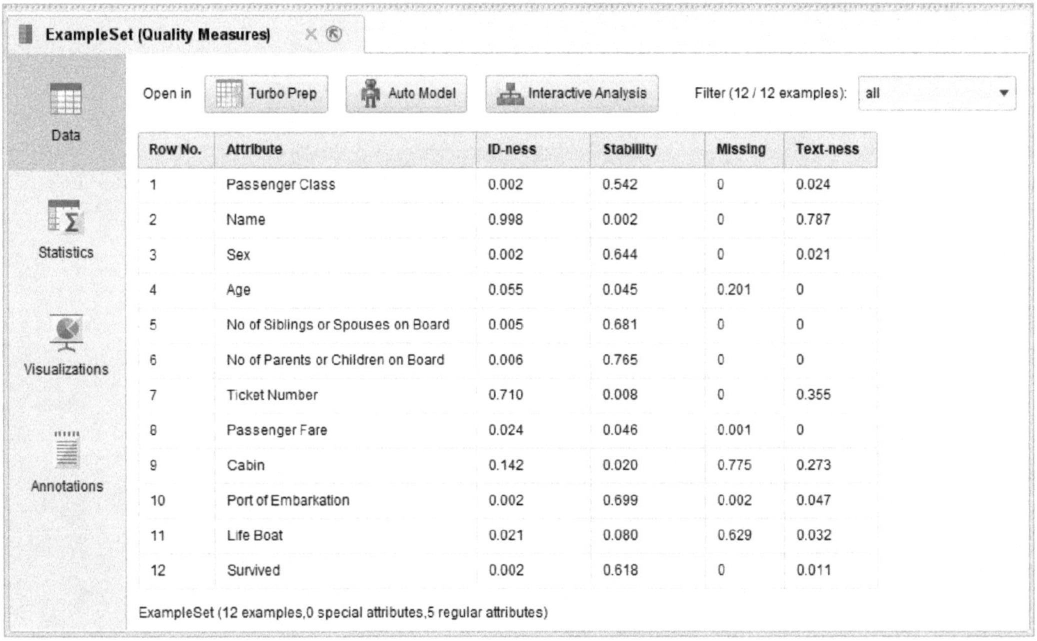

Row No.	Attribute	ID-ness	Stability	Missing	Text-ness
1	Passenger Class	0.002	0.542	0	0.024
2	Name	0.998	0.002	0	0.787
3	Sex	0.002	0.644	0	0.021
4	Age	0.055	0.045	0.201	0
5	No of Siblings or Spouses on Board	0.005	0.681	0	0
6	No of Parents or Children on Board	0.006	0.765	0	0
7	Ticket Number	0.710	0.008	0	0.355
8	Passenger Fare	0.024	0.046	0.001	0
9	Cabin	0.142	0.020	0.775	0.273
10	Port of Embarkation	0.002	0.699	0.002	0.047
11	Life Boat	0.021	0.080	0.629	0.032
12	Survived	0.002	0.618	0	0.011

ExampleSet (12 examples,0 special attributes,5 regular attributes)

3.6 결론

데이터 이해의 목적은 데이터가 어떤 정보를 포함하고 있는가 파악하는 것이다. 이번 장에서는 데이터 이해와 관련 있는 기법을 배웠다. 기술 통계량을 가지고 데이터를 설명할 수 있고, 다양한 차트를 사용하여 데이터 특징을 이해할 수 있다. 데이터 이해 단계를 통해 데이터 분석을 위한 충분한 데이터가 있는지를 확인할 수 있다.

데이터 이해 단계는 데이터 준비 단계와 밀접한 관계가 있다. 데이터를 보면서 어떻게 데이터를 준비할지, 다르게 말하면 어떻게 데이터를 공략할지 작전을 짜게 되는 것이다. 이제 데이터가 어느 정도 이해가 됐다. 데이터 이해를 바탕으로 다음 장에서는 데이터 준비 작업을 수행하도록 하자.

제**4**장

데이터
준비

제4장 데이터 준비

4.1 서론

이번 장에서는 데이터 준비에 대해서 배우고자 한다. 데이터에 대한 이해가 높아짐에 따라 우리는 모델링을 통해 데이터를 활용하여 문제를 해결할 수 있을 것이라는 기대를 가질 수 있다. 원시 데이터를 그대로 모델링에 사용할 수도 있겠지만, 최선의 모델링 결과를 얻기 위해서는 데이터에 적절한 처리를 해야 한다. 자동차를 생산한다고 해서 철광석을 그대로 집어넣을 수는 없지 않은가? 철광석을 가공을 해서 철판을 만들어야 프레임을 만드는데 사용할 수 있다. 이와 마찬가지로 데이터를 가공하여 모델링이 가능하도록 만드는 것이 데이터 준비의 목적이다.

CRISP-DM에서는 데이터 준비 단계에 5가지 과제를 수행할 것을 제안한다.

데이터를 통합하라. 데이터는 다양한 원천에서 올 수 있다. 데이터가 같은 사례를 나타내는 키(key)가 있으면 Join을 통해 통합할 수 있고, 형식이 같은 경우에는 Append를 통해 통합할 수 있다.

데이터를 선택하라. 데이터 선택은 행과 열이라는 2 가지 차원에서 이루어진다. 열은 속성을 나타내는데, 속성을 수작업 또는 자동으로 선택할 수 있다. 행을 선택한다는 것은 사례를 선택하는 것인데, 필터링 또는 표본추출 방법을 통해 수행한다.

데이터를 깨끗하게 하라. 데이터는 결측값(missing values), 이상값(outliers) 등을 가질 수 있고, 속성 간 서로 스케일(scale)이 다른 경우가 있을 수 있다. 이런 문제를 해결하면 좀 더 깨끗한 데이터를 얻을 수 있고, 나은 예측/설명 분석 결과를 얻을 수 있다.

데이터를 생성하라. 기존의 데이터에서 함수를 사용하여 새로운 속성을 생성할 수 있다. 이런 새로운 속성은 결과에 영향을 미칠 것으로 예상되는 경우 좋은 속성이 될 수 있다.

데이터 형식을 지정하라. 데이터 값의 형식은 분석에 영향을 미칠 수 있다. 따라서 모델링에 적합한 데이터 형식을 갖도록 변환하는 것이 필요하다.

타이타닉 데이터를 사용하여 데이터 준비 과정을 실제로 수행하며 배우도록 하자.

4.2 데이터를 통합하라

4.2.1 분석 개요

타이타닉 사고를 분석하는 분석 팀이 소집되었다고 가정하자. 서로 업무를 어떻게 나누어서 2개 팀이 나누어 개인별 프로파일(profile)과 승차권(ticket) 데이터를 조사하고 준비하도록 하였다. 데이터를 조사한 후 엑셀 스프레드 시트에 profile1, profile2, ticket1, ticket2라는 시트에 데이터를 저장하였다.

분석에 사용할 데이터 세트는 아래의 웹사이트에서 titinic-split.xlsx를 다운로드 하자.

https://cafe.daum.net/selfserviceanalytics/t0vn/4

데이터 파일을 열어보면 〈그림 4.1〉과 같이 데이터가 저장되어 있음을 확인할 수 있다. Ticket 데이터 세트는 Passenger Class, No of Siblings or Spouses on Board, No of Parents or Children on Board, Ticket Number, Passenger Fare, Cabin, Port of Embarkation, id 등의 속성이 있다. Profile 데이터 세트는 Name, Sex, Age, Survived, id 등의 속성이 있다.

그림 4.1 데이터 통합 – 타이타닉 데이터 세트

(a) 승차권 데이터 세트

Passenger Class	No of Siblings or Spouses on Board	No of Parents or Children on Board	Ticket Number	Passenger Fare	Cabin	Port of Embarkation	id
First	.0	.0	24160	211.3	B5	Southampton	1.0
First	1.0	2.0	113781	151.6	C22 C26	Southampton	2.0
First	1.0	2.0	113781	151.6	C22 C26	Southampton	5.0
First	.0	.0	19952	26.6	E12	Southampton	6.0
First	1.0	.0	13502	78.0	D7	Southampton	7.0

(b) 프로파일 데이터 세트

Name	Sex	Age	Survived	id
Allen, Miss. Elisabeth Walton	Female	29.0	Yes	1.0
Allison, Master. Hudson Trevor	Male	0.9	Yes	2.0
Allison, Mrs. Hudson J C (Bessie Waldo Daniels)	Female	25.0	No	5.0
Anderson, Mr. Harry	Male	48.0	Yes	6.0
Andrews, Miss. Kornelia Theodosia	Female	63.0	Yes	7.0

데이터 세트를 통합하기 위해 〈그림 4.2〉처럼 Read Excel을 사용하여 개별 데이터 세트를 읽은 후(①), Append로 동일한 데이터 세트 형태를 갖는 데이터를 수직으로 통합하고(②), Join을 활용하여 동일한 키(key)를 가지고 있는 데이터 세트를 수평으로 통합(③)하는 프로세스를 구현해 보자.

그림 4.2 데이터 통합 프로세스

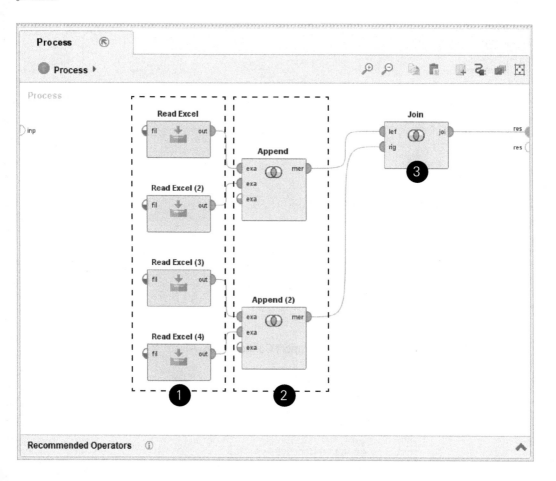

4.2.2 상세 분석 과정

데이터를 하나로 통합하기 위해 다음과 같이 분석을 수행하였다.

1. 엑셀 데이터를 읽기 위해 Read Excel을 프로세스 패널에 추가한다.

그림 4.3 데이터 통합 – Read Excel 추가

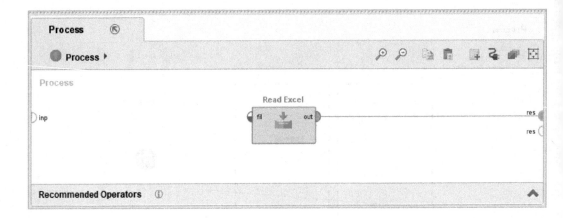

Read Excel의 파라미터 패널에서 Import Configuration Wizard를 클릭하여 데이터 읽기 설정 마법사를 시작한다.

그림 4.4 데이터 통합 – Read Excel의 Import Configuration Wizard 실행

"Select the data location" 단계에서 데이터 세트 파일(titanic_split.xlsx)을 선택한 후 Next버튼을 클릭한다.

그림 4.5 데이터 통합- 읽기 환경 설정 마법사 1단계 데이터 세트 선택

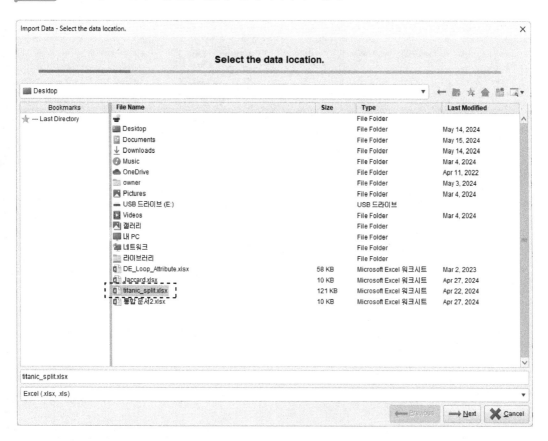

"Select the cells to import" 단계에서 Sheet를 ticket1을 선택한 후 Next버튼을 클릭한다.

그림 4.6   데이터 통합 - 읽기 환경 설정 마법사 2단계 엑셀 시트 선택

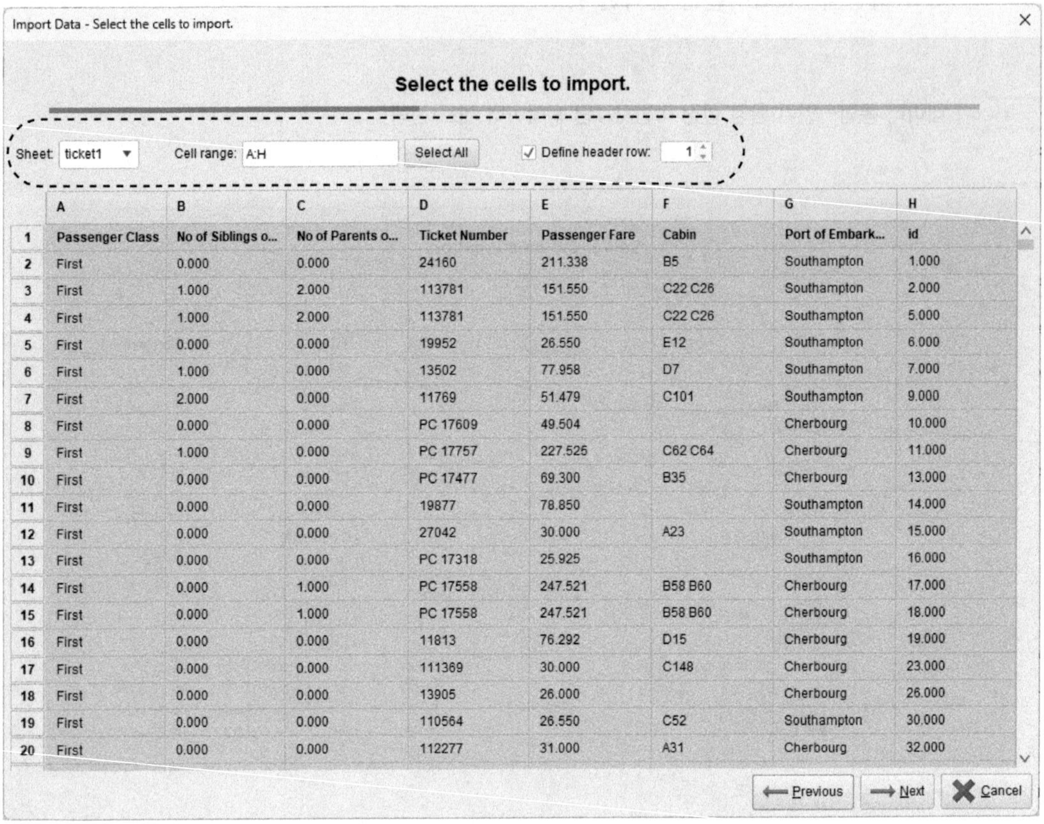

Import Data - Select the cells to import.   ✕

Select the cells to import.

Sheet: ticket1 ▼   Cell range: A:H   Select All   ✓ Define header row: 1 ⬍

	A	B	C	D	E	F	G	H
1	Passenger Class	No of Siblings o...	No of Parents o...	Ticket Number	Passenger Fare	Cabin	Port of Embark...	id
2	First	0.000	0.000	24160	211.338	B5	Southampton	1.000
3	First	1.000	2.000	113781	151.550	C22 C26	Southampton	2.000
4	First	1.000	2.000	113781	151.550	C22 C26	Southampton	5.000
5	First	0.000	0.000	19952	26.550	E12	Southampton	6.000
6	First	1.000	0.000	13502	77.958	D7	Southampton	7.000
7	First	2.000	0.000	11769	51.479	C101	Southampton	9.000
8	First	0.000	0.000	PC 17609	49.504		Cherbourg	10.000
9	First	1.000	0.000	PC 17757	227.525	C62 C64	Cherbourg	11.000
10	First	0.000	0.000	PC 17477	69.300	B35	Cherbourg	13.000
11	First	0.000	0.000	19877	78.850		Southampton	14.000
12	First	0.000	0.000	27042	30.000	A23	Southampton	15.000
13	First	0.000	0.000	PC 17318	25.925		Southampton	16.000
14	First	0.000	1.000	PC 17558	247.521	B58 B60	Cherbourg	17.000
15	First	0.000	1.000	PC 17558	247.521	B58 B60	Cherbourg	18.000
16	First	0.000	0.000	11813	76.292	D15	Cherbourg	19.000
17	First	0.000	0.000	111369	30.000	C148	Cherbourg	23.000
18	First	0.000	0.000	13905	26.000		Cherbourg	26.000
19	First	0.000	0.000	110564	26.550	C52	Southampton	30.000
20	First	0.000	0.000	112277	31.000	A31	Cherbourg	32.000

← Previous   → Next   ✕ Cancel

⚙ 참고

엑셀에서 데이터 세트를 읽을 때는 원하는 데이터 세트가 있는 시트를 선택해야 한다. Cell range 파라미터는 데이터로 사용한 범위를 지정하고, Define header row를 통해 속성의 이름이 있는 행을 지정하는 데 기본값은 1이다. 데이터 헤더 행이 다른 행 번호에서 시작하면 이 파라미터를 변경하여 설정한다.

"Format your columns" 단계에서 데이터의 형식을 확인하고 문제가 없으면 Finish 버튼을 클릭하여 종료한다.

그림 4.7 데이터 통합 - 읽기 환경 설정 마법사 3단계 컬럼 형식 저장

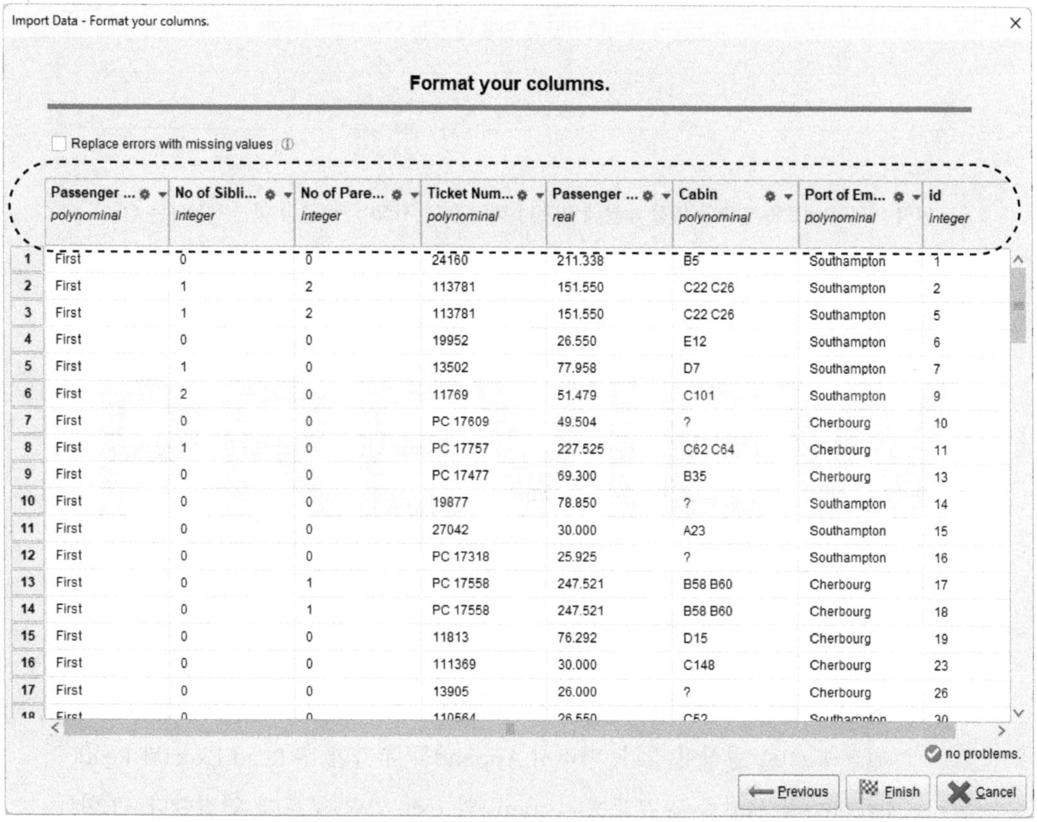

Import Data - Format your columns.

Format your columns.

☐ Replace errors with missing values ⓘ

Passenger ... ⚙ ▾ polynomial	No of Sibli... ⚙ ▾ integer	No of Pare... ⚙ ▾ integer	Ticket Num... ⚙ ▾ polynomial	Passenger ... ⚙ ▾ real	Cabin ⚙ ▾ polynomial	Port of Em... ⚙ ▾ polynomial	id integer
1 First	0	0	24160	211.338	B5	Southampton	1
2 First	1	2	113781	151.550	C22 C26	Southampton	2
3 First	1	2	113781	151.550	C22 C26	Southampton	5
4 First	0	0	19952	26.550	E12	Southampton	6
5 First	1	0	13502	77.958	D7	Southampton	7
6 First	2	0	11769	51.479	C101	Southampton	9
7 First	0	0	PC 17609	49.504	?	Cherbourg	10
8 First	1	0	PC 17757	227.525	C62 C64	Cherbourg	11
9 First	0	0	PC 17477	69.300	B35	Cherbourg	13
10 First	0	0	19877	78.850	?	Southampton	14
11 First	0	0	27042	30.000	A23	Southampton	15
12 First	0	0	PC 17318	25.925	?	Southampton	16
13 First	0	1	PC 17558	247.521	B58 B60	Cherbourg	17
14 First	0	1	PC 17558	247.521	B58 B60	Cherbourg	18
15 First	0	0	11813	76.292	D15	Cherbourg	19
16 First	0	0	111369	30.000	C148	Cherbourg	23
17 First	0	0	13905	26.000	?	Cherbourg	26
18 First	0	0	110564	26.550	C52	Southampton	30

✔ no problems.

← Previous   🏁 Finish   ✖ Cancel

⚙ 참고

이 단계에서 테이블 헤더에 있는 단축 메뉴를 사용하여 이름 변경, 속성값 유형 변경, 속성 역할 변경, 속성 제외 및 포함 선택 등의 작업을 할 수 있으나, 여기의 예제에서는 따로 설정하지 않고 종료한 후 데이터 세트 메타 데이터 정보(data set meta data information) 파라미터 설정을 통해 수행한다.

위에서 설명한 방법에 따라 동일한 방법을 적용하여 ticket2, profile1, profile2의 데이터 세트를 읽도록 프로세스를 구성한다. 각각의 Read Excel의 out 출력 포트를 res포트에 연결하여 프로세스를 실행하면 결과를 확인할 수 있다.

✤ 참고

Ticket2, Profile1, Profile2 등의 데이터 세트를 읽을 때 맞는 Sheet를 지정한다.

✤ 참고

만약 데이터 세트의 영역이 일정 부분에 있거나 헤더 행의 시작이 첫 행이 아닌 경우에는 Cell range 또는 Define header row를 변경하여 설정할 수 있다.

✤ 주의

Profile1과 Profile2를 읽은 후 dataset meta data information 다이얼로그를 열어보면 Age에 대한 속성 형식이 차이가 있음을 알 수 있다. 즉, Profile1인 경우 Age가 Integer 유형인 반면, Profile2의 경우 Real로 다른 형식을 가지고 있다. 이런 경우 Append를 사용하여 데이터를 통합하려고 할 때 문제가 발생할 수 있다. 따라서, Profile2의 값 유형을 Real로 변경해 주어야 한다.

---

2. Read Excel 과 Read Excel(2)에서 읽은 데이터는 승차권 데이터 세트(ticket1, ticket2)로 형식이 같다. 따라서 Append를 추가한 후 Read Excel과 Read Excel(2)의 out 출력 포트를 Append의 exa 입력 포트에 연결한다. 또한 Read Excel(3)과 Read Excel(4)에서 읽은 데이터는 프로파일 데이터 세트(profile1, profile2)로 형식이 같다. Append를 추가한 후 Read Excel 과 Read Excel(2)의 out 출력 포트를 Append의 exa 입력 포트에 연결한다. Append 는 설정이 필요한 파라미터가 없다. 각각의 Append의 mer 포트를 res에 연결하여 실행하면 결괏값을 확인할 수 있다.

그림 4.8 데이터 통합 - Append를 활용한 수직 데이터 세트 통합

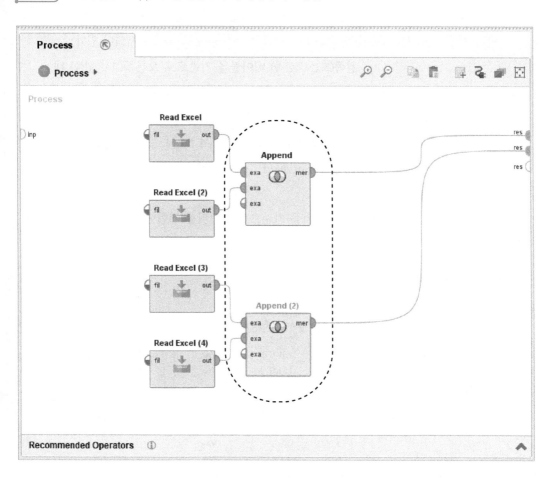

주의

Profile 1과 Profile 2의 속성 이름과 속성값 유형이 다르면 오류가 발생한다.

3. Join을 써서 전체 데이터를 만들어 보자. Join은 데이터 세트에 있는 키 값을 활용하여 수평으로 데이터를 통합한다. 데이터 세트는 같을 필요는 없고, 다만 결합하고자 하는 데이터 세트들이 같은 키 값을 가지고 있어야 한다. 데이터를 결합하는 조인(Join)에는 아래와 같은 유형이 있다.

Inner Join: 두 테이블이 공통으로 가지고 있는 키를 사용하여 데이터를 결합한다. 아래 그림에서 Fare_Table과 Survived_Table을 결합할 때 두 테이블에 공통으로 있는 키 값(1, 2, 5)를 사용하여 결합한다. 결합 결과는 Inner Join에 표시되어 있다.

Left Join/Right Join: 왼쪽(또는 오른쪽) 테이블을 기준으로 오른쪽(또는 왼쪽) 테이블의 데이터를 가져와 값을 통합한다. Left Join 테이블을 보자. Fare_Table을 기준으로 Suvived_Table에서 같은 키를 갖는 Survived의 값을 가져와 채운다. 이럴 경우 18번 레코드는 Survived_Table에는 없다. 따라서 NULL 값을 갖는다. Right Join도 같은 방법으로 생성되었다. Survived_Table을 기준으로 Fare_Table에서 매칭되는 값을 가져온다.

Outer Join: 두 테이블의 모든 키를 기준으로 데이터를 결합한다.

그림 4.9) 데이터 통합 - Join 유형

Fare_Table

Id	Passenger Fare
1.0	211.3
2.0	151.6
5.0	151.6
18.0	247.5

Survived_Table

Id	Survived
1.0	Yes
2.0	Yes
5.0	No
11.0	No
13.0	Yes
14.0	Yes
15.0	Yes

Inner Join

Id	Passenger Fare	Survived
1.0	211.3	Yes
2.0	151.6	Yes
5.0	151.6	No

Left Join

Id	Passenger Fare	Survived
1.0	211.3	Yes
2.0	151.6	Yes
5.0	151.6	No
18.0	247.5	Null

Right Join

Id	Survived	Passenger Fare
1.0	Yes	211.3
2.0	Yes	151.6
5.0	No	151.6
11.0	No	Null
13.0	Yes	Null
14.0	Yes	Null
15.0	Yes	Null

Outer Join

Id	Survived	Passenger Fare
1.0	Yes	211.3
2.0	Yes	151.6
5.0	No	151.6
18.0	Null	247.5
11.0	No	Null
13.0	Yes	Null
14.0	Yes	Null
15.0	Yes	Null

여기에서는 Inner Join을 사용하도록 하자. Join을 선택한 후 파라미터 패널에서 파라미터를 아래와 같이 설정한다. 파라미터에서 key attributes 옆에 Edit List

를 클릭한 후, Key attributes 다이얼로그에서 왼쪽 키(left key attributes)와 오른쪽 키
(right key attributes)를 id를 설정한다.

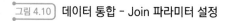 데이터 통합 - Join 파라미터 설정

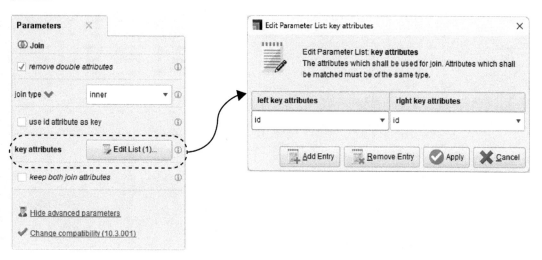

4.2.3 분석 결과

Join의 joi출력 포트를 res포트에 연결한 후 프로세스를 실행해 보자. 〈그림
4.11〉과 같이 데이터가 통합된 결과를 확인할 수 있다.

그림 4.11 데이터 통합 - 데이터 세트 통합 결과

Row ...	Passenger ...	No of Sibling...	No of Parent...	Ticket Numb...	Passenger F...	Cabin	Port of Emb...	id	Name	Sex	Age	Survived
1	First	0	0	24160	211.338	B5	Southampton	1	Allen, Miss. E...	Female	29	Yes
2	First	1	2	113781	151.550	C22 C26	Southampton	2	Allison, Mast...	Male	0.917	Yes
3	First	1	2	113781	151.550	C22 C26	Southampton	5	Allison, Mrs...	Female	25	No
4	First	0	0	19952	26.550	E12	Southampton	6	Anderson, Mr...	Male	48	Yes
5	First	1	0	13502	77.958	D7	Southampton	7	Andrews, Mis...	Female	63	Yes
6	First	2	0	11769	51.479	C101	Southampton	9	Appleton, Mrs...	Female	53	Yes
7	First	0	0	PC 17609	49.504	?	Cherbourg	10	Artagaveytia,...	Male	71	No
8	First	1	0	PC 17757	227.525	C62 C64	Cherbourg	11	Astor, Col. Jo...	Male	47	No
9	First	0	0	PC 17477	69.300	B35	Cherbourg	13	Aubart, Mme....	Female	24	Yes
10	First	0	0	19877	78.850	?	Southampton	14	Barber, Miss...	Female	26	Yes

ExampleSet (1,309 examples, 0 special attributes, 12 regular attributes)

4.3 데이터를 선택하라

4.3.1 분석 개요

데이터 선택은 속성과 사례 선택으로 나누어 생각할 수 있다. 속성 선택은 차원 축소(dimensional reduction)이라고 한다. 차원 축소는 수작업으로 하는 경우, 자동으로 하는 경우가 있다. 좀 더 넓은 의미에서는 다수의 속성을 하나의 속성으로 표현하는 것도 차원 축소의 한 방법이다. 사례 선택은 특정한 기준에 의해 사례를 선택하는 것이다. 이런 데이터 선택을 Altair AI Studio로 수행해 보자. 저장소 패널에서 Titanic 데이터 세트를 읽는다(①). Select Attributes를 추가하여 분석에 사용할 속성을 선택하고(②), Filter Examples를 추가하여 사례를 선택한다(③).

그림 4.12 데이터 선택 – 속성과 사례 선택 분석 개요

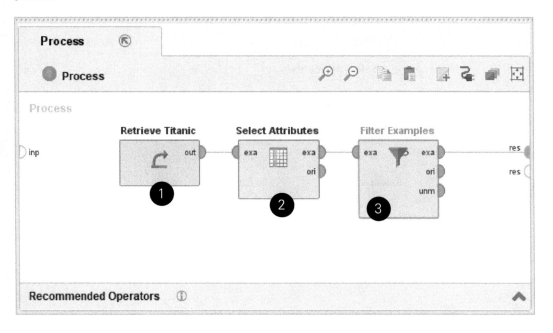

4.3.2 상세 분석 과정

1. 저장소 패널에서 Samples〉data 폴더에서 Titanic 데이터 세트를 끌어서 프로세스 패널에 놓은다.

2. "데이터 선택"을 더블 클릭하여 하위 프로세스로 들어가서 Select Attributes를 추가하여 속성을 선택한다. Life Boat는 생존과 밀접한 관계가 있기 때문에 사용하지는 않는다. Select Attributes의 파라미터 패널에서 type은 exclude attributes를 선택한다. 이것은 선택된 속성을 제외하고자 하는 경우에 사용한다. attribute filter type은 one attribute으로 설정하고, select attribute에서 Life Boat를 선택한다.

그림 4.13 데이터 선택 – Select Attributes 파라미터 설정

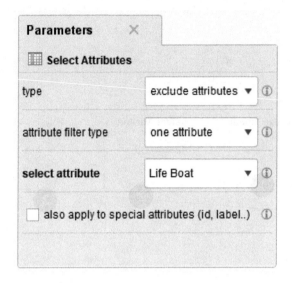

3. Filter Examples을 추가하고, 파라미터 패널에서 Add Filters…버튼을 클릭한 후 Passenger Fare를 "is not missing"으로 조건을 설정하여 결측값이 있는 사례를 제거한다. 또한 Passenger Fare가 너무 높은 이상값을 제거하기 위해 "Passenger Fare 300" 조건을 추가한다.

그림 4.14 데이터 선택 – Filter Examples 파라미터 설정

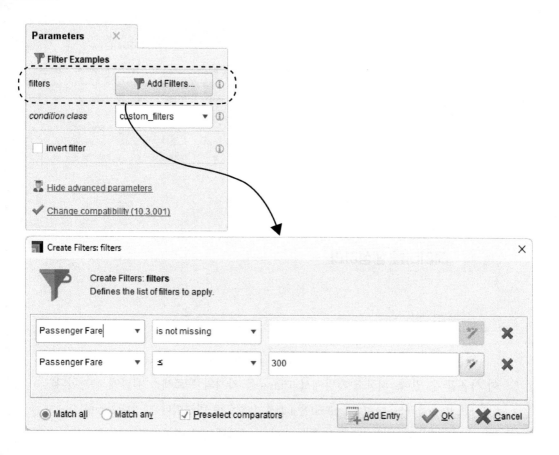

4.3.3 분석 결과

오퍼레이터 포트의 연결을 확인하고 프로세스를 실행해 보자. 속성이 맞게 선택이 되었는지, Passenger Fare는 결측값이 있는 사례가 없는지, 300보다 큰 사례가 있는지 확인해 보자.

그림 4.15   데이터 선택 - 데이터 선택 결과

Row ...	Passenger ...	Name	Sex	Age	No of Sibling...	No of Parent...	Ticket...	Passenger F...	Cabin	Port of Emb...	Survived
1	First	Allen, M...	Female	29	0	0	24160	211.338	B5	Southampton	Yes
2	First	Allison, ...	Male	0.917	1	2	113781	151.550	C22 C26	Southampton	Yes
3	First	Allison, ...	Female	2	1	2	113781	151.550	C22 C26	Southampton	No
4	First	Allison, ...	Male	30	1	2	113781	151.550	C22 C26	Southampton	No
5	First	Allison, ...	Female	25	1	2	113781	151.550	C22 C26	Southampton	No
6	First	Anders...	Male	48	0	0	19952	26.550	E12	Southampton	Yes

ExampleSet (1,304 examples,0 special attributes,11 regular attributes)

4.4   데이터를 생성하라

4.4.1 분석 개요

원본 데이터에서 가져온 속성을 그대로 사용하기 않고 새로운 속성을 유도하여 사용할 수 있다. 저장소 패널에서 Titanic을 가져와 프로세스 패널에 추가한다(①). Set Role을 사용하여 Survived를 label 속성으로 변경한다(②). Generate Attributes을 사용하여 Cabin 속성에서 캐빈을 예약했는지 여부(Has Cabin)와 Name에서 호칭(Title)을 생성해 보자(③). 추출된 호칭 중 일부는 매우 적은 사례에서만 사용되는 속성은 Map을 사용하여 'Other'로 변환하자(④). 속성 생성 후 Cabin과 Name 속성은 Select Attributes를 사용하여 제거하자(⑤). Replace Missing Values를 사용하여 결측값을 개수가 적은 속성은 평균값으로 대체한다(⑥). Impute Missing Values로 모델을 사용하여 결측값을 대체한다(⑦).

그림 4.16 데이터 생성 – 분석 개요

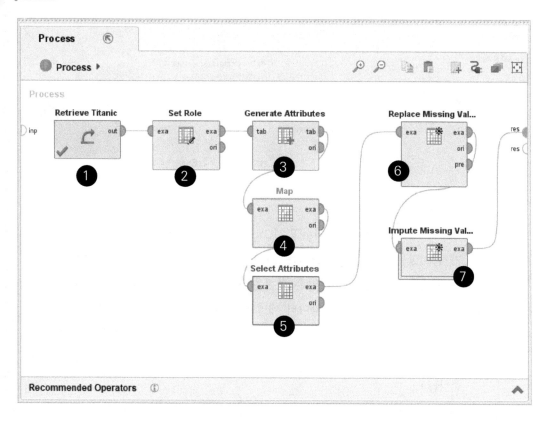

4.4.2 상세 분석 과정

1. 저장소 패널에서 Samples〉data 폴더에서 Titanic 데이터 세트를 끌어서 프로세스 패널에 놓는다.

2. Set Role을 프로세스 패널에 추가하고, 파라미터 패널에서 set roles 파라미터의 Edit List 버튼을 클릭한 후(①), "Survived"를 label로 설정한다(②).

그림 4.17 데이터 생성 - 속성 역할 지정

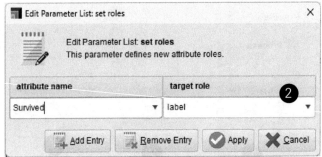

3. Generate Attribute을 추가하고, "Cabin" 속성을 활용하여 승객이 캐빈을
가지고 있는지 여부를 나타내는 "Has Cabin" 속성을 생성하여 캐빈을 가
진 승객은 "Yes", 그렇지 않은 승객은 "No" 값을 갖도록 한다. 이를 위해
Generate Attributes의 파라미터 패널에서 function descriptions 파라미터
의 Edit List … 버튼을 클릭한다(①). function descriptions 다이얼로그에서
column name에 HasCabin을 입력한다(②). function editor 아이콘을 클릭
한다(③).

그림 4.18 데이터 생성 - Has Cabin 속성 생성

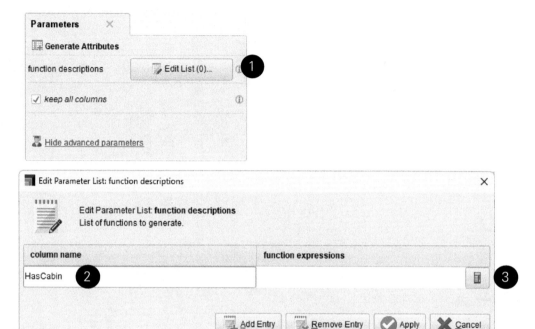

Edi Expression 다이얼로그의 Expression에 아래와 같이 입력한다.

if(Cabin == MISSING_NOMINAL, "No", "Yes")

참고

function editor는 Functions에서 빌트인 함수를 제공하고, Inputs에서는 입력에 필요한 다양한 정보를 제공한다. Cabin은 Regular Attributes 리스트에서 선택하고, MISSING_NOMINAL은 Basic Constants 리스트에서 선택한다.

그림 4.19 데이터 생성 – Has Cabin 함수 작성

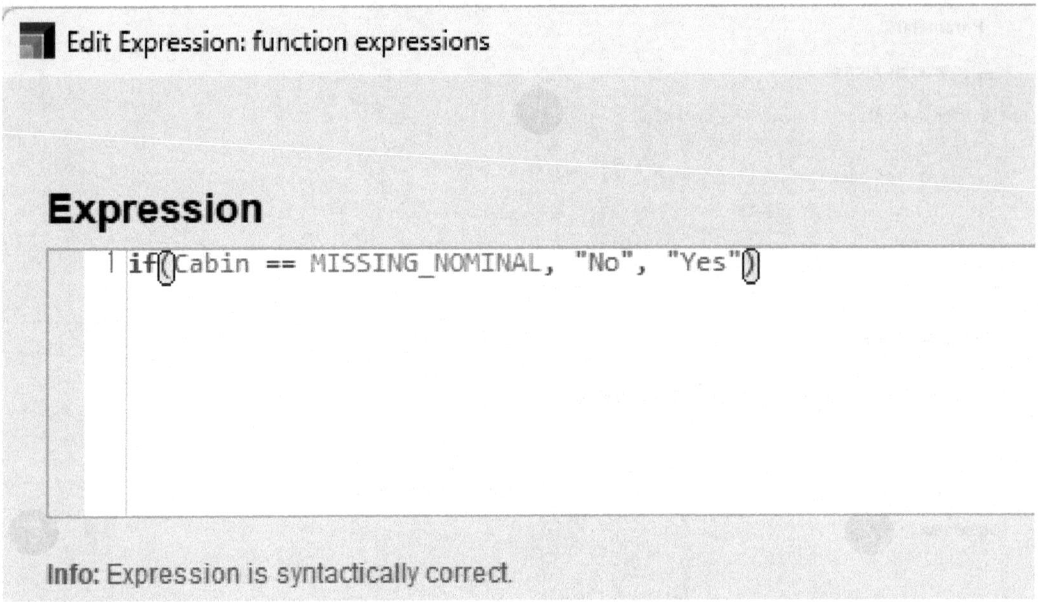

Edit Expression: function expressions

Expression

```
1 if(Cabin == MISSING_NOMINAL, "No", "Yes")
```

Info: Expression is syntactically correct.

Name에서 Title을 추출하기 위해 function descriptions 다이얼로그에서 하단의 Add Entry 버튼을 클릭하여 항목을 추가한 후, column name에 Title을 입력한 다음 function editor 아이콘을 클릭한다. Edit Expression 다이얼로그의 Expression에 아래와 같이 입력한다. Expression 박스 아래 "info: Expression is syntactically correct"라고 표시되는지 확인한다(그림 4.20).

```
cut(Name, index(Name, ",")+2,
(index(Name, ".")-(index(Name, ",")+2)))
```

그림 4.20 데이터 생성 - Title 속성 생성

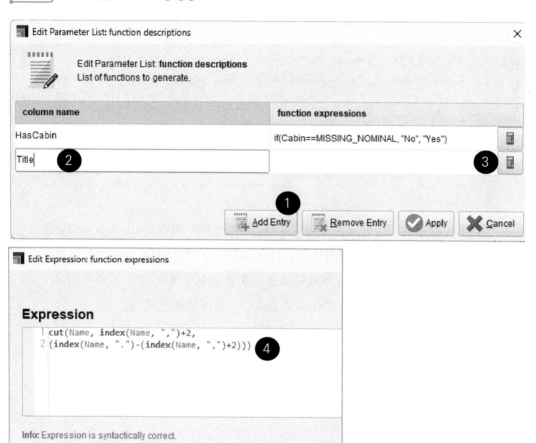

현재까지 생성된 속성을 확인하기 위해 Generate Attributes의 tab 출력 포트를 res 포트에 연결한 후 프로세스를 실행하여 결과 뷰에서 사례 세트의 마지막 열에 "Has Cabin"과 "Title" 속성이 생성되었는지 확인해 보자.

그림 4.21 데이터 생성 - Has Cabin과 Title 생성 결과 확인

No of Sibling...	No of Parent...	Ticket Numb...	Passenger F...	Cabin	Port of Emb...	Life Boat	Survived	Has Cabin	Title
0	0	24160	211.338	B5	Southampton	2	Yes	Yes	Miss
1	2	113781	151.550	C22 C26	Southampton	11	Yes	Yes	Master
1	2	113781	151.550	C22 C26	Southampton	?	No	Yes	Miss
1	2	113781	151.550	C22 C26	Southampton	?	No	Yes	Mr
1	2	113781	151.550	C22 C26	Southampton	?	No	Yes	Mrs

ExampleSet (1,309 examples,0 special attributes,14 regular attributes)

Title의 경우 데이터 분포가 어떻게 되는지 확인하기 위해 Visualization 메뉴를 클릭하고(①), Plot 1의 파라미터를 〈그림 4.22〉처럼 설정하자(②). 시각화 결과를 보면, Mr, Miss, Mrs, Master 이외의 속성은 출현 횟수가 매우 적다. 따라서 이 4가지 속성 이외에 다른 속성은 'Other'로 합해주는 것이 좋을 것 같다.

그림 4.22 데이터 생성 - Title 생성 결과

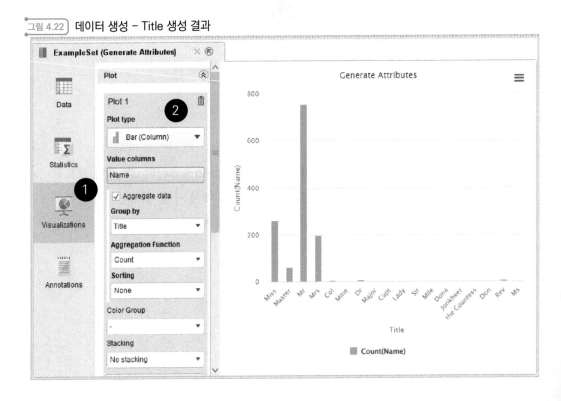

4. Map을 추가한 후(①) attribute filter type을 single 설정하고 attribute의 값을 Title로 지정한다(②). Value mapping 파라미터 옆의 Edit List(0)···버튼을 클릭한다(③). 이전 값(old values)과 새로운 값(new values)을 정의하는 Map의 값 변경 규칙을 정의한다(④).

그림 4.23 데이터 생성 - Map 파라미터 설정

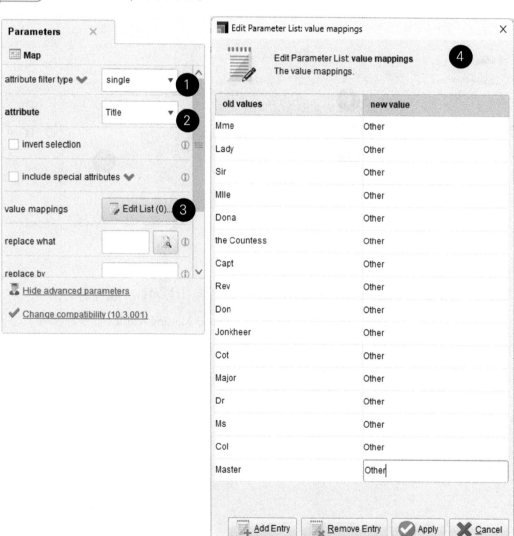

5. 필요한 속성만 선택하기 위해 Select Attributes를 추가하고(①), Select At-
tributes의 파라미터를 type은 exclude attributes로, attribute filter type을 a
subset으로 설정한다(②). select subset의 Select Attributes…버튼을 클릭한
다(③). Select Attributes 다이얼로그에서 제거되어야 할 속성으로 Cabin과
Name을 선택한다. Apply버튼을 클릭하여 다이얼로그를 종료한다.

그림 4.24 데이터 생성 - Cabin과 Name 속성 제거

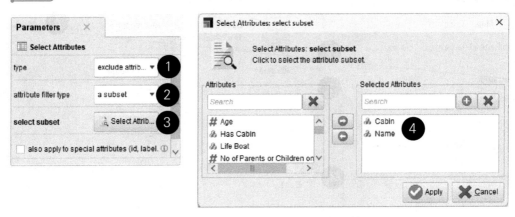

6. Port of Embarkation은 결측값을 2개로 매우 적다. 따라서 많이 출현한 속
성으로 대체하고자 한다. 이를 위해 Replace Missing Values를 추가한 후
attribute filter type을 single로 설정하고(①), attribute는 Port of Embarka-
tion을 설정한다(②). 결측값을 가장 많이 나온 값으로 대체하기 위해 default
를 average로 설정한다(③).

그림 4.25 데이터 생성 - Port of Embarkation의 결측값 정리

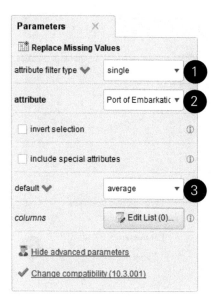

7. Age는 263개의 사례가 결측값을 가지고 있다. 따라서 데이터의 패턴에 따라 결측값을 대체하는 것이 바람직하다. 이를 위해 Impute Missing Values를 사용한다. Impute Missing Values를 프로세스 패널에 추가한 후 파라미터 패널에서 attribute filter type을 "all"로 설정한다(①). Impute Missing Values의 내부 프로세스에 k-NN을 추가한 후(②), 파라미터 패널의 값은 조정없이 사용한다(③).

그림 4.26) 데이터 생성 - Impute Missing Values 설정

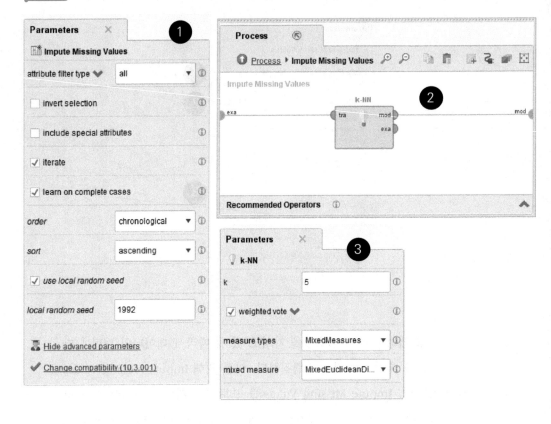

4.4.3 분석 결과

분석 프로세스를 실행하여 결과를 확인해 보자. "Has Cabin"과 "Title"이 생성되었고, 기존의 "Cabin"과 "Name" 속성은 제거된 것을 확인할 수 있다. 또한 "Age"와 "Port of Embarkation"의 결측값이 대체된 것을 확인할 수 있다.

그림 4.27 데이터 생성 – 속성 생성 결과

(a) 속성 생성 결과 – 데이터

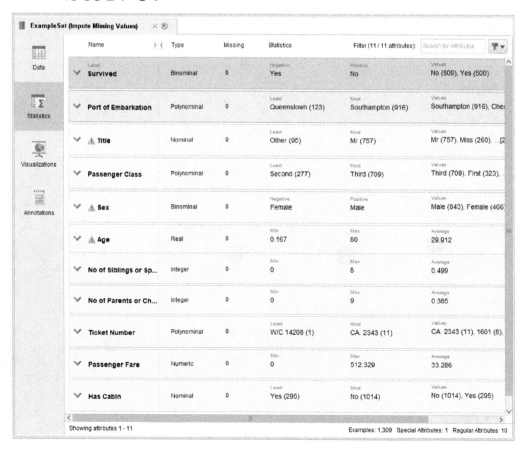

(b) 속성 생성 결과 – 통계

4.5.1 분석 개요

쓰이는 모델링 기법에 따라 속성을 변경하는 것이 필요하다. 예를 들어, Linear Regression, Logistic Regression, k-NN, k-Means 등의 모델링 작업을 위해서 범주 유형 속성(예, Sex, Port of Embarkation)을 수치 유형으로 변경하거나, 수치 유형 속성(예, Age, Passenger Fare)의 크기를 정규화 또는 표준화 작업을 해야 한다. 이번 분석에서는 이를 수행해 보도록 하자. Titanic 데이터 세트를 읽어오고(①), One-Hot Encoding를 활용하여 범주 유형 속성을 수치 유형 속성으로 변환하는 작업을 수행하고(②), Normalize를 사용하여 수치 유형 값의 크기(scale)을 같게 만들기 위해 정규화(③) 또는 표준화 작업을 수행한다(④).

그림 4.28) 데이터 형식 변환 - 분석 개요

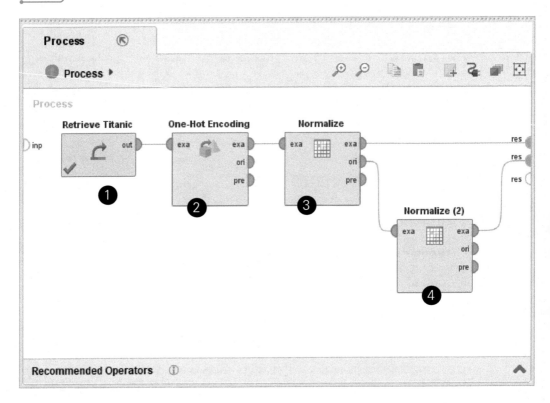

4.5.2 상세 분석 과정

1. 저장소 패널에서 Samples>data 폴더에서 Titanic 데이터 세트를 끌어서 프
로세스 패널에 놓은다.

2. One-Hot Encoding은 가장 빈번하게 발생하는 속성값을 제외한 다른 속
성값으로 속성을 만든 후 해당 속성에 해당하는 경우에는 1, 아닌 경우에
는 0를 부여하여 범주 속성을 수치 속성으로 바꾸는 역할을 한다. 예를 들
어, Port of Embarkation에서 가장 빈번한 속성은 Southampton이며, 이
를 제거한 후 Port of Embarkation = Cherbourg와 Port of Embarkation
= Queenstown을 생성한다. 첫 번째 사례는 모두 0의 값의 값을 갖고, 2번
째 사례는 Port of Embarkation = Cherbourg는 1, Port of Embarkation =
Queenstown은 0이 되다.

그림 4.29) 데이터 형식 변환 – One-Hot Encoding

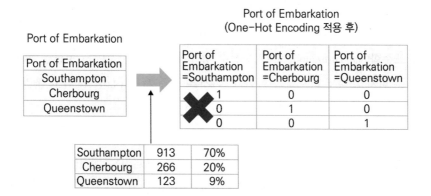

One-Hot Encoding을 추가한 후 다음, 파라미터 패널에서 파라미터를 at-
tribute filter type은 subset으로 설정하고(①), Select Attributes버튼을 클릭
한다(②). Select Attributes 다이얼로그에서 "Port of Embarkation"와 "Sex"
등 One-Hot Encoding이 적용될 속성을 선택한다 (③).

그림 4.30 데이터 형식 변환 – One-Hot Encoding 적용 속성 선택

3. 피처 스케일링(feature scaling)은 수치값이 서로 다른 척도(scale)을 가질 경우 모델 생성에 영향을 미칠 수 있기 때문에 일정한 크기로 변경하는 작업을 말한다. 정규화(normalization)과 표준화(standardization) 방법이 있다.

표준화(Standardization) 또는 Z-점수 정규화(z-score)는 값에서 평균을 빼고 표준 편차로 나눈 값으로 변환한다. 이것은 종종 Z-점수(z-score)라고 불린다.

$$X_{new} = \frac{(x_i - \bar{x})}{\sigma}$$

여기서 $\bar{x}$는 평균을 σ는 표준편차를 말한다. 표준화는 데이터가 정규 분포를 따른다고 가정하고, 속성값이 정규분포 상에 어디에 위치하는지를 계산하는 방법이다.

AI Studio는 Normalize가 정규화를 지원한다. Normalize를 찾아 프로세스 패널에 추가하고, 파라미터 패널에서 attribute filter type을 subset으로 설정하고(①), attributes의 Select Attributes 버튼을 클릭한다(②). 정규화 적용될 속성으로 "Age"와 "Passenger Fare" 속성을 선택한다(③). 마지막으로 정규화 변환을 위해 method를 Z-transformation으로 선택한다(④).

그림 4.31 데이터 형식 변환 - 수치 속성 표준화

 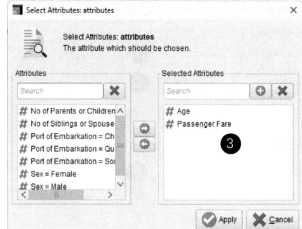

4.최소-최대 스케일링(min-max scaling)라고도 하는 정규화는 속성의 값을 유사한 스케일로 변환하는 데 사용되며 새로운 값은 다음과 같이 계산된다.

$$x_{new} = \frac{(x_i - x_{min})}{(x_{max} - x_{min})}$$

이렇게 하면 값의 범위가 [0, 1] 로 변환된다. 정규화를 한 경우 이상치는 최댓값 또는 최솟값을 결정하게 되어 스케일 변환에 영향을 미치게 된다. 따라서 이상치를 정규화 전에 제거하는 것이 바람직하다.

AI Stuido는 Normalize가 정규화를 지원한다. Normalize를 찾아 프로세스 패널에 추가하고, 파라미터 패널에서 attribute filter type을 subset으로 설정하고(①), attributes의 Select Attributes 버튼을 클릭한다(②). 정규화 적용될 속성으로 "Age"와 "Passenger Fare" 속성을 선택한다(③). 마지막으로 정규화 변환을 위해 method를 range transformation으로 선택한다(④).

그림 4.32 데이터 형식 변환 - 수치 속성 정규화

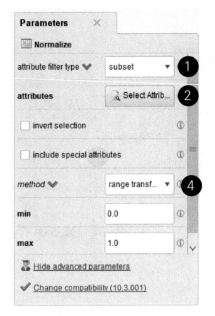
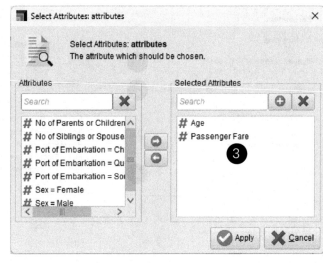

4.5.3 분석 결과

분석 프로세스를 실행하여 결과를 확인해 보도록 하자. 결과 뷰에서 Example Set(Normalize)는 표준화된 결과를 보여주고, Example Set[Normalize (2)]는 정규화된 결과를 보여준다.

〈그림 4.33〉은 표준화 결과를 보여준다. 표준화 결괏값의 박스 플롯을 보면 "Age"와 "Passenger Fare" 속성의 값의 범위가 다른 것을 볼 수 있다. 일반적으로 표준화 이후 +3보다 크거나, -3보다 작으면 이상치로 본다.

그림 4.33 데이터 형식 변환 - 정규화 결과

(a) Age와 Passenger Fare의 표준화 결과

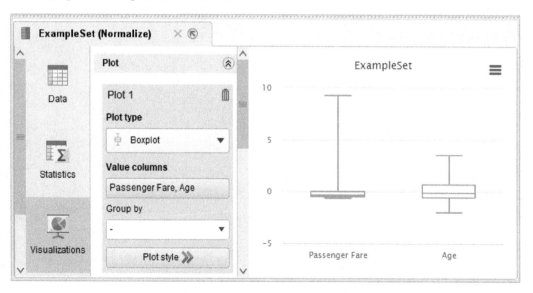

(b) Age와 Passenger Fare의 표준화 결과 시각화

〈그림 4.34〉는 정규화 결과를 보여준다. (a)는 테이블 형태로 값을 보여주는 반면, (b)는 결괏값을 박스 플롯으로 보여준다. 정규화 결괏값의 박스 플롯을 보면 "Age"와 "Passenger Fare" 속성의 값의 범위가 0에서 1인 것을 알 수 있다.

그림 4.34 데이터 형식 변환 – 정규화 결과

(a) Age와 Passenger Fare의 정규화 결과

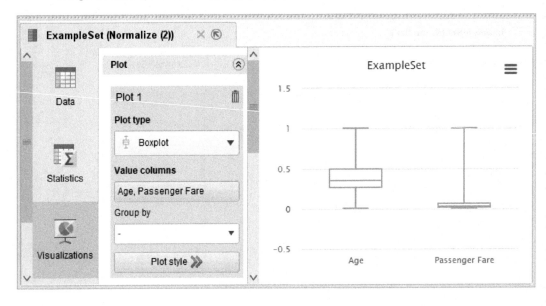

(b) Age와 Passenger Fare의 표준화 결과 시각화

이번 장에서는 데이터 이해 단계에서 발견한 정보를 바탕으로 데이터 준비 과정을 수행했다. 먼저 분석에 필요한 데이터를 읽어 통합 작업을 수행했고, 원본 데이터에서 필요한 속성과 사례를 선택했다. 또한 분석에 필요한 새로운 속성을 기존의 속성에서 생성하는 방법에 대해서 배웠고, 속성의 변경을 통해 범주 속성의 수치 속성으로의 변환과 피처 스케일링 작업을 수행했다. 이제 분석을 위한 준비가 다 되었다. 다음 장에서는 준비된 데이터를 사용하여 모델링 하는 방법을 학습하도록 하자.

모델링

- ◆ 서론
- ◆ 모델링 기법을 선택하라
- ◆ 테스트 디자인하라
- ◆ 모델을 구축하라
- ◆ 결론

제5장 모델링

5.1 서론

모델링(modeling) 단계에서는 데이터 이해와 준비 단계에서 준비된 데이터를 활용하여 모델(model)을 생성한다. 데이터 분석에서는 모델을 사용하여 알려지지 않은 값에 대한 분류와 예측을 수행할 수도 있고, 유사한 사례들의 그룹을 생성할 수 있고, 속성 간의 연관 관계를 파악할 수 있다. 데이터 분석이 이런 모델을 사용하여 문제를 해결한다는 측면에서 보면 모델링은 데이터 분석의 가장 중요한 목표라고 볼 수 있다.

CRISM-DM에서는 모델링 단계에서 수행해야 할 작업으로 다음의 4가지 제안한다.

모델링 기법을 선택하라: 모델링 단계의 첫 작업은 문제 상황에 적합한 모델링 기법을 선택하는 것이다. 모델링 기법의 선택은 비즈니스 이해 단계와 데이터 준비 단계에서 이미 어느 정도 파악해야 하지만, 모델링 단계에서는 구체적인 기법을 선택한다.

테스트 디자인하라: 테스트 디자인은 모델의 품질과 유효성을 검정하는 절차를 선택하는 것을 말한다. 이 작업을 통해 분석가는 모델의 성과 검증을 위한 방법과 모델의 성과 지표를 결정한다.

모델을 구축하라: 이 작업은 준비된 데이터 세트를 사용하여 모델을 실제로 구축하는 것을 말한다. 모델을 구축하기 위해 선택된 모델링 기법과 테스트 방법에 따라 분석 프로세스를 생성하고 연관된 하이퍼파라미터(hyperparameters)를 설정한 후

프로세스를 실행하여 실제 모델을 구축한다.

모델을 평가하라: 이 작업은 모델 구축에 따른 결과인 모델(model)과 성과지표 (performance measures)를 사용하여 모델을 평가하는 것이다. 모델 해석과 성과 평가가 완료되면 만족할 만한 수준이 확인되면 다음 단계로 넘어가거나 파라미터 조정후 모델 구축을 다시 실행한다.

5.2 모델링 기법을 선택하라

5.2.1 레이블 정보에 의한 선택

모델링 기법을 선택하는 것은 데이터 분석에서 문제 해결에 필요한 방법을 선택하는 것이다. Altair AI Studio는 다양한 모델 구축 기법을 지원한다. 모델링 기법을 선택하는 가장 쉬운 방법은 〈그림 5.1〉의 기준을 사용하는 것이다. 먼저 레이블이 있는지에 따라 지도 학습(supervised learning) 또는 비지도 학습(unsupervised learning) 수행 여부를 결정할 수 있다. 지도 학습의 경우 범주 분류인 경우에는 K-NN, Naïve Bayes, Decision Tree, Logistic Regression, SVM 등의 방법을 사용한다. 지도 학습이 수치 예측인 경우에는 시간과 관련성이 없으면 k-NN, Linear Regression, Random Forest, Gradient Boosted Trees 등을 사용한다. 비지도 학습의 경우 군집화를 위해서는 k-Means를 사용하고, 연관 규칙을 위해서는 FP-Growth를 사용한다.

그림 5.1 모델링 기법의 분류

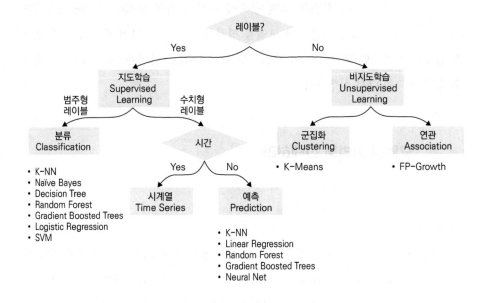

5.2.2 지식 표현 방법에 의한 선택

모델링 기법에는 지식을 표현하는 방법을 기준으로 보면 다음의 다섯 가지 유형이 있다.

1) 유사도 기반 모델링 기법

유사도 기반 모델링 기법은 사례의 거리(distance) 또는 유사도(similarity)를 사용하여 지식을 표현한다. 예를 들어, 포도주 품질 예측 문제를 해결하기 위해 k-NN은 주어진 사례와 화학적 성분 측면에서 가장 유사한 k개 사례를 사용하여 문제 사례의 레이블값을 결정할 수 있다. 또한 k-Means는 화학적 성분의 유사도를 기준으로 k개의 하위 그룹을 생성할 수 있다.

2) 규칙 기반 모델링 기법

규칙 기반 모델링 기법은 일정한 조건(condition)이 만족되면 결론(conclusion)이 활성화되는 규칙(rule) 형태로 지식을 표현한다. 예를 들어, 날씨 조건에 따른 골프 플레이 여부를 예측하는 문제에서 날씨(Outlook)과 바람(Wind)를 기반으로 한 규칙은 다음과 같이 표현될 수 있다.

IF Outlook=rain AND Wind=no, THEN Play=yes

이런 규칙을 학습하는 대표적인 모델링 기법에는 Decision Tree가 있다.

3) 함수 유형 모델링 기법

함수 유형 모델링 기법은 지식을 함수(function) 형태로 표현한다. 예를 들어, 포도주의 품질 예측 문제에서, 알코올(alcohol)을 사용하여 품질(quality)을 예측하는 모델은 다음과 같이 표현될 수 있다.

quality=0.361 × alcohol + 1.875

이런 모델을 학습하는 다양한 모델링 기법들이 있다. 수치 예측을 위한 Linear Regression과 분류 문제를 위한 Logistic Regression이 대표적인 함수 유형 모델링 기법이다.

4) 확률 유형 모델링 기법

확률 유형 모델링 기법은 지식을 확률(probability)로 표현한다. 특별히 어떤 사건 X가 일어났을 때 다른 사건 Y가 얼마나 발생할 것인지 여부를 나타내는 조건부 확률은 많이 사용된다. Bayes정리에 기반을 둔 Naïve Bayes는 이런 유형의 모델링 기법이다.

5) 연결 유형 모델링 기법

연결 유형 모델링 기법은 속성과 다른 속성의 연결(connection)의 강도를 모델로 표현될 수 있다. 각 속성의 값은 산출과 연관 관계가 있지만, 연결의 가중치는 속성에 따라 다르다. Neural Network는 대표적인 연결 모델이다.

모델링 기법으로 생성된 모델은 좋을 수도 있고 나쁠 수도 있다. 따라서, 모델을 생성하기 전에 모델 성과를 평가할 수 있는 검증 방법을 설계해야 한다. 일반적으로 머신 러닝에서는 모델의 성과를 검증하기 위해 일부의 데이터로 모델을 만들고, 모델에 만드는 데 사용하지 않은 다른 데이터를 검증에 사용하는 방식으로 모델의 성과를 검증한다. 따라서, 테스트 설계에서는 학습 데이터 세트와 검증 데이터 세트로 분할하는 방법과 모델 성과를 측정하는 지표를 결정한다. 학습 데이터 세트와 검증 데이터 세트를 나누는 대표적인 방법에는 분할 검증(Split Validation)과 교차 검증(Cross Validation)이 있다. 성과 지표는 데이터 분석의 문제 유형에 따라 다른 성과 지표가 사용된다.

5.3.1 검증 방법의 선택

1) 분할 검증

분할 검증은 전체 데이터 세트를 학습과 검증 데이터 세트로 한 번만 나누어서 모델의 성과를 검증하는 방법이다. 분할 검증에서는 분할 비율(split ratio)과 표본 추출(sampling) 방법에 대한 의사 결정을 해야 한다.

분할 비율: 데이터 세트를 어떤 비율로 학습 데이터 세트와 검증 데이터 세트로 분할할 것인지에 관한 결정해야 한다. 이에 대한 규칙이 있는 것은 아니지만, 데이터 세트이 큰 경우에는 학습 데이터 세트와 검증 데이터 세트의 크기가 비슷하게 할 수 있지만, 일반적으로 전체 데이터 세트의 70%를 학습에, 30%를 검증에 사용한다.

표본 추출: 데이터 세트를 생성할 때 사례를 선택하는 방법에 관한 의사결정으로 다음과 같은 유형이 있다.

- Shuffled Sampling: 사례를 섞은 후에 무작위로 사례로 추출하는 기법
- Linear Sampling: 사례를 순서대로 선택하는 기법
- Stratified Sampling: 범주 예측의 경우 전체 데이터 세트에서 레이블값의 분포가 유지되도록 사례를 추출하는 기법

AI Studio는 Split Data 또는 Split Validation을 통해 분할 검증을 지원한다.

그림 5.2 Split Data와 Split Validation 활용 분할 검증

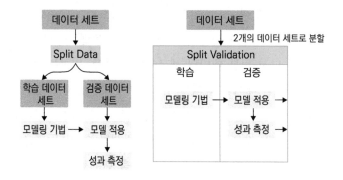

2) 교차 검증

교차 검증(Cross Validation)은 데이터를 k개(예, 5개)의 하위 세트로 나눈 후, 개별 하위 세트를 검증 데이터 세트로 나머지를 학습 데이터 세트로 사용하여, k번 검증을 반복하여 모델의 성과를 검증하며, 최종 성과는 k번 반복하여 평가한 결과의 평균을 사용한다. 모든 데이터를 모델 학습과 검증에 사용한다는 점에서 분할 검증보다 나은 접근 방법으로 간주된다. 분할 검증 방법에서는 하위 데이터 세트의 개수와 표본 추출 방법에 대한 의사 결정을 해야 한다. AI Studio는 Cross Validation을 통해 교차 검증을 지원한다.

그림 5.3 Cross Validation을 활용한 교차 검증

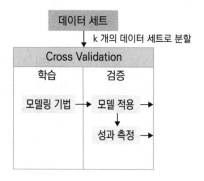

3) 부트스트래핑 검증

부트스트래핑 검증은 복원 추출(sampling with replacement) 기법을 사용하여 원본 데이터 세트보다 큰 데이터 세트를 생성한 후 검증을 수행한다. 부트스트래핑 검증은 다음과 같이 수행된다. 모델링에 사용할 부트스트랩 데이터 세트를 초기화한다. 원본 데이터 세트에서 사례를 선택하여 부트스트랩 데이터 세트에 추가한다. 선택했던 사례를 다시 원본 데이터 세트에 반환한다. 원하는 개수의 부트스트랩 데이터 세트가 생성될 때까지 앞의 작업을 반복한다. 원하는 개수의 데이터 세트이 생성되면 데이터 세트 생성 프로세스를 종료한다. 부트스트랩 데이터 세트는 원본 데이터보다 더 크고, 같은 사례가 2번 이상 발생할 수 있다. 추출된 사례를 원본 데이터 세트에 반환하는 이유는 특정 표본 추출 단위를 선택할 확률이 이후의 표본 추출에서 동일하게 유지되도록 하기 위해서이다. 데이터 세트가 생성되면 교차 검증을 수행한다. AI Studio의 Bootstrapping Validation을 통해 지원한다.

5.3.2 성과지표의 선택

성과지표의 선택은 테스트 설계 작업의 일부로 모델 성과 평가와 밀접한 관련이 있다. 모델 평가 목적에 따라 적절한 성과평가 오퍼레이터(performance operators)를 선택하고, 성과 지표를 선택해야 한다. AI Studio는 Validation〉Performance 패키지에서 다양한 성과 측정 오퍼레이터를 지원한다. 성과지표는 모델링 기법과 관련이 있기 때문에 모델링 기법을 설명하는 다음 절에서 같이 설명할 것이다.

5.4 모델을 구축하라

모델링 기법을 선택하고 테스트 설계가 완료되면 실제로 모델을 구축해야 한다. 이를 위해서 관련된 테스트 디자인 오퍼레이터, 모델링 오퍼레이터, 성과 평가 오퍼레이터 등을 사용하여 프로세스를 구성하고 실행해야 한다. 분석 프로세스를 실행을 하면 모델이 생성되고, 모델에 대한 정량적 평가가 이루어진다. 따라서 모델 구축과 평가를 나누어서 하는 것은 어렵다. 이런 이유로 해서 이번 절에서는 모델 구축, 평가, 해석을 함께 설명할 것이다. 또한 모델 구축은 모델링 기법별로 하나씩 설명한다.

> ✛ 참고
>
> 모델링 단계에서 평가는 정량 지표를 사용한 평가를 중심으로 이루어지며, 모델링 단계 이후에 평가 단계에서는 비즈니스 측면에서 정성적인 평가를 한다.

5.4.1 K-NN 모델링

1) 개요

사람들은 어떤 것이 유사하다는 것을 근거로 의사결정을 하는 경우가 많다. '유유상종'이라는 말이 있고, '그 사람의 친구를 보면 그 사람을 알 수 있다'라는 말도 있다. 법을 적용할 때 유사 판례를 찾아 적용하며, 의료 수술의 경우에도 유사한 사례가 있는지 확인하는 경향이 있다. 속성이 비슷하다면 비슷한 결과를 가진다고 생각하기 때문이다. k-NN(k-Nearest Neighbor)은 이런 사람들의 문제 해결 방법을 모방한 모델링 기법이다(Cover and Hart 1967).

2) 용어

k-NN과 관련된 주요 용어에는 유사도(similarity) 또는 거리(distance), 근접 이웃(neighbors), 집계(aggregation) 등이 있다.

유사도(similarity)/거리(distance). 유사도와 거리는 두 사례가 얼마나 비슷한 수준을 측정하는 지표다. 유사도를 측정하는 다양한 방법이 개발되었는데, 데이터 유형에 적합한 측정 방법을 사용해야 한다. 속성이 순수하게 수치 유형인 경우에는 Euclidean Distance와 Cosign Similarity, 순수하게 범주 유형인 경우 Jaccard Similarity, 혼합형인 경우에는 Mixed Euclidean Distance를 사용한다.

근접 이웃(nearest neighbors). 근접 이웃은 주어진 사례에 대해 가장 가까이에 있는 사례다. 유사도가 가장 큰 사례 또는 거리가 가장 적은 사례를 의미한다.

집계(Aggregation). k-NN은 유사한 사례를 찾아서 그들의 레이블값을 집계하여 예측한다. 레이블 유형이 수치인 경우에는 유사한 사례의 레이블값의 평균(average)으로 집계하여 예측하고, 레이블 유형이 범주일 때는 투표(Voting)을 사용하여 가장 많이 발생한 레이블값으로 예측한다. 집계를 할 때 유사도/거리를 반영하여 가중합을 구할 수 있고, 가중치를 반영하지 않을 수도 있다.

3) 작동 방법

k-NN은 학습 데이터 세트를 사용하여 모델 구축하지 않는다. 단지 의사결정이 필요할 때 학습 데이터서 문제 사례와 가장 유사한 사례를 찾아 문제를 해결한다. k-NN은 주어진 문제 사례에 대해 일정한 개수의 근접 이웃을 선택하여 그것들의 레이블값을 보고 의사 결정을 한다. 따라서, K의 크기에 따라 다른 결론이 나올 수 있다. 〈그림 5.4〉를 보면 k=3 또는 k=7일 때 k-NN이 어떻게 작동되는지 알 수 있다. 물음표(?)로 표시된 문제 사례는 k=3일 때는 음(-)으로 분류되지만, k=7일 경우에는 양(+)으로 분류된다. 일반적으로 k값이 작을수록 과적합 된 모델이, 크면 클수록 일반화된 모델이 생성된다.

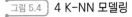
그림 5.4 4 K-NN 모델링

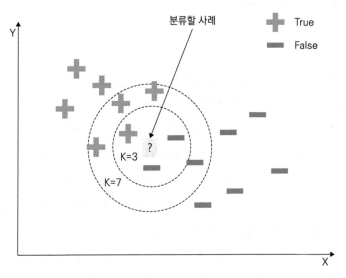

➕ k-NN 알고리즘

입력

근접 이웃의 개수(k), 학습 데이터 세트(training dataset), 문제 사례(query example)

처리

1. 문제 사례와 학습 데이터 세트의 사례 사이에 유사도를 계산한다.

2. 계산된 유사도를 활용하여 가장 가까운 이웃 K개를 선택한다.

3. 범주 예측인 경우 근접 이웃의 레이블값의 최빈값을 계산하고, 수치 예측인 경우 레이블값의 평균을 계산한다.

4. 문제 사례의 레이블값을 범주 예측인 경우 최빈값으로, 수치 예측인 경우 평균으로 예측을 한다.

출력: 예측 결과

4) K-NN모델링 사례

분석 개요

이 분석 사례에서는 "와인 품질 예측 문제"를 해결하기 위한 데이터 분석을 수행하고자 한다(2.2.1, 3.2.4 참조). 분석에 사용할 데이터는 아래 사이트에서 win-equality-red.csv라는 파일을 받자.

https://cafe.daum.net/selfserviceanalytics/t0vn/5

데이터 분석의 전반적인 과정은 〈그림 5.5〉와 같다.

그림 5.5) k-NN 모델링 - 분석 개요

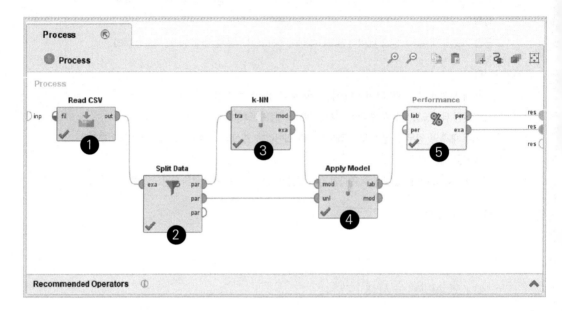

데이터 세트를 읽기 위해 Read CSV를 사용한다(①). 분할 검증을 수행하기 위해 Split Data를 사용하여 데이터 세트를 분할한다(②). 모델링 작업을 위해 학습 데이터 세트를 사용하여 k-NN은 모델을 생성하고(③), 생성된 모델은 Apply Model을 사용하여 검증 데이터 세트에 적용한다(④). 모델 적용 결과 사례를 Perfor-mance(Regression)에 제공하여, 수치 예측에 대한 성과를 계산한다(⑤).

상세 분석 과정

1. Read CSV를 사용하여 데이터 세트를 읽어온다. Read CSV를 추가한 후 선택한 후 파라미터 패널에서 Import Configuration Wizard 버튼을 클릭하여 마법사를 실행한다(①). 마법사 첫 단계에서 읽을 데이터 파일을 지정한다(②). 마법사 3단계에서 데이터 형식을 지정한다. 지정할 때문 Column Separator를 세미 콜른(Semicolon ";")으로 지정한다(③). 마법사 3단계인 컬럼 형식은 특별한 지정을 하지 않고 종료한다(④)

그림 5.6 k-NN 모델링 - 데이터 읽기 설정

(a) Import Configuration Wizard 시작

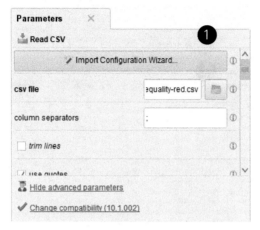

(b) 데이터 파일 위치 지정

(c) 데이터 형식 지정

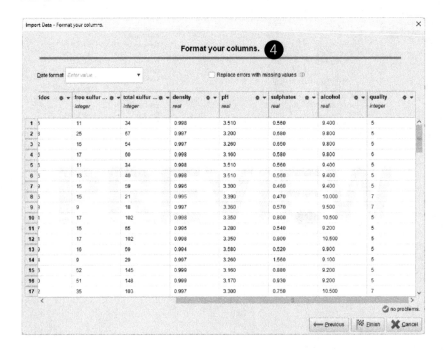

(d) 컬럼 형식 지정

Import Configuration Wizard를 종료한 후 Read CSV 파라미터 패널에서 data set meta data information 파라미터의 Edit List 버튼을 클릭한다(①). Edit Parameters 다이얼로그에서 quality 속성의 역할을 label로 변경한다(②).

그림 5.7 k-NN 모델링 - 와인 데이터 세트 메타 데이터 정보 설정

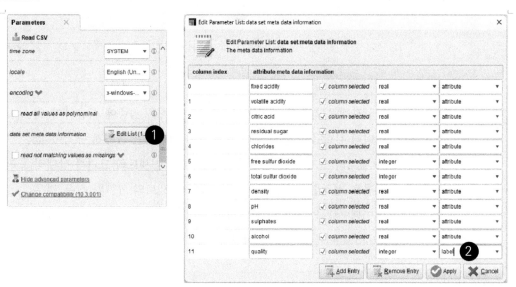

2. 데이터를 학습 데이터 세트와 검증 데이터 세트로 분할하기 위해 Split Data 를 사용하였다. Split Data의 파라미터는 아래와 같이 설정한다. 파라미터 패널에서 partitions의 Edit Enumerations 버튼을 클릭하고(①), Edit Pa－ rameters다이얼로그에서 Add Entry 버튼을 클릭하여 항목을 추가한 후 ratio를 0.7과 0.3으로 각각 설정한다(②).

그림 5.8 k-NN 모델링 - Split Data 파라미터 설정

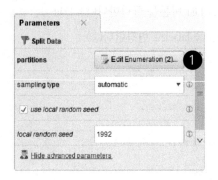

이것은 70%의 사례를 학습에 사용하고, 30%의 사례를 검증에 사용하기 위해서이다. 데이터 분할을 어떻게 해야 하는지에 대해서는 정해진 규칙이 없으나, 데이터 세트의 크기가 큰 경우에는 학습 데이터 세트의 크기를 상대적으로 적은 비율로 설정할 수 있다. 반대로 데이터 세트의 크기가 작은 경우에는 학습 데이터 세트의 크기를 상대적으로 크게 설정해야 한다. 마지막으로 local random seed를 1992로 설정한다.

> ⚛ 주의
>
> 데이터 분할 시 임의로 수행하면 분석가마다 다른 결과를 얻을 수 있다. 그렇게 되면 일관된 결과를 얻을 수 없다. 따라서 데이터 분할 시 local random seed를 같은 값으로 설정하자. 이렇게 하면 분할된 결과가 같을 것이다.

3. K-NN을 추가한다. K-NN의 파라미터는 k값은 기본값인 5로 설정하고, weighted vote를 체크하고, measure type은 Mixed Measures, mixed measure는 Mixed Euclidean Distance로 설정한다.

그림 5.9 k-NN 모델링 - k-NN 파라미터 설정

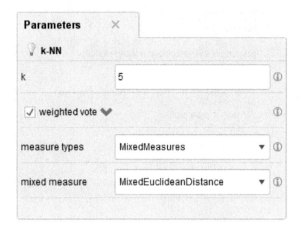

4. 모델의 성과 평가를 위해 Apply Model을 추가하고, K-NN의 mod 출력 포트를 Apply Model의 mod 입력 포트에, Split Data의 par포트를 Apply Model의 unl 입력 포트에 연결한다.

5. 수치 예측 모델의 성과 지표를 측정하는 Performance(Regression)을 추가하여 포트를 연결한다. 파라미터 패널에서 root mean squared error, abso-lute error, squared correlation을 체크한다.

그림 5.10 k-NN 모델링 - Performance(Regression) 성과지표 설정

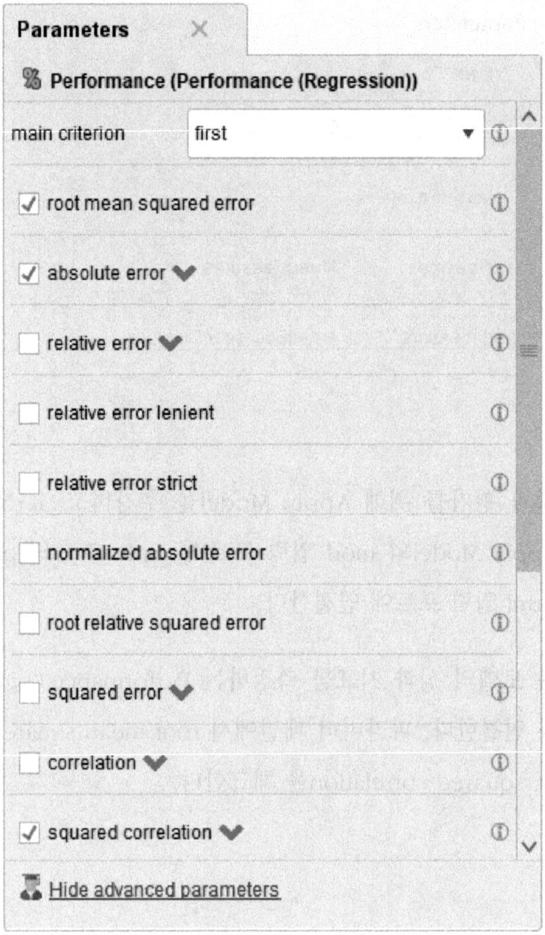

분석 결과

프로세스를 실행하여 분석 결과를 확인해 보자. Performance Vector(Per-formance) 탭을 선택하고, Description 메뉴를 실행하면 다음과 같이 성과 측정 결과를 볼 수 있다. 예측 결과를 보면 RMSE가 0.777, MAE가 0.576+/-0.522, R-squared가 0.160인 것을 알 수 있다.

그림 5.11 k-NN 모델링 - Performance Vector(Performance) 결과

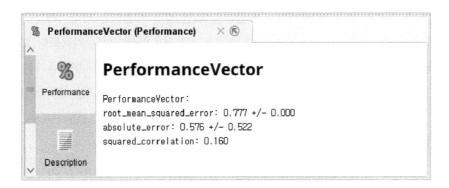

예측 결과를 시각적으로 확인하기 위해 Example Set(Apple Model) 탭을 클릭한 후 Visualizations 메뉴를 클릭한 후 아래와 같이 차트를 생성해 보자. 예측이 정확하게 됐다면 모든 점은 대각선 방향의 점선 위에 위치해 있다는 것을 의미한다. 그러나 결과를 보면 많은 점들이 대각선을 벗어나 있는 것을 확인할 수 있다. 실망하지 말자 좀 더 개선할 수 있는 방법을 찾아보자.

그림 5.12 k-NN 모델링 - 실제와 예측 비교 차트

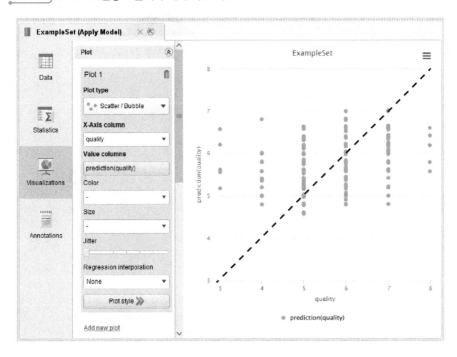

파라미터 최적화 프로세스 개요

성과 개선을 위해 할 수 있는 첫 단계는 모델 성과와 관련된 파라미터를 최적화하는 것이다. Optimize Parameters(Grid)를 사용하여 파라미터를 최적화해 보자. 최적화 프로세스는 〈그림 5.13〉과 같다. Optimize Parameters(Grid)를 추가한 후 (①) 내부 프로세스에 k-NN, Apply Model, Performance(Regression)을 붙여 넣는다 (②). 마지막으로 Optimize Parameters(Grid)의 파라미터 패널에서 Edit Parameter Setting를 클릭하여 최적화할 파라미터를 설정한다(③).

그림 5.13) k-NN 모델링 - k-NN 파라미터 최적화 프로세스 개요

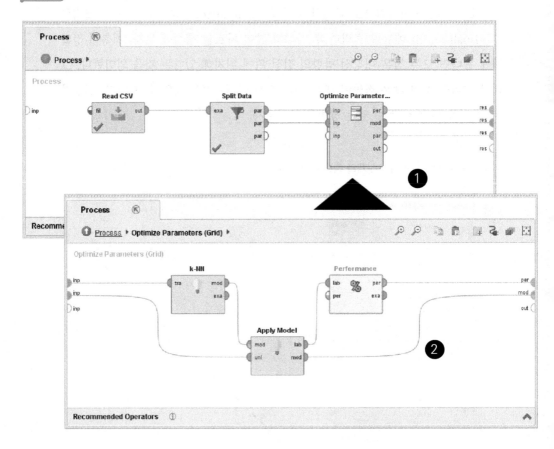

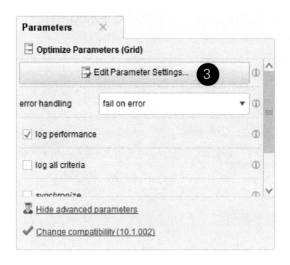

파라미터 최적화 세부 프로세스

1. Optimize Parameters(Grid)를 추가한다.

2. k-NN, Apply Model, Performance(Regression)을 잘라내어 내부 프로세스에 붙여 넣는다.

3. k-NN의 k와 유사도 척도의 파라미터 최적화를 위해 Optimize Parameters (Grid)의 파라미터 패널에서 Edit Parameter Setting 버튼을 클릭하여 Se-lect Parameters 다이얼로그를 실행한다. Operator 리스트에서 k-NN을 선택한 후 Parameters 리스트에서 k를 선택한 다음, Grid/Range 영역에서 Min=1.0, Max=25, Steps=12, Scale=linear로 설정한다. Operator리스트에서 k-NN을 선택한 후 Parameters 리스트에서 numerical measure를 선택한 다음, OK 버튼을 클릭하여 다이얼로그를 종료한다.

그림 5.14 k-NN 모델링 - Optimize Parameters(Grid)의 파라미터 설정

(a) k 값 범위 설정

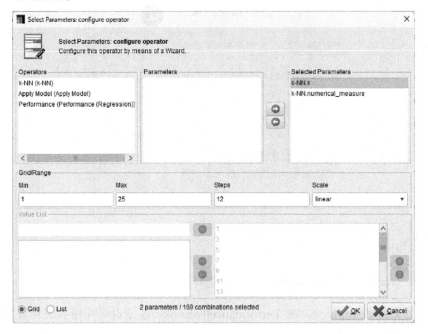

(b) numerical measure 설정

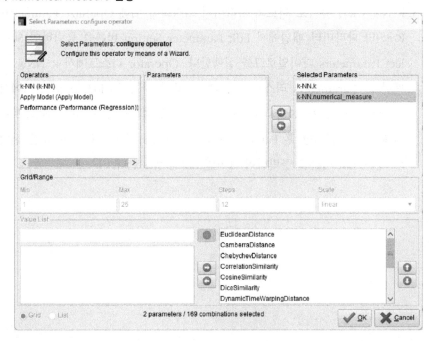

파라미터 최적화 결과

최적화를 위한 파라미터를 설정한 후 프로세스를 실행하면 〈그림 5.15〉와 같
은 결과 탭이 결과 뷰에 나타난다. (a) ParameterSet[Optimize Parameters(Grid)]에는
가장 좋은 성과를 보인 파라미터 세팅 결과를 보여준다. (b) KNNRegression(k-NN)
은 k-NN 모델에 대해 보여주지만 의미 있는 정보는 없다. (c) Performance Vec-
tor(Performance)는 k-NN이 최적화되었을 때 성과 결과를 보여준다. (d) Optimize
Parameters(Grid)는 최적화 과정의 로그 데이터를 보여준다.

그림 5.15 k-NN 모델링 - 파라미터 최적화 결과

(a) Parameter Set[Optimize Parameters(Grid)]

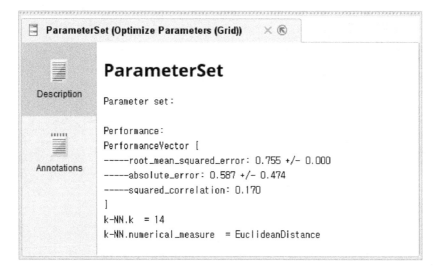

(b) KNN Regression(k-NN): k-NN 모델 설명

(c) Performance Vector(Performance): 성과 지표

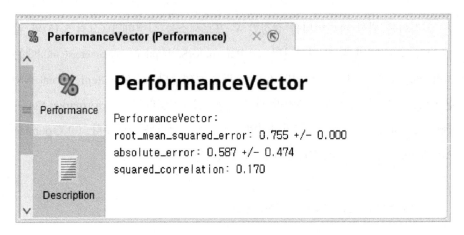

(d) Optimize Parameters(Grid): 최적화 과정 로그

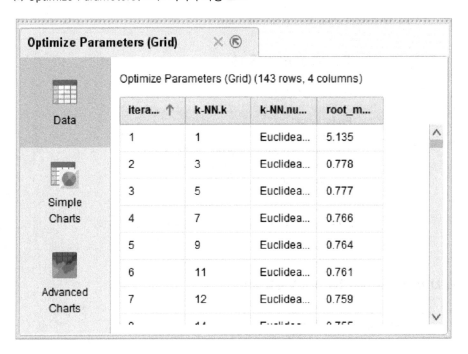

결과를 보면 k가 14이고 유사도 지표가 Euclidean Distance일 때 RMSE가 0.756으로 가장 적은 것을 알 수 있다. 0.02정도 줄어든 것을 알 수 있다. 큰 개선은 아니며, 다른 모델링 기법을 고려해야 할 것 같다.

⊹⊱ 참고

데이터 세트의 속성은 서로 다른 크기(scale)을 가지고 있다. 따라서 정규화를 실행한다면, 개선될 수 있을 것이다. Read CSV와 Split Data 사이에 Normalize를 추가하여 프로세스를 재구성한 후 성과를 측정해 보자.

모델 예측 해석

k-NN의 최적화 결과에서 보이는 것처럼 k-NN 모델은 특별한 내용을 설명하지 않는다. 모델이 14-Nearest Neighbor 모델이고, 모델이 11개의 차원(속성)을 갖는 1119개의 사례를 포함하고 있다는 설명을 보여준다. 이것으로는 뭔가 부족하다. 전반적으로 어떤 속성이 예측에 중요하게 사용되었는지(global importance), 개별 사례 수준에서는 어떤 속성이 예측에 중요한 역할을 했는지(local importance)에 대한 정보를 얻는 방법에 대해 배워보도록 하자. Altair AI Studio는 이 목적을 위해 사용할 수 있는 Explain Prediction을 제공한다. 이를 통해 예측을 해석해 보도록 하자. 기본 모델을 변경하여 설명이 가능하도록 프로세스를 〈그림 5.16〉처럼 재구성해 보자.

1. K-NN의 파라미터를 최적 파라미터 설정으로 변경한다. 즉, k=14, measure type=Numerical Measures, numerical measure=Euclidean Distance로 설정한다.

2. Explain Predictions을 추가하고 포트 연결을 한다.

그림 5.16   k-NN 모델링 - Explain Predictions 분석 프로세스

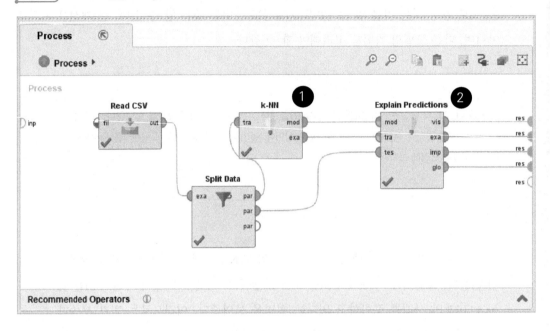

프로세스를 실행하면 다음의 4가지 결과 탭이 결과 뷰에 나타난다.

(1) Example Set(Explain Predictions): 이 결과 탭은 사례별 속성 중요도를 나타낸다. 예를 들어 아래 그림은 1번 사례의 속성 중요도를 보여준다. 품질(quality)에 양으로 영향을 미치는 것 중에서 free sulfur dioxide가 0.276으로 가장 큰 영향을 미치고, 음으로 영향을 미치는 것 중에는 total sulfur dioxide가 -0.761으로 가장 큰 영향을 미치는 것을 알 수 있다.

그림 5.17 k-NN 모델링 - 사례별 속성 중요도

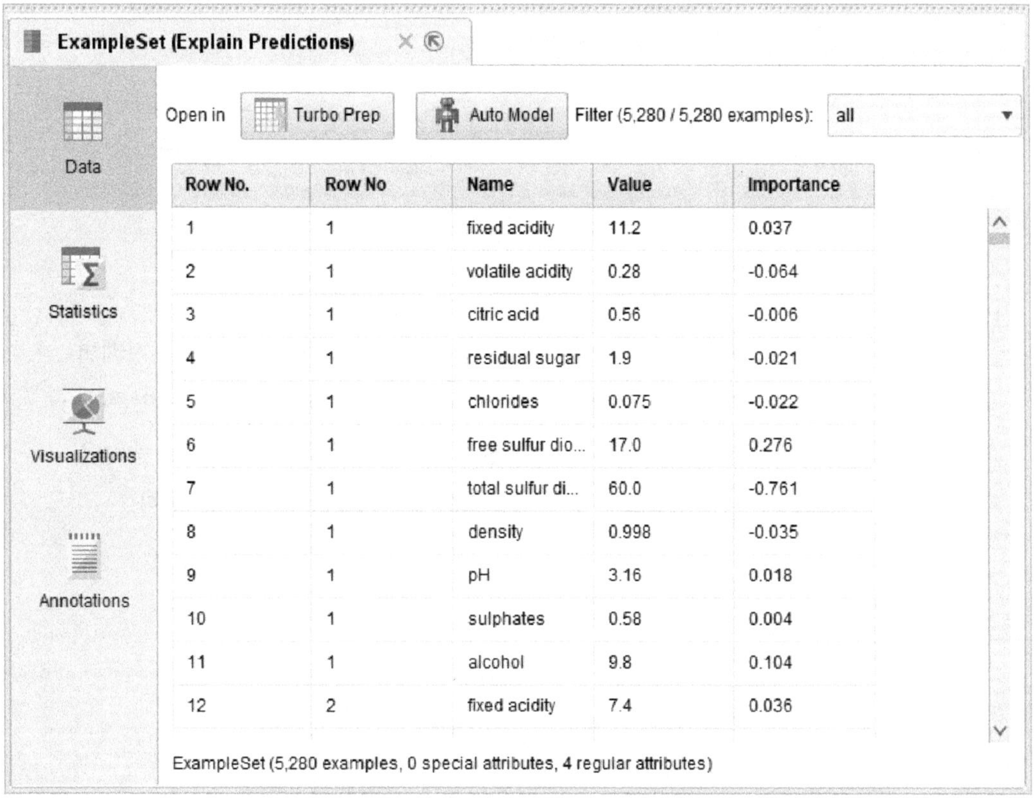

Row No.	Row No	Name	Value	Importance
1	1	fixed acidity	11.2	0.037
2	1	volatile acidity	0.28	-0.064
3	1	citric acid	0.56	-0.006
4	1	residual sugar	1.9	-0.021
5	1	chlorides	0.075	-0.022
6	1	free sulfur dio...	17.0	0.276
7	1	total sulfur di...	60.0	-0.761
8	1	density	0.998	-0.035
9	1	pH	3.16	0.018
10	1	sulphates	0.58	0.004
11	1	alcohol	9.8	0.104
12	2	fixed acidity	7.4	0.036

ExampleSet (5,280 examples, 0 special attributes, 4 regular attributes)

(2) Example Set(Explain Predictions): 이 두 번째 탭은 사례별 품질에 대한 예측 결과를 보여주고, Support Prediction과 Contradict Prediction이라는 두결과를 같이 보여주어 어떤 요인이 사례의 예측에 있어 중요한 역할을 했는지 설명해 준다.

그림 5.18 k-NN 모델링 - 사례별 속성 중요도

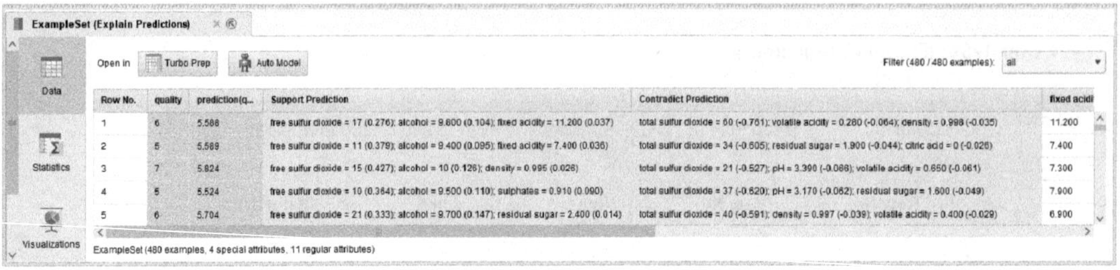

(3) Explain Predictions|OObject(Explain Predictions): 이 세 번째 탭은 사례별 품질에 대한 예측 결과를 각 속성값에 하이라이트 하여 결과를 보여준다. 예측에 양의 영향을 미치는 속성은 빨간색으로 음의 영향을 미치는 속성은 녹색으로 나타낸다. 진할수록 더 강한 영향을 미친다는 것을 의미한다.

그림 5.19 k-NN 모델링 - 사례별 속성 중요도

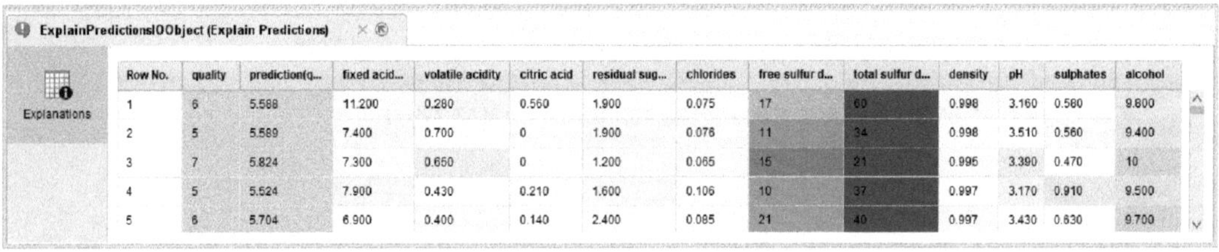

(4) Attribute Weights(Explain Predictions): 이 네 번째 탭은 전반적으로 속성의 중요도, 즉 global importance를 나타낸다. 속성 가중치는 0에서 1사이의 정규화 된 결과로 보이며, 절댓값으로 표시된다. 속성 중에서 sulphates, alcohol 가 다른 속성보다도 더 크게 영향을 미치는 것을 확인할 수 있다. 이 결과에서 Weight Visualizations를 클릭하면 막대 차트로 속성의 중요도를 표시하여 보여준다.

그림 5.20 k-NN모델링 - Global 속성 중요도

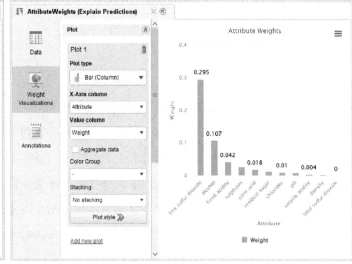

⁂ **참고**

데이터 세트의 속성은 서로 다른 크기(scale)을 가지고 있다. 따라서 정규화를 실행한다면, 개선
될 수 있을 것이다. Read CSV와 Split Data 사이에 Normalize를 추가하여 프로세스를 재구성한
후 모델 설명을 실행해 보자. 어떤 차이가 있는지 주목하여 보자.

5) 분석 요약

이번 분석에서는 k-NN 모델링 기법을 사용하여 수치 예측을 수행하는 방법에
대해서 배웠다. 테스트를 위해 Split Data를 사용하여 분석을 진행하였고, Optimize
Parameters(Grid)를 사용하여 성과 개선을 위해 파라미터를 조정하는 방법에 대해서
확인하였다. 또한 Explain Predictions를 사용하여 k-NN의 예측에 대한 설명을 제공
하는 방법을 학습하였다. 성과 개선을 위해 파라미터를 최적화했지만, 다른 모델링
기법을 적용하기 전까지는 이것이 최선인지는 확인할 수 없다. Explain Predictions
을 통해 모델 설명을 했지만, 모델을 직접 설명하기에는 한계가 있다. 다음 절에서는

모델에 대한 명확한 설명을 제공하는 Linear Regression을 학습해 보자.

5.4.2 Linear Regression 모델링

1) 개요

Linear Regression(선형 회귀)는 수치 예측에 있어 가장 중요한 기법 중에 하나이다. Linear Regression은 통계적 분석 기법에서 오랜 동안 개발되어 왔지만, 머신 러닝에서도 매우 중요한 기법으로 간주되는 기법이다. Linear Regression은 종속변수와 하나 이상의 독립적인 특징 사이의 선형 관계를 추정하는 모델링 기법으로, 모델링의 목표는 독립변수를 기반으로 종속변수의 값을 가장 적은 오류를 갖는 선형 방정식(linear equation)를 찾는 것이다(Darlington and Hayes 2017).

2) 용어

독립변수(independent variable)과 종속변수(dependent variable): 회귀 분석에서는 통계 분석의 전통에 따라, 레이블 속성을 종속변수하고 하고 레이블 속성의 값을 결정하는데 영향을 미치는 속성을 독립 변수라 한다. 선형 회귀 모델링은 독립변수와 종속변수 사이의 선형 관계(linear relationship)를 도출하는 것이다.

그림 5.21 Linear Regression 모델링

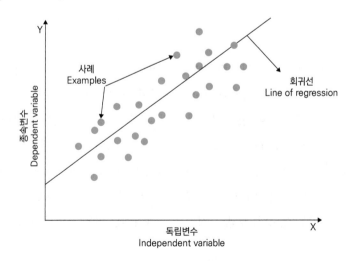

단순 선형 회귀(simple linear regression)과 다중 선형 회귀(multiple linear regres-sion): 독립변수의 개수가 1개이면 단순 선형 회귀이고, 2개 이상의 독립변수가 있는 경우 다중 선형 회귀이다.

계수(coefficient): 계수 값은 모형에서 다른 변수들을 일정하게 유지할 때 독립변수를 한 단위 변경했을 때 종속변수의 변화하는 정도를 의미한다. 양(positive)의 계수는 독립변수의 값이 증가할수록 종속변수의 평균도 증가하는 경향이 있음을 나타내고, 음(negative)의 계수는 독립변수가 증가할수록 종속변수가 감소하는 경향이 있음을 시사한다.

잔차(residuals): 잔차는 회귀 모델의 오류를 나타내며, 실젯값과 예측값 사이의 거리(차이)를 말한다.

비용 함수(cost function): 비용 함수는 실젯값과 예측값 사이의 오차를 정량화하여 하는 함수를 말한다. 문제 유형에 따라 비용 함수는 여러 가지 다양한 방법으로 정의되며, 학습의 목적은 비용의 최소화하는 것이다. 일반적으로 Linear Re-gression의 경우 예측값과 실젯값 사이에 발생한 오차 제곱의 평균인 MSE(Mean Squared Error) 비용 함수를 사용한다.

3) 작동 방법

선형 회귀 모델링은 주어진 데이터 세트를 가장 잘 표현하는 변수의 계수와 절편을 추정하는 것이다. 독립변수가 x이고 종속변수가 y인 단순 선형 회귀 모델을 학습한다고 가정하자. 선형 회귀 모델은 y=mx+c 형태를 가지게 되며, m은 x가 한 단위 증가할 때 y가 얼마나 증가하는지를 나타내는 계수이고, c는 절편이다. 문제는 어떻게 m과 c를 얻을 것인데, 이를 해결하기 위한 방법이 경사 하강(gradient descent) 방법이다(Ruder 2016).

경사 하강 방법을 이해하기 위해 〈그림 5.22〉의 사례를 보자. 〈그림 5.22 (a)〉을 보면, x와 y값을 나타내고, 선형 모델은 y=mx+c로 표시되어 있는 직선이다. 각 사례는 점으로 표시되어 있는데, 선형 모델의 예측값과의 차이가 오류를 나타낸다. Linear Regression에서는 오류를 최소화할 수 있도록 m과 c를 추정하는 것이다. 〈그림 5.22 (b)〉는 m의 변화에 따라 오류의 변화를 나타내는 비용 함수를 보여준다.

직관적으로 설명하면 경사 하강 방법은 다음과 같이 작동한다. 먼저, 현재의 m 수준에서 비용 함수의 접선의 크기(gradient)를 구한다. 이것이 양(positive)이면 m을 접선의 크기만큼 줄이면 비용이 낮아질 것이고, 음(negative)이면 m을 접선의 크기만큼 늘이면 비용이 낮아질 것이다. 문제는 접선의 크기만큼 m의 변경 시 너무 많이 변경을 하게 되면 최저점을 지나칠 수 있고, 너무 적으면 수렴이 늦게 될 수 있어 적절한 수준으로 조정이 필요할 것이다. 이를 위해 도입된 개념이 학습률(learning rate)이다. 학습률을 반영한 m의 조정은 아래와 같이 정의된다.

$$m = m - L \times G$$

여기서, L은 학습률을 G는 접선의 크기(gradient)이다.

그림 5.22 선형회귀 비용 함수

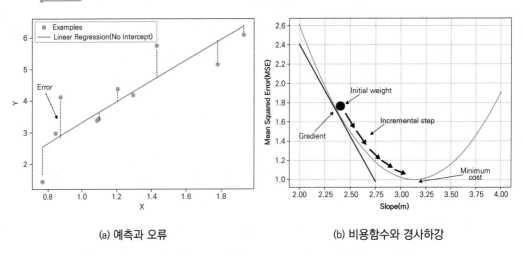

(a) 예측과 오류   (b) 비용함수와 경사하강

➕ **Linear Regression 알고리즘**

입력: 반복횟수(n_iterations)

처리

1. 절편(intercept)과 가중치(weights)에 대한 초깃값을 설정한다.

2. 반복 횟수만큼 아래의 과정을 반복한다.

   a. 절편과 가중치를 사용하여 예측값(z)을 계산한다.

   b. 비용함수를 사용하여 그레디언트(gradient)를 계산한다.

   c. 그레디언트에 학습률을 곱하여 가중치를 계산한다.

출력: 최소의 비용을 달성한 최적의 절편과 가중치를 반환한다.

4) Linear Regression모델링 사례

분석 개요

k-NN 모델링에 사용했던 "와인 품질 예측 문제" 데이터 세트를 그대로 사용한다. 따라서 Read CSV를 사용하여 데이터를 읽는다(①). 분할 검증을 위해 Validation(Split Validation)을 사용한다(②). Validation(Split Validation)의 내부 프로세스에서 Training 내에 Linear Regression을 추가한 다음(③), Testing 내에 Apply Model을 추가하여 검증 데이터 세트에 적용한다(④). 마지막으로 모델 적용 결과 사례를 Performance(Re-gression)에 제공하여, 수치 예측에 대한 성과를 계산한다(⑤).

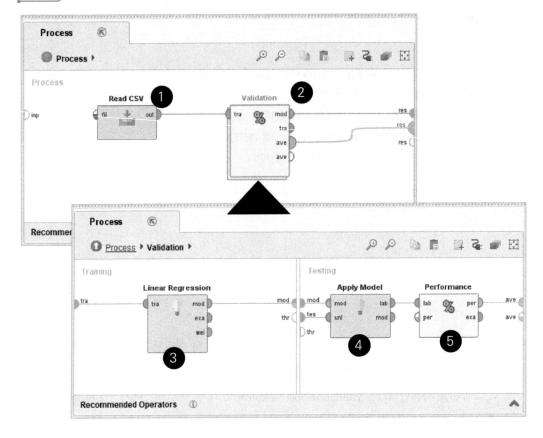

그림 5.23 Linear 분석 과정 개요

상세 분석 과정

1. k-NN 프로세스와 같이 Read CSV를 사용하여 데이터 세트를 읽어온다.

2. Validation(Split Validation)을 프로세스 패널에 추가하고, 파라미터 패널에서 파라미터를 다음과 같이 설정한다. 분할 방법을 설정하기 위해 split을 rel－ative로 설정한다. split ratio에 학습 데이터 세트에 사용할 비율을 0.7로 입력한다. sampling type은 automatic으로 설정하고, local random seed는 1992라고 설정한다.

설정값	의미
Relative	상대적 비율로 데이터를 분할한다. 분할 비율은 split ratio 파라미터가 활성화된다. 1 이내의 숫자를 입력한다.
Absolute	학습 데이터 세트에 사용할 사례의 개수를 training set size입력하고, test set size가 −1을 입력하면 나머지 사례는 검증 데이터에 사용한다.

그림 5.24 Linear Regression 모델링 − Validation(Split Validation) 파라미터 설정

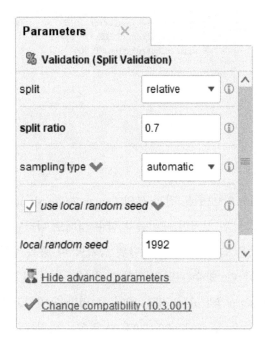

3. Apply Model을 추가하여 모델을 검증 데이터 세트에 적용한다.

4. Performance(Regression)을 추가하여 k-NN과 같이 root mean squared er−ror, absolute error, squared correlation을 성과지표로 선택한다.

분석 결과

프로세스를 실행하면 결과 뷰의 Performance Vector(Performance) 탭에 De−scription 메뉴를 실행하여 결과를 보자. 모델을 Linear Regression으로 변경하자,

RMSE는 0.650으로 k-NN보다 개선된 성과를 보인다.

그림 5.25 Linear Regression 성과 결과

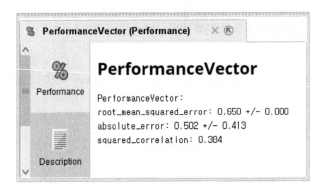

모델 설명

Linear Regression의 모델은 결과 뷰의 Linear Regression(Linear Regression) 탭
에 〈그림 5.26〉에서 보는 것처럼 테이블과 함수 형태로 나타난다. 테이블에 보면
Coefficient 열의 값은 속성의 값이 한 단위 증가할 때 종속 변수에 얼마나 영향
을 미치는지를 표시한다. 양수는 양의 영향을 음수는 음의 영향을 나타낸다. 양의
영향에서 sulphates(0.887)와 alcohol(0.294)이 큰 영향을 미치고, 음의 영향에서는
chlorides(-1.890)와 volatile acidity(-1.090)가 큰 영향을 미치는 것을 알 수 있다.

그림 5.26) Linear Regression모델 설명

Attribute	Coefficient	Std. Error	Std. Coeffi...	Tolerance	t-Stat	p-Value	Code
fixed acidity	0.009	0.016	0.019	0.962	0.563	0.574	
volatile acidity	-1.090	0.120	-0.242	0.805	-9.101	0	****
citric acid	-0.175	0.147	-0.042	0.840	-1.196	0.232	
chlorides	-1.890	0.417	-0.110	0.992	-4.535	0.000	****
free sulfur dioxide	0.005	0.002	0.061	0.981	2.177	0.030	**
total sulfur dioxide	-0.003	0.001	-0.133	0.957	-4.513	0.000	****
pH	-0.502	0.157	-0.096	0.999	-3.199	0.001	***
sulphates	0.887	0.110	0.186	0.963	8.031	0.000	****
alcohol	0.294	0.017	0.388	0.874	17.041	0	****
(Intercept)	4.442	0.612	?	?	7.255	0.000	****

LinearRegression (Linear Regression)

Data

Description

Annotations

데이터의 속성의 척도가 다르다는 문제가 있다. 즉, 어떤 속성은 다른 속성에 비해 훨씬 더 크거나 작을 수 클 수 있다 문제가 있다. Coefficient는 이런 점을 반영하지 않고 있다. Std. Coefficient는 이런 문제를 반영하여 표준화된 계수를 제공한다. 양의 영향에서 sulphates(0.186)와 alcohol(0.388)이 큰 영향을 미치는 것은 같으나, 후자가 전자보다 더 큰 영향을 미치는 것을 확인할 수 있다. 음의 영향에서는 volatile acidity(-0.242)가 chlorides(-0.110)보다 큰 영향을 미치는 것을 알 수 있다.

p-value 열은 추정된 계수 값에 대한 통계적 유의 수준을 나타낸다. 이것을 이해하기 위해서는 간단한 통계 지식이 필요하다. 통계적 회귀 분석에서 독립변수의 계수에 대한 귀무가설과 대립가설은 아래와 같이 정의된다.

귀무가설: 독립변수는 종속변수에 영향을 미치지 않는다(Coefficient=0).

대립가설: 독립변수는 종속변수에 영향을 미친다 (Coefficient≠0).

p-value가 0.05이하면 95% 유의 수준에서 귀무가설을 기각할 수 있고, 독립변수는 종속변수에 통계적으로 유의미한 영향을 미친다고 볼 수 있다. 속성 중에서

fixed acidity, citric acid는 p-value가 0.574, 0.232로 귀무가설을 기각할 수 없고, 통계적으로 유의미한 영향을 미친다고 볼 수 없다. 주의할 것은 유의 수준이 통계적 인과 분석에서는 매우 중요한 설명 요인이지만, 예측 분석에서는 예측의 정확성이 더 중요한 고려 요인이다(Breiman 2001).

결과 뷰에서 Linear Regression(Linear Regression) 탭의 Description 메뉴를 선택하면 Linear Regression 모델이 아래와 같이 함수로 표시된다. 함수의 계수를 속성값과 곱한 후 더하면 quality에 대한 값을 얻을 수 있다.

그림 5.27 선형 회귀 함수 모델

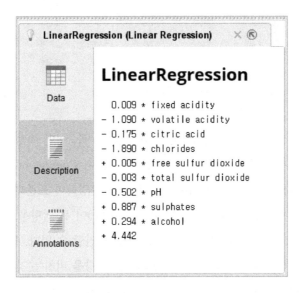

참고
데이터 세트에서 실제로 사례를 선택하여 위의 식을 사용하여 계산을 해서 예측값이 나오는지 확인해 보자.

k-NN 분석처럼 Normalize를 추가하여 분석 프로세스에 추가하여 분석을 실행해 보자. 결괏값이 어떻게 되는지 비교해 보자.

5) 요약

이번 분석에서는 Linear Regression 모델링 기법을 사용하여 수치를 예측하는 분석을 수행하였다. K-NN에 비해 모델 성과가 향상되었다는 점과 더불어 Linear Regression은 매우 투명한 모델 설명이 제공한다는 점에 주목하자. 즉, Linear Regression은 계수를 통해 어떤 속성이 품질(quality)에 영향을 미치는지 명확히 확인할 수 있다는 장점이 있다. 다음 절에서는 일정 부분 Linear Regression의 개념에 기반으로 하고 있지만, 속성 간의 관계를 보다 복잡한 모델링하는 Neural Net에 대해 학습하도록 하자.

5.4.3 Neural Net모델링 기법

1) 개념

신경망(Neural Networks)은 인간 신경의 작동에서 기반을 둔 기계 학습 기술이다. 신경망의 기본 개념은 컴퓨터 내부에 촘촘하게 연결된 많은 뉴런(neuron)으로 불리는 뇌 세포를 시뮬레이션하여 인간과 같은 방식으로 사물을 학습하고 패턴을 인식하고 의사 결정을 내릴 수 있도록 하는 것이다(Hecht-Nielsen 1992). 〈그림 5.28(a)〉의 왼쪽 그림은 생물학적 뉴런을 나타낸다. 뉴런은 세포의 중심 덩어리인 뉴크러스(Nucleus)라 불리는 세포체(cell body)로 구성되어 있으며, 그 안에서 세포체를 향해 정보를 전달하는 수많은 덴드라이트(dendrites)와 정보를 전달하는 단일 축삭(axon)으로 이루어져 있다. 〈그림 5.28(b)〉은 생물학적 뉴런을 기반으로 Neural Network에서 뉴런을 표현하고 있다. x0, x1, …, xn은 입력되는 값을 나타내며, b, w1, …, wn은 입력값에 대한 가중치를 나타내며, 이들은 선형 함수(b+w1×x1+w2×x2+…+wn×xn)로 집계된다. 집계된 값은 활성 함수(activation function)를 통해 변환되어 출력 값(y)으로 출력된다.

그림 5.28 뉴런의 개념

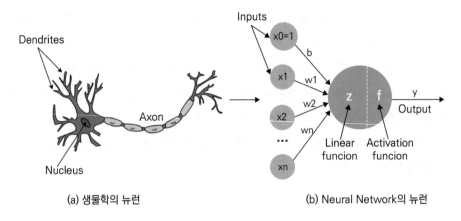

(a) 생물학의 뉴런　　　　　　(b) Neural Network의 뉴런

생물학적인 두뇌가 수많은 뉴론으로 구성된 것처럼, Neural Networks도 수많은 뉴런으로 구성되어 있다. 〈그림 5.29〉은 단순하지만, 전형적인 신경망을 보여준다.

그림 5.29 신경망 개념

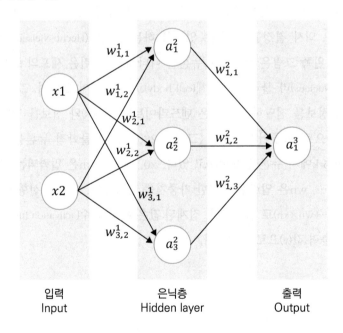

입력	은닉층	출력
Input	Hidden layer	Output

2) 용어

노드(node): 신경망에서 데이터 처리의 기본 단위는 노드라고 한다. 〈그림 5.29〉의 오른쪽에 그림처럼 n개의 입력값을 집계 및 변환하여 단일 값을 출력한다. 〈그림 5.29〉는 이런 노드가 Neural Network에서 쓰이는 방법을 보여준다.

집계함수(aggregation function): 노드에 입력되는 값을 집계하는 함수는 Linear Regression에서 사용되었던 속성값과 가중치의 선형 함수가 사용된다. 예를 들어, 노드 a_1^2의 값은 $w_{1,1}^2 \times x1 + w_{1,2}^2 \times x2$이다.

활성 함수(activation function): 노드에 입력된 값은 입력 노드에서 데이터를 입력 받아 그대로 은닉 계층으로 전달하지만, 은닉 계층과 출력 계층은 입력값을 활성 함수를 통해 변환하여 출력한다(그림 5.29의 오른쪽 그림 참조). Neural Network는 아래의 시그모이드 함수(sigmoid function)가 활성 함수로 쓰인다.

$$\text{Output} = \sigma(Z) = \frac{1}{1+e^{-z}}$$

계층(layer): Neural Network의 계층은 〈그림 5.29〉처럼 입력 계층(input layer), 은닉 계층(hidden layer), 출력 계층(output layer)의 3가지 계층으로 이루어져 있다. 이 사례에서 은닉 계층은 1개만 표현되어 있지만, 여러 개를 가질 수 있다.

피드 포워드 신경망(feed forward neural net): 인공 신경망은 다양한 구조(architecture)를 가질 수 있으나, Neural Networks는 데이터가 한 방향으로 전달되는 순방향 연결만을 갖는 구조로 되어 있다.

3) Neural Net 모델링 작동 방법

후방 전파 알고리즘(back propagation algorithm)은 순방향 전파(forward propagation)와 가중치 업데이트(weight update)의 2단계로 나눌 수 있는 지도 학습 방법이다. 네트워크 예측이 충분히 좋을 때까지 2단계를 반복한다. 후방 전파 알고리즘에서는 출력값과 정답을 사전 정의된 오류 함수(error-function) 또는 비용 함수(cost function)를 사용하여 오류 또는 비용을 계산한다. 데이터 세트를 사용하여 신경망을 학습하는 경우 w와 b로 표시된 모든 가중치(weight)와 편향(bias)의 최적값을 결정하여 오류 또는 비용을 최소화하는 것이 과제다(Cilimkovic 2015).

회귀 문제의 경우 사용되는 가장 일반적인 손실 함수는 일반 최소 제곱 함수(ordinary least square function, 관측된 값과 네트워크 출력값의 제곱 차이)이다. 분류 문제의 경우 가장 일반적으로 사용되는 손실 함수는 교차 엔트로피 손실 함수(cross-entropy loss function)이다. 손실 함수를 최소화하기 위해, 경사 하강 알고리즘은 후방 전파 알고리즘(back propagation algorithm)을 통해 오류는 네트워크를 통해 반대 방향으로 피드백 된다. 알고리즘은 이 정보를 사용하여 오류 함수의 값을 약간 줄이기 위해 각 연결의 가중치를 조정하여 학습한다. 조정 정도를 학습률(learning rate)이라고 한다. 이 과정을 충분히 많은 훈련 주기 동안 반복하면 네트워크는 계산의 오류가 작은 상태로 수렴한다.

➕ Backpropagation Neural Net 알고리즘

입력: 학습 데이터(training dataset), 학습률(learning rate), 반복횟수(epochs)

처리: 정해진 반복 횟수(epochs) 또는 결과가 수렴될 때까지 아래의 과정을 반복적으로 수행한다.

1. 전달 패스(Forward Pass): 프로세스는 입력 데이터 세트와 임의의 가중치(weights)로부터 시작된다. 이 데이터는 신경망의 계층을 통해 전달된다. 각 층은 입력을 처리하고 그 결과를 다음 층으로 전달하는 뉴런(노드)으로 구성된다. 결국 네트워크는 출력을 생성한다.

2. 계산 오류(Calculate Error): 일단 네트워크가 출력을 생성하면, 우리는 그것을 실제 정답과 비교한다. 네트워크의 추측과 정답의 차이는 오류이다. 이러한 오류를 최소화하여 네트워크가 실수를 적게 하도록 하는 것이 목표이다.

3. 백워드 패스(Backward Pass; Backpropagation): 출력 레이어(마지막 레이어)에서 출발해 네트워크를 통해 뒤로 이동한다. 우리는 각각의 뉴런에 대해 그것이 전체 오차에 얼마나 기여했는지 계산한다. 각 뉴런이 오류에 얼마나 책임이 있는지 알게 되면 이 오류를 줄이기 위해 가중치를 조정한다. 이러한 조정은 오차를 가장 많이 줄이는 방향으로 가중치를 조금만 조정하는 경사 하강법(Gradient Decent) 이라는 방법을 사용하여 이루어진다.

출력: 최적화된 가중치를 갖는 Neural Network

---

4) Neural Network 모델링 사례

문제 설명

이번 분석에서는 "와인 품질 예측 문제"를 다루어 보고자 한다. 문제에 관한 설명은 2장 2절의 문제 정의를 참조하라. 본 분석에 사용할 데이터는 아래 사이트에서 받을 수 있다.

https://cafe.daum.net/selfserviceanalytics/t0vn/5

이 사이트에서 winequality-red.csv라는 파일을 받아 분석에 사용해 보자.

분석 개요

신경망을 사용한 분석은 〈그림 5.30〉과 같이 구성하였다. Read CSV를 사용하여 데이터 세트를 읽는다(①). Normalize를 사용하여 수치 값을 정규화 한다(②). 교차 검증의 수행을 위해 Cross Validation을 추가한다(③). Cross Validation의 내부 프로세스에서 Training 영역에 Neural Network을 추가하고(④), Testing에 Apply Model(⑤)과 Performance(Regression)을 추가(⑥)하여 분석 프로세스를 구성한다.

그림 5.30 Neural Network모델링 과정

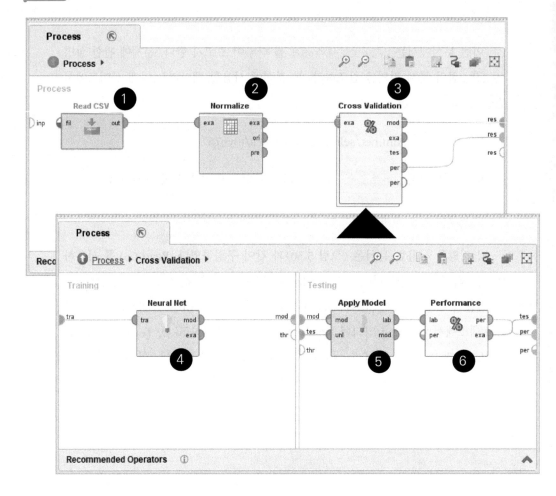

상세 분석 과정

1. K-NN 분석 과정과 동일한 방법으로 Read CSV를 활용하여 분석에 사용할 데이터 세트를 읽는다.

2. 속성값이 서로 다른 크기를 갖기 때문에 Normalize를 사용하여 정규화 작업을 수행한다. Normalize를 추가하고, 파라미터 패널에서 전체 속성에 대해서 정규화 하도록 파라미터를 설정한다. attribute filter type을 all이라고 설

정하고, method는 Z-transformation으로 설정한다.

그림 5.31 Neural Net 모델링 - Normalize 파라미터 설정

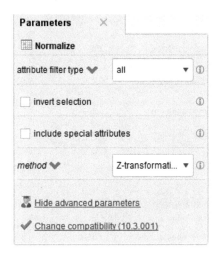

3. 교차 검증을 위해 Cross Validation을 추가한다. 파라미터 패널에서 파라미터는 다음과 같이 설정한다. 데이터 분할은 10개로 하기 위해 number of folds를 10으로 설정하고, sampling type은 automatic으로 설정한다. 랜덤화 과정을 통제하기 위해 use local random seed를 체크하고, local random seed를 1992로 설정한다.

그림 5.32 Neural Net 모델링 – Cross Validation 파라미터 설정

> **참고**
>
> enable parallel execution은 체크가 기본으로 되어 있으나, 컴퓨터 사양이 낮은 경우 메모리 사용 문제를 피하기 위해 체크를 해제하고 수행하자.

4. 모델링 작업을 위해 Cross Validation의 내부 프로세스의 Training에 Neural Net을 추가한다. Neural Net의 기본 파라미터를 변경없이 사용한다. 단, 랜덤화 과정을 통제하기 위해 use local random seed를 체크하고, local random seed를 1992로 설정한다.

그림 5.33 Neural Net 모델링 – Neural Net 파라미터 설정

5. 모델을 테스트 데이터 세트에 적용하기 위해 Apply Model을 추가한다.

6. 성과 측정은 수치 예측의 경우이기 때문에 Performance(Regression)를 사용한다. Performance(Regression)을 추가하여 root mean squared error, ab-solute error, squared correlation을 성과지표로 선택한다.

분석 결과

프로세스를 실행하면 결과 뷰의 Performance Vector(Performance) 탭에 De−
scription 메뉴를 실행하여 결과를 보자. 모델을 바꾸었지만 RMSE는 0.673으로
k-NN보다는 좋지만, Linear Regression은 약간 낮은 성과를 보인다.

그림 5.34 Neural Net 모델링 - Neural Net모델 성과 결과

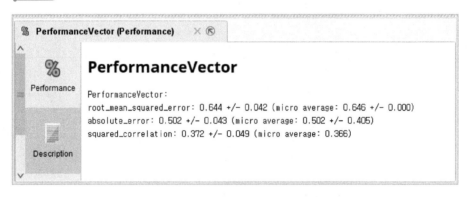

Improved Neural Net(Neural Net) 탭은 다음 그림과 같이 Neural Net에 대한 모
델 정보를 제공한다. Neural Net에 대한 구조를 보여주고 있으나, 직관적인 설명을
얻기 어렵다. K-NN에서 설명한 Explain Predictions를 사용하여 모델을 분석하는
것이 좋을 것 같다.

그림 5.35 Neural Net 모델링 - Neural Net모델

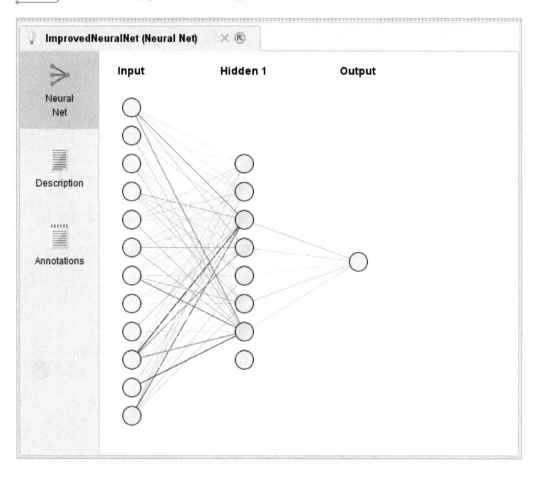

Neural Net 하이퍼파라미터 최적화

Neural Net은 모델 성과에 영향을 미치는 하이퍼파라미터는 〈표 5.1〉에 정리되어 있다.

표 5.1 Neural Net의 주요 하이퍼파라미터

파라미터	모델 영향
hidden layers	은닉층의 크기를 설정(hidden layer sizes)하여 모델 구조를 정의한다. 기본적으로 1개의 노드가 생성되며 크기는 (number of attributes + number of classes)/2 + 1를 계산하여 추가된다. 분석가는 임의의 은닉층과 크기를 설정할 수 있다.
training cycles	학습 반복 횟수를 설정한다. 기본값은 200이지만, 복잡한 관계일수록 더 큰 횟수를 설정해야 한다.
learning rate	학습에서 반복 학습 수행 시 가중치 변경의 양을 결정한다. 기본값은 0.01이지만 감소 또는 증가시킬 수 있다. 작을수록 정확한 가중치 계산이 가능하겠지만, 수렴에 어려움이 있을 수 있다. 반대로 크면 가중치의 최적값을 지나칠 수 있다.
momentum	이것은 단순히 이전 가중치 업데이트의 일부를 현재 가중치 업데이트에 추가한다. 이는 로컬 최대화를 방지하고 최적화 방향을 매끄럽게 한다. 기본값은 0.9이다.

그림 5.36 Neural Net 모델링 - Optimize Parameters(Grid) 설정

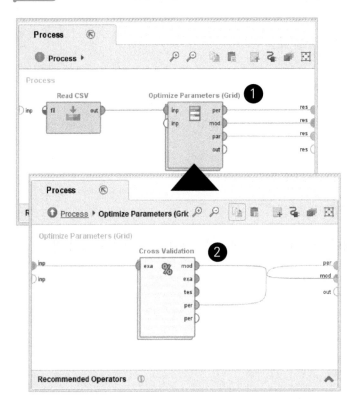

1. 은닉층의 개수나 구조를 선택하는 작업은 매우 어렵다. 절대적인 답변은 없지만, 다음과 같이 결정하는 데 도움이 될 수 있는 몇 가지 지침과 고려 사항을 소개한다.

간단한 시작: 비교적 간단한 아키텍처로 시작하여 성능에 따라 점진적으로 복잡성을 증가시킨다. 특히 데이터 세트가 지나치게 복잡하지 않은 경우, 많은 문제에 대해 단일 은닉 계층으로 충분할 수 있다.

깊이를 사용한 실험: 검증 데이터 세트를 사용하여 더 많은 은닉 계층을 점진적으로 추가하고 성능에 미치는 영향을 관찰한다. 더 깊은 네트워크(숨겨진 계층이 더 많은 네트워크)는 데이터에서 더 복잡한 패턴을 포착할 수 있지만, 특히 데이터 세트가 작은 경우 과적합되기 쉬울 수 있다.

데이터 세트 크기 고려: 작은 데이터 세트가 있는 경우, 과적합을 피하기 위해 일반적으로 더 얕은 네트워크가 권장된다. 더 큰 데이터 세트를 사용하면, 더 깊은 아키텍처가 더 많은 미묘한 패턴을 캡처하는 데 도움이 될 수 있다.

요약하면, 신경망에서 은닉층의 수를 결정하는 규칙은 정해진 것이 없지만, 일반적으로 경험적 성능을 바탕으로 단순하게 시작하여 점진적으로 복잡도를 증가시키는 것이 좋다. 은닉층의 파라미터를 조정하려면, Neural Network의 파라미터 패널에서 hidden layers의 Edit List 버튼을 클릭한 후 다이얼로그에서 hidden layer name은 1st, 2nd로 설정한다. hidden layer sizes는 -1로 하면 경우 노드의 개수를 아래의 공식을 사용하여 설정한다(그림 5.36).

$$\frac{(\text{number of attributes} + \text{number of classes})}{2} + 1$$

그림 5.37 Neural Net 모델링 – 은닉층 최적화

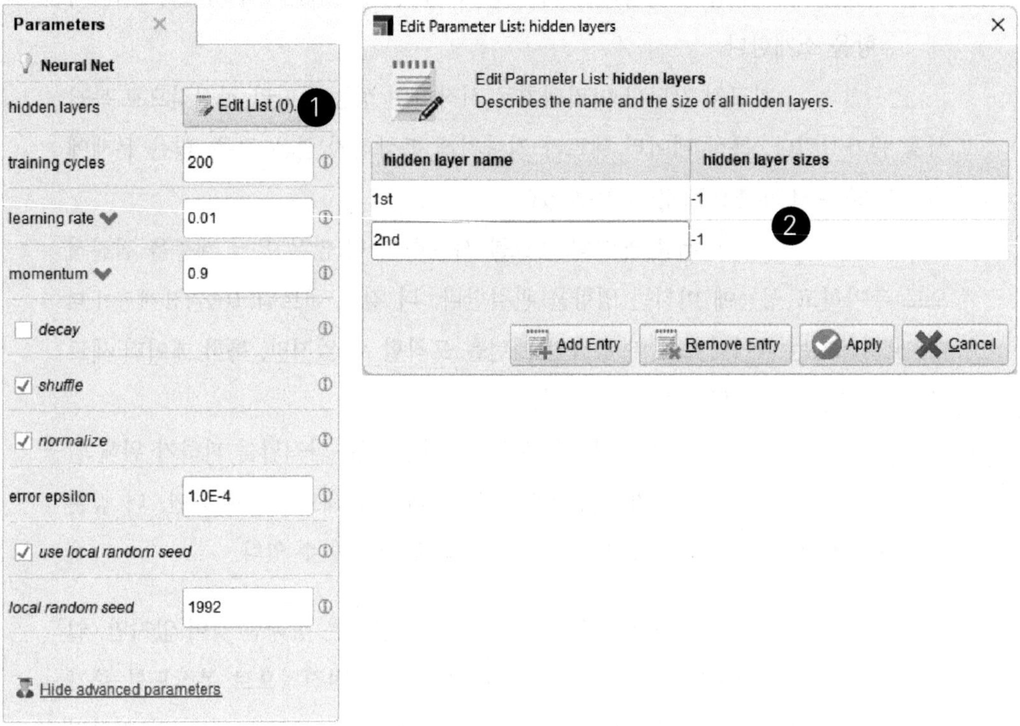

2. 다른 파라미터는 Optimize Parameters(Grid)를 사용하여 최적화를 수행한
   다. Optimize Parameters(Grid)를 추가한다(그림 5.37 ①).

3. Optimize Parameters(Grid)을 선택한 후 Cross Validation을 잘라서 내부 프
   로세스에 붙여 넣는다(그림 5.37 ②).

4. Optimize Parameters(Grid)의 파라미터 패널에서 Edit Parameters Settings
   버튼을 클릭하여 Select Parameters: Configure Operator 다이얼로그를 활
   성화 한다.

5. 다이얼로그에서 training cycles, learning rate, momentum을 〈그림 5.38〉
   과 같이 설정한다. Grid/Range에서 Min, Max, Steps를 설정하여 training

cycles = [100, 200, 300, 400, 500], learning rate = [0.001, 0.013, 0.028, 0.038, 0.050], momentum=[0.700, 0.800, 0.900]가 설정되도록 한다.

그림 5.38 Neural Net 모델링 - training cycles, learning rate, momentum 파라미터 설정

(a) Training cycles 설정

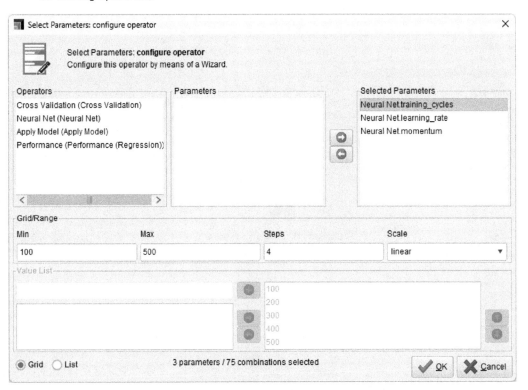

(b) Learning rate 설정

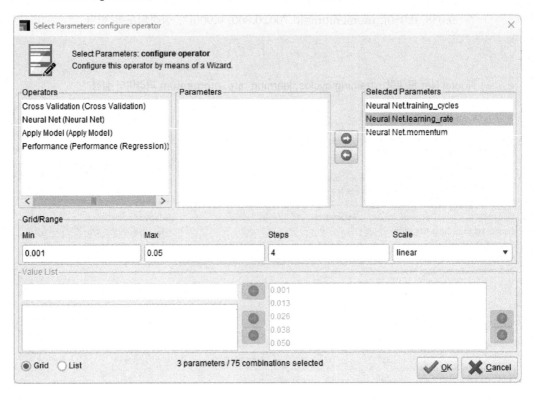

(c) Momentum 설정

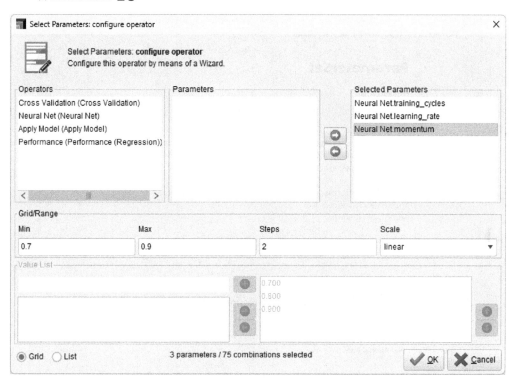

Neural Net 파라미터 최적화 결과

프로세스를 실행하여 파라미터 최적화 결과를 확인해 보자. 최적의 모델은 training cycles=300, learning rate=0.05, momentum=0.7일 때 달성되었으며, 최적의 RMSE는 0.641+/- 0.034로 Linear Regression보다 성과가 좋다.

Improved Neural Net(Neural Net) 탭을 클릭하여 모델의 구조를 확인해 보자.

그림 5.39 Neural Net 모델링 – 최적화 수행 후 Neural Net의 성과지표

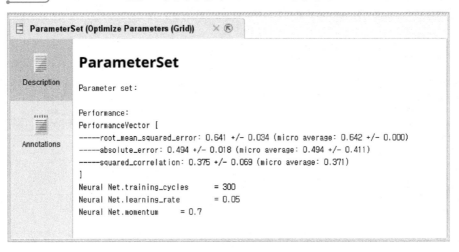

그림 5.40 Neural Net 모델링 – 최적화 수행 후 Neural Net의 모델

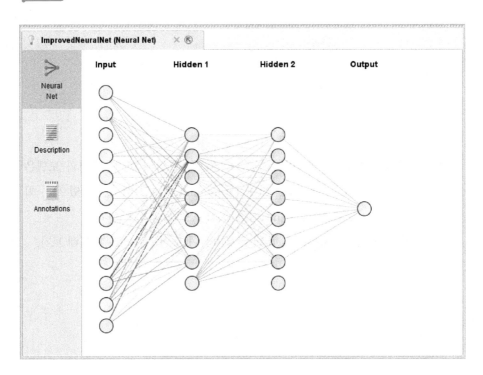

5) 분석 요약

이번 절에서는 Neural Net을 활용한 모델링 기법에 대해서 배웠다. Neural Net은 수치 예측에 있어 탁월한 성과를 가져올 수 있는 기법이지만, 좋은 성과를 달성하기 위해서는 파라미터의 조정을 잘 수행해야 한다. 또한 Neural Net의 경우 예측에 대한 설명이 어려운 블랙박스 모델이기 때문에 Explain Predictions를 잘 사용하는 것이 필요하다. 이상의 3개 절에서는 수치 예측 문제에 적용할 수 있는 k-NN, Linear Regression, Neural Net에 대해서 학습을 했다. 다음 절에서는 분류 예측에 활용될 수 있는 기법에 대해서 학습하도록 하자.

5.4.4 Naïve Bayes모델링 기법

1) 개념

Naïve Bayes는 베이즈 이론에 기반을 둔 모델링 기법이다. 사례의 속성값을 반영하여 레이블의 특정한 범주값이 발생하는 확률을 계산하여 발생 확률이 더 큰 레이블값으로 예측을 한다. Naïve라는 용어를 사용하는 이유는 확률 계산을 단순화하기 위해 데이터 세트를 구성하는 속성이 서로 독립적이라는 가정에 근거하고 있기 때문이다.

오늘날 우리가 알고 있는 Naïve Bayes는 한 논문에서 비롯된 것이 아니라, 시간이 지남에 따라 널리 사용되고 응용되어 온 베이즈 정리에 기초한 확률론적 모델이다. Naïve Bayes의 기본 원리는 확률과 통계학의 초기 연구, 특히 토마스 베이즈의 연구로 거슬러 올라갈 수 있다. 그러나 기계 학습과 텍스트 분류의 현대적 응용을 위해 여러 주요 논문과 기여가 Naïve Bayes의 사용과 이해를 형성하는 데 도움이 되었다(Jurafsky and Martin 2024).

2) 용어

Naïve Bayes 확률 이론에 기반을 두고 있어 확률에 대한 기본적인 개념을 알아야 한다. 다음의 예제는 날씨 예보(Outlook)과 골프 플레이 여부(Play)를 정리한 데이터인데 이를 사용하여 Naïve Bayes와 관련된 용어를 이해해 보자.

표 5.2 **골프 데이터 세트(Outlook과 Play만 표시)**

id	Outlook	Play
0	Rainy	Yes
1	Sunny	Yes
2	Overcast	Yes
3	Overcast	Yes
4	Sunny	No
5	Rainy	Yes
6	Sunny	Yes
7	Overcast	Yes
8	Rainy	No
9	Sunny	No
10	Sunny	Yes
11	Rainy	No
12	Overcast	Yes
13	Overcast	Yes

결합 확률(Joint Probability): 결합 확률은 사건 A와 사건 B가 동시에 발생할 확률이다. 예를 들어, Rainy와 Yes의 결합 확률은 Outlook이 Rainy일 때, Play가 Yes일 확률을 말하며 아래와 같이 계산된다.

$$\text{Joint Probaility(Rainy, Yes)} = \frac{2}{14} = 0.1428$$

한계 확률(Marginal Probability): 한계 확률은 두 개 이상의 사건에 대한 결합확률이 있을 때, 하나의 사건에 대한 확률을 말한다. 위의 예제에서 Outlook = Rainy의 확률 또는 Play = Yes일 확률을 의미한다.

$$\text{Marginal Probaility(Rainy)} = \frac{4}{14} = 0.2857$$

$$\text{Marginal Probaility(Yes)} = \frac{10}{14} = 0.7143$$

Bayes Theorem: Bayes Theorem에 따르면 사건 B가 발생한 상태에서 사건 A가 발생할 조건부 확률을 P(A|B), 즉 사후확률(posterior)은 다음과 같이 얻을 수 있다.

사전 확률   우도
prior   likelihood

$$P(A|B) = P(A) \times \frac{P(B|A)}{P(B)}$$

사후 확률   한계 확률
posterior   marginal

여기에서 P(B|A)는 가능도(likelihood)라고 하고 나누는 P(B)는 한계확률로 정규화 상수(normalizing constant) 또는 증거(evidence)라고 한다. 예를 들어, 비가 올 때 Play=Yes일 확률은 어떻게 구할까? 베이즈 정리를 적용하면 아래와 같이 계산할 수 있다.

$$P(\text{Yes} \mid \text{Rainy}) = P(\text{Yes}) \times \frac{P(\text{Rainy}|\text{Yes})}{P(\text{Rainy})}$$

$$P(\text{Yes} \mid \text{Rainy}) = 0.7143 \times \frac{0.2}{0.2857} = 0.5000$$

3) 작동 방법

Naïve Bayes에서 모든 차원의 개별 독립변수가 서로 조건부독립(conditional independent)이라는 가정을 사용한다. 이러한 가정 하에 차원의 독립 변수$(x_1, x_2, \cdots, x_n)$가 주어질 경우 특정한 레이블값 y가 발생할 확률은 아래와 같이 계산한다.

$$P(y|x_1, \cdots, x_n) = \frac{P(x_1|y)P(x_2|y)...P(x_n|y)P(y)}{P(x_1)P(x_2)... P(x_n)}$$

분류 예측의 경우 특정한 속성에 따라 레이블 값y의 발생 확률을 계산할 때 위의 공식을 사용할 수 있는데, 어떤 레이블값을 계산하든 분모 부분은 같기 때문에, 실제로는 분자 부분의 크기만 계산하여 어떤 값이 더 큰지에 따라 어떤 분류로 분류할 것인지 결정할 수 있다.

$$P(y|x_1, \cdots, x_n) \propto P(y)\prod_{i=1}^{n}P(x_i|y)$$

Naïve Bayes는 여러 속성을 가진 경우 속성이 모두 독립적이라는 가정하에 분류 모델을 학습한다. 이 가정이 전혀 검증되지 않았고, 모든 요소가 종종 독립적이지 않기 때문에 순진한(naïve) 알고리즘이라 한다. 그러나 Naïve Bayes는 대규모 데이터에 적용되었을 때 높은 정확성과 빠른 학습을 할 수 있다는 장점이 있다.

➕ **Naïve Bayes 알고리즘 모델 학습**

입력: 학습 데이터(training dataset)

처리

1. 한계확률(Marginal Probability) 계산: 각 레이블값에 대한 한계확률(또는 사전확률 prior probability) ()을 계산한다.
2. 결합확률(Joint Probability) 계산: 각 레이블값에 대해 각 속성의 값의 결합확률(또는 조건부 확률 conditional probability)을 계산한다.

출력: 한계확률과 결합확률

예측: 사례가 주어지는 경우 한계확률과 결합확률을 사용하여 속성이 주어진 경우 레이블값이 발생할 확률을 다음의 공식을 사용하여 예측한다.

---

4) Naïve Bayes 분석 사례

분석 개요

본 분석에서는 "소득 예측 문제"를 다루도록 할 것이다(2.4.2, 3.2.4 참고). 데이터 세트에 대한 정보와 데이터는 다음 웹사이트에서 가져올 수 있다. 데이터 세트 중에서 adult_train.csv 데이터 세트를 사용할 것이다.

https://cafe.daum.net/selfserviceanalytics/t0vn/7

통계 데이터와 차트를 사용하여 데이터 이해 작업을 수행해 보라. 여기에서는 데이터 준비와 모델링에 중점을 두어 설명하도록 할 것이다.

분석 개요

〈그림 5.41〉은 Naïve Bayes를 활용한 데이터 분석 과정을 보여준다. Read CSV를 사용하여 데이터 세트를 읽는다. Split Validation을 사용하여 분할 검증을 수행할 것이다(5.3.1 참고). Split Validation 내부에 Training영역에 Naïve Bayes를 추가하고, Testing영역에는 Apply Model과 Performance(Binomial)을 추가한다.

그림 5.41 │ Naïve Bayes 모델링 – 분석 개요

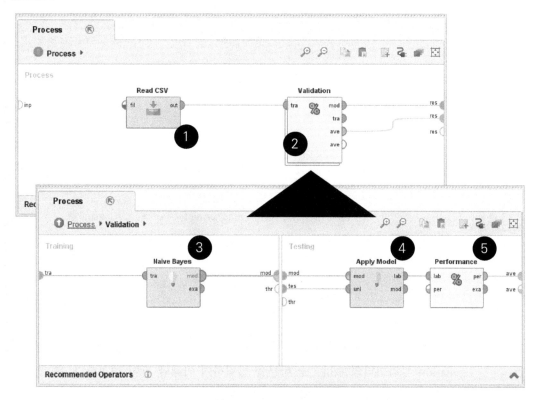

상세 분석 과정

1. Read CSV를 추가하여 adult_train.csv 데이터 세트를 읽는다. 파라미터 패
   널에서 Import Configuration Wizard 버튼을 클릭하여 읽어오는 환경을 설
   정한다(①). Important configuration wizard의 상세한 설정 방법은 데이터
   이해 단계의 설명을 참조하라(3.2.2 참조). 데이터의 형식과 역할, 속성의 선
   택은 여기서 하지 않고 dataset meta data information을 사용하여 설정할
   것이다. dataset meta data information의 Edit List ⋯ 버튼을 클릭하라(②).

그림 5.42) Naïve Bayes모델링 – Read CSV 설정

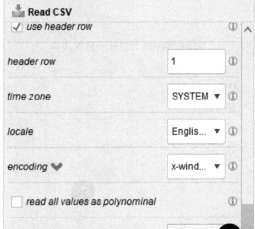

데이터값의 형식이나 역할은 파라미터 패널의 dataset meta data infor-
mation 파라미터의 Edit List 버튼을 클릭하여 아래와 같이 설정한다. 속
성 중에서 fnlwgt는 사용하지 않기 때문에 체크를 해제했다. 성별을 나타내

는 속성 sex는 이진 범주이기 때문에 값 유형을 binomial로 변경했다. 속성 income은 예측하고자 하는 변수이기 때문에 label로 역할을 변경하였고, 이항 범주 속성이기 때문에 값 유형을 binomial로 변경했다. 설정을 완료한 후 Apply 버튼을 클릭하여 프로세스를 종료한다.

그림 5.43) Naïve Bayes모델링 – dataset meta data information 설정

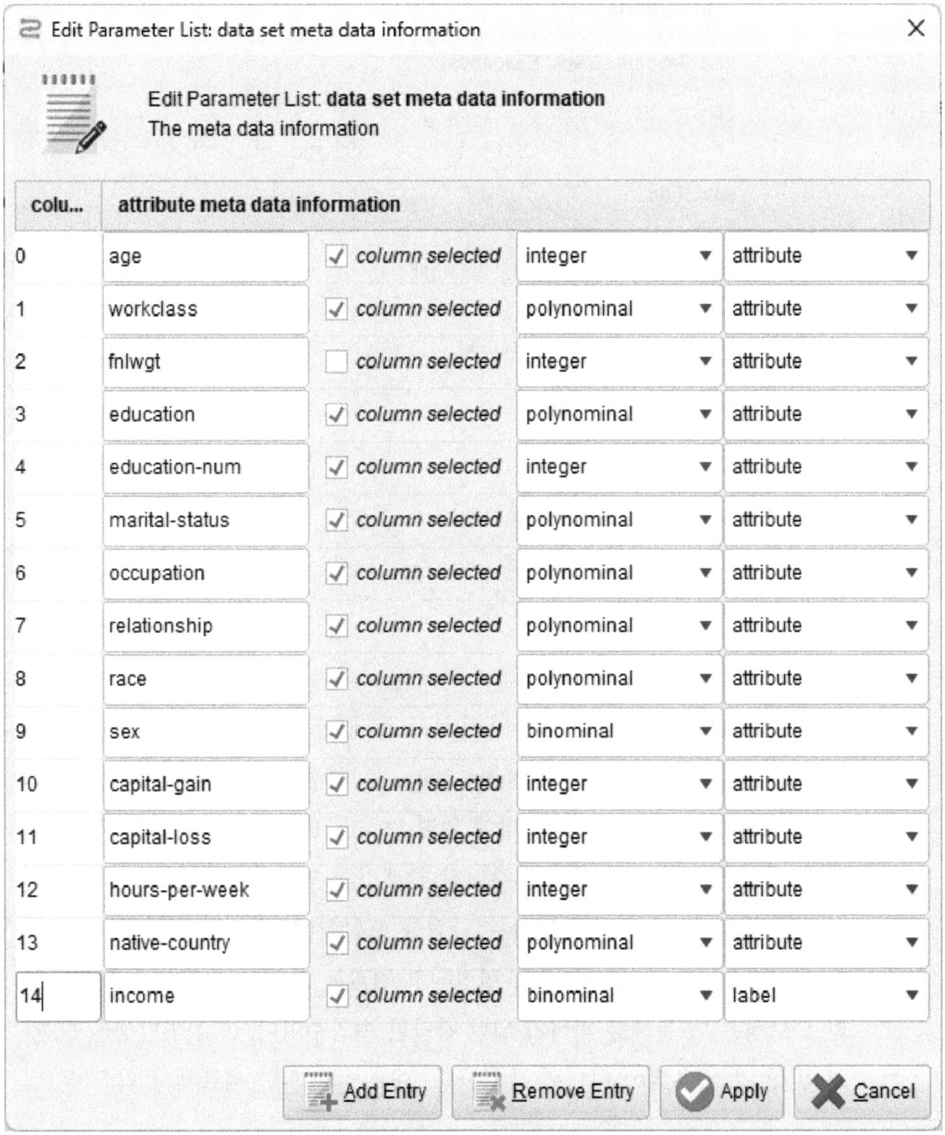

colu...	attribute meta data information			
0	age	✓ column selected	integer ▼	attribute ▼
1	workclass	✓ column selected	polynominal ▼	attribute ▼
2	fnlwgt	column selected	integer ▼	attribute ▼
3	education	✓ column selected	polynominal ▼	attribute ▼
4	education-num	✓ column selected	integer ▼	attribute ▼
5	marital-status	✓ column selected	polynominal ▼	attribute ▼
6	occupation	✓ column selected	polynominal ▼	attribute ▼
7	relationship	✓ column selected	polynominal ▼	attribute ▼
8	race	✓ column selected	polynominal ▼	attribute ▼
9	sex	✓ column selected	binominal ▼	attribute ▼
10	capital-gain	✓ column selected	integer ▼	attribute ▼
11	capital-loss	✓ column selected	integer ▼	attribute ▼
12	hours-per-week	✓ column selected	integer ▼	attribute ▼
13	native-country	✓ column selected	polynominal ▼	attribute ▼
14	income	✓ column selected	binominal ▼	label ▼

Edit Parameter List: data set meta data information

Edit Parameter List: **data set meta data information**
The meta data information

Add Entry   Remove Entry   Apply   Cancel

2. 분할 검증을 위해 Split Validation을 프로세스 패널에 추가하고, 파라미터를 아래와 같이 설정하여 70%의 데이터 세트는 학습 데이터 세트로 30%는 검증 데이터 세트로 사용하도록 한다.

그림 5.44 Naïve Bayes 모델링 – Split Validation 파라미터 설정

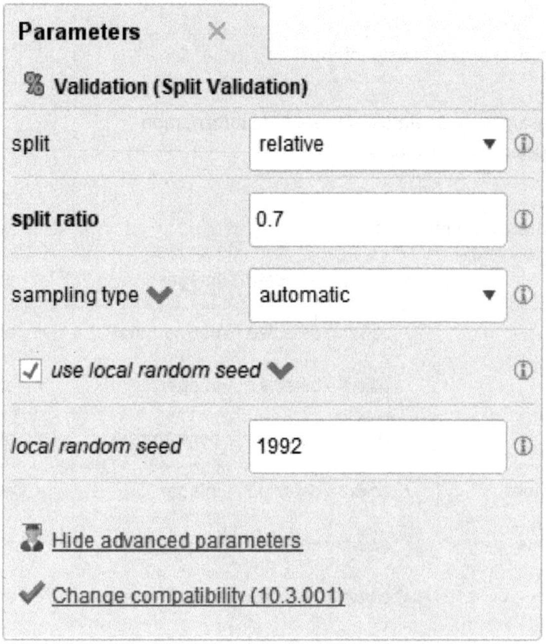

3. Split Validation을 더블 클릭하여 내부 프로세스로 들어가서 Training 영역에 Naïve Bayes를 추가한다. Naïve Bayes는 설정해야 할 파라미터가 la－place correction(라플라스 보정)밖에 없다. Naïve Bayes의 단순성은 학습 데이터 내에서 주어진 속성값이 주어진 클래스의 맥락에서 발생하지 않으면 조건부 확률이 0으로 설정된다는 약점을 포함한다. 이 0값이 다른 확률과 함께 곱해질 때, 그 값도 0으로 설정되고 결과는 오해의 소지가 있다. 라플라스 보정은 이 문제를 피하기 위한 간단한 속임수이며, 0 값의 발생을 피하기 위해 각 카운트에 하나씩 추가한다. 대부분의 훈련 세트에서 각 카운트

에 하나씩 추가하는 것은 추정된 확률에 무시할 수 있는 영향만 미친다. 일반적으로 이것을 체크한다(그림 5.45).

그림 5.45 Naïve Bayes모델링 – Naïve Bayes 파라미터 설정

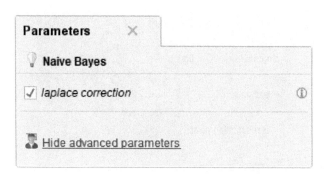

4. Apply Model을 추가하여 모델을 검증 데이터에 적용하도록 한다.

5. 모델 적용 결과를 Performance(Binomial)으로 처리하여 성과지표를 계산할 수 있도록 한다. Accuracy, AUC, precision, recall, f1-measure를 측정하도록 평가지표를 선택한다(그림 5.46).

그림 5.46 Naïve Bayes 모델링 – Performance(Binomial)의 성과지표 선택

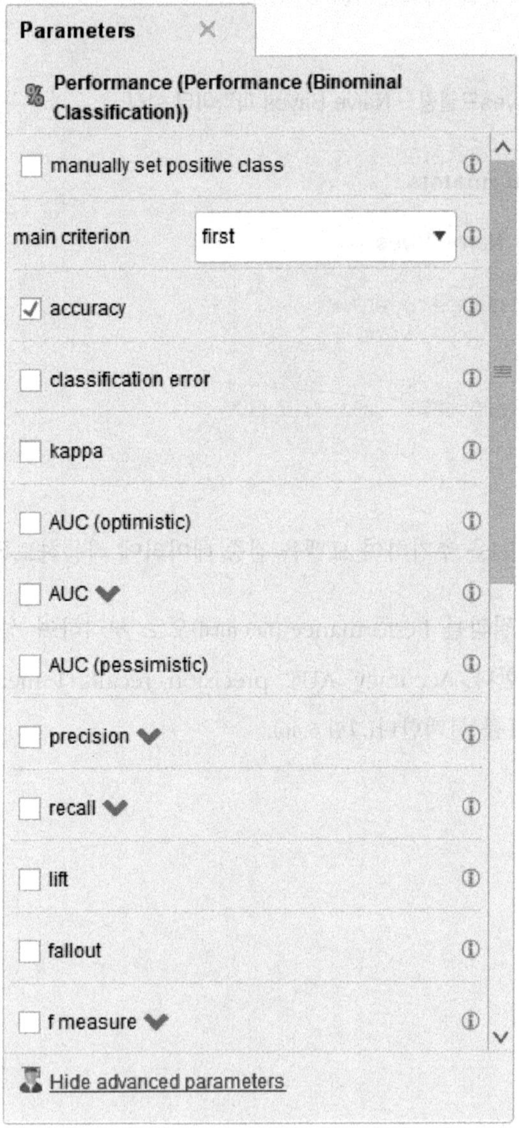

Parameters ✕

% Performance (Performance (Binominal Classification))

☐ manually set positive class ⓘ

main criterion [first ▼] ⓘ

☑ accuracy ⓘ

☐ classification error ⓘ

☐ kappa ⓘ

☐ AUC (optimistic) ⓘ

☐ AUC ✔ ⓘ

☐ AUC (pessimistic) ⓘ

☐ precision ✔ ⓘ

☐ recall ✔ ⓘ

☐ lift ⓘ

☐ fallout ⓘ

☐ f measure ✔ ⓘ

⏳ Hide advanced parameters

분석 결과

프로세스를 실행하면 Naïve Bayes의 성과 지표를 확인할 수 있다. 프로세스 실행 후 Performance Vector(Performance) 탭을 선택한 후 Description 메뉴를 실행하면 선택한 성과 지표 결과를 확인할 수 있다. Performance Vector(Performance) 탭의 내용을 정리하면 〈그림 5.47〉과 같다. 정확도는 83.00%이고, 정밀도 70.22%, 재현율 51.02%, f1-measure는 59.10%이다. 좋은 성과는 아닌 것 같다. 그러나, Naïve Bayes를 사용해서 성과를 개선할 뚜렷한 방법이 없다. 다른 모델링 방법을 시도해 봐야 할 것 같다.

그림 5.47 Naïve Bayes모델링 - 성과 지표

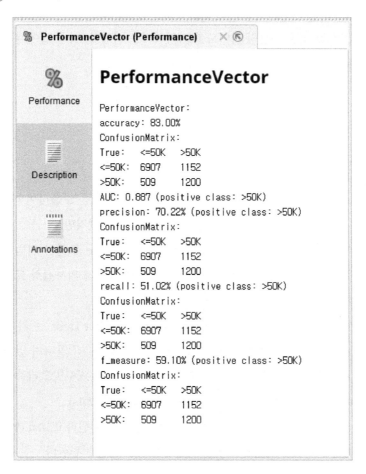

⛬ 참고

프로세스에서 Naïve Bayes를 k-NN으로 변경하여 성과를 확인해 보자. K-NN은 수치 예측만 아니라, 분류 예측에도 사용할 수 있다.

5) 분석 요약

이번 절에서는 통계 이론에 기반을 둔 Naïve Bayes에 대해서 학습을 했다. Naïve Bayes는 단순한 접근 방법이지만, 분류 문제에 대해 기본적인 성과를 낸다. 범주 예측 분야에만 사용할 수 있다는 단점이 있다. 현재 결과는 재현율이 낮아 전반적으로 f1-measure의 성과가 낮다는 한계가 있다. 또한 전체 예측에 대한 확률을 알 수 있지만, 개별 속성의 기여도를 파악하기는 어렵다. 다음 절에서는 Decision Tree로 불리는 분석 방법에 대해 학습하고자 한다.

5.4.5 Decision Tree모델링 기법

1) 개요

Decision Tree는 문제 공간을 분할하는 의사결정 규칙을 도출하여 레이블값을 예측한다. 초기의 알고리즘에서 레이블값은 범주 유형이었지만, 최근에는 수치 유형 문제에도 적용할 수 있도록 확장되었다. Decision Tree 모델링 기법에는 하나의 의사결정 트리 모델을 생성하여 예측하는 모델과 다수의 의사결정 트리 모델을 함께 사용하는 앙상블 모델(ensemble models)이 있다.

1986년 J. Ross Quinlan의 논문 "Induction of Decision Trees"는 기계 학습 분야에 의사결정 나무를 도입한 독창적이고 중요한 연구로 널리 알려져 있다(Quinlan 1986). 이 논문에서 설명하는 ID3 알고리즘은 더 강력한 C4.5 알고리즘을 포함한 수많은 후속 발전에 영향을 미치며 기초가 되었다(Quinlan 2014).

AI Studio는 Decision Tree를 사용하여 단일 모델을 지원하고, Random Forest (RF), Gradient Boosted Trees(GBT)를 통해 앙상블 모델을 지원한다.

2) 용어

루트 노드(root node): 루트 노드는 의사 결정 트리가 시작되는 노드를 나타내며, 분할 되기 전에 전체 데이터 세트를 포함하는 노드를 나타낸다. 루트 노드는 의사결정 트리에서 생략될 수 있다.

의사결정 노드(decision node): 속성을 나타내며, 속성값의 조건에 따라 하위 노드로 데이터 세트의 사례가 분할(splitting)된다. 데이터 세트가 속성값에 따라 분할되는 경로를 가지(branch)라고 한다. 현재 노드를 생성한 노드를 부모 노드(parent node), 현재 노드에 의해 만들어진 노드를 자식 노드(child node)라고 한다.

리프 노드(leaf node) 또는 최종 노드(terminal node): 리프 노드는 최종 출력 노드이며, 리프 노드를 얻은 후 트리를 더 이상 분리할 수 없다.

그림 5.48) Decision Tree 구성 요소

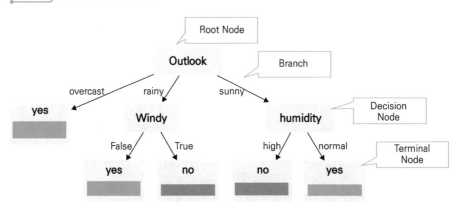

속성 선택 척도(Attribute Selection Measures; ASM): Decision tree를 구현하는 동안 루트 노드와 서브 노드에 대해 어떻게 최적의 속성을 선택할 것인가 하는 문제가 발생한다. 이 문제를 해결하기 위해 속성 선택 척도를 사용한다. 이 척도를 측정하여 트리의 노드가 될 최적의 속성을 쉽게 선택할 수 있다. 속성 선택 척도에는 정보 획득(information gain), 정보획득 비율(information gain ratio), 지니 지수(Gini index), 최소 오류(least square) 등이 있다.

3) 작동 방법

어떻게 Decision Tree의 모델을 생성할 수 있을까? 먼저 직감적인 방법을 사용하여 설명해 보자. 〈그림 5.49〉은 보면 X와 Y 속성을 갖는 긍정과 부정 사례를 보여주는 문제 공간이다. 문제 사례가 들어왔을 때 무엇으로 예측해야 할까? 문제 공간을 X0로 분할한 후, 우측의 공간을 Y0로 추가로 분할하고, 좌측의 공간을 Y1으로 분할할 수 있다면 문제 사례는 부정 사례라고 예측할 수 있다. 이것을 Decision Tree 형태로 나타내면, 우측의 형태로 변경할 수 있다. 의사 결정이 내려진 규칙은 다음과 정리할 수 있다.

IF X≥X0 and Y≥ Y0 THEN Label=False

그림 5.49 Decision Tree 알고리즘

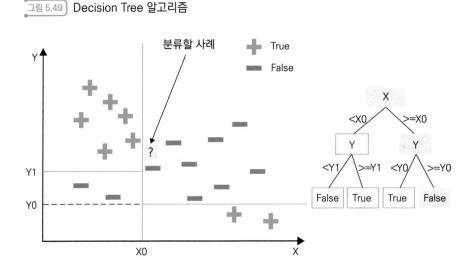

문제는 의사 결정 경계를 결정하는 방법에 있다. 다양한 알고리즘이 제안되었는데 간략한 버전의 알고리즘이 다음 박스에 제시되어 있다. 실제 알고리즘은 더 복잡할 수 있으나, 여기에 설명된 알고리즘만으로도 Decision Tree의 핵심은 충분히 이해할 수 있다. Decision Tree 모델링을 시작하기 전에 먼저 Decision Tree 생성 종료 조건을 설정한다. 모든 Decision Tree는 정지 기준이 필요하다. 그렇지 않으면 각 사례가 자신의 노드를 차지하는 트리를 성장시키는 것이 가능하고 바람직하지 않다. 결과적으로 생성되는 트리는 계산 비용이 많이 들고, 해석이 어려우며, 새로운 데이터에서는 잘 작동하지 않을 수 있다.

Decision Tree에서 사용하는 정지 기준은 다음과 같은 것들이 있다.

- 노드의 사례 수가 미리 지정된 일부 제한보다 적은 경우
- 노드의 순도는 미리 지정된 어떤 한계 이상인 경우
- 노드의 깊이가 미리 지정된 일부 제한을 초과한 경우
- 모든 사례에 대한 예측 변숫값이 동일한 경우

➕ Decision Tree 모델링

전제조건: Decision Tree 생성 종료 조건

입력: 학습 데이터 세트

처리

1. 루트 노드로 트리를 시작한다. S는 전체 데이터 세트를 포함한다.
2. 속성 선택 척도를 사용하여 데이터 세트에서 최상의 속성을 찾는다.
3. S를 최상의 속성에 대한 가능한 값을 포함하는 부분 데이터 세트로 나눈다.
4. 최상의 속성을 포함하는 의사결정 트리 노드를 생성한다.
5. 3단계에서 생성한 데이터 세트의 부분 데이터 세트를 이용하여 재귀적으로 새로운 의사결정 트리를 만든다. 단, 의사결정트리 정지 조건을 만족하면 학습을 종료한다.

출력: 의사결정 트리 모델

---

4) 속성 선택 척도 계산 예시

다음의 골프 데이터 세트로 알려진 다음의 데이터를 사용하여 Information gain, Information gain ratio, Gini index 등을 계산해 보자.

표 5.3 Golf 데이터 세트

id	Outlook	Temp	Humidity	Windy	Play Golf
1	Rainy	Hot	High	FALSE	No
2	Rainy	Hot	High	TRUE	No
3	Overcast	Hot	High	FALSE	Yes
4	Sunny	Mild	High	FALSE	Yes
5	Sunny	Cool	Normal	FALSE	Yes
6	Sunny	Cool	Normal	TRUE	No
7	Overcast	Cool	Normal	TRUE	Yes
8	Rainy	Mild	High	FALSE	No
9	Rainy	Cool	Normal	FALSE	Yes
10	Sunny	Mild	Normal	FALSE	Yes
11	Rainy	Mild	Normal	TRUE	Yes
12	Overcast	Mild	High	TRUE	Yes
13	Overcast	Hot	Normal	FALSE	Yes
14	Sunny	Mild	High	TRUE	No

Information Gain

주어진 데이터 세트 x가 n개의 레이블값을 가진다면 엔트로피(Entropy)는 다음과 같은 공식으로 계산한다.

$$E(X) = -\sum_{i=1}^{n} p_i \log_2 (p_i)$$

여기서 P_i는 x의 클래스 i의 확률을 나타내며, n은 클래스의 개수를 말한다. 만약 모든 사례가 하나의 레이블값에 속하면 엔트로피는 0이 되고, 사례가 균등하게 긍정과 부정 클래스에 분산되어 있으면 엔트로피는 1.0이 된다.

골프 데이터 세트를 보면 전체 데이터 세트(S)은 14개의 사례로 구성되어 있는데, yes 클래스가 9개 no 클래스가 5개이다. 이 경우에 엔트로피는 다음과 같이 계산한다.

$$\text{Entropy(S)} = -((9/14 \times \log_2(9/14) + (5/14 \times \log_2(5/14))$$
$$= -(0.64 \times (-0.64) + 0.36 \times (-1.49))$$
$$= -(-0.41 - 0.53) = 0.94$$

정보 획득(Information gain)은 데이터 세트를 어떤 속성 X로 분할하여 부분 데이터 세트를 만들고, 부분 데이터 세트의 엔트로피를 계산한 후 엔트로피가 얼마나 감소했는지를 측정하는 지표다. Entropy(S)가 분할 전 엔트로피, Entropy(X)는 속성 X로 분할한 후 엔트로피를 나타내면, Entropy(S)와 Entropy(X)의 차이가 X 속성으로 데이터를 분할한 후 정보획득이다.

$$\text{Information Gain(S, X)} = \text{Entropy(S)} - \text{Entropy(X)}$$

예를 들어, Outlook 속성으로 데이터 세트를 분할한 후 엔트로피를 계산해 보자. 먼저 속성값(Overcast, Rainy, Sunny)에 따라 분할하여 빈도를 만들면 아래 표와 같다. 속성값 별로 분할 비율은 0.29, 0.36, 0.36이 된다. 또한 Yes, No의 분할 비율을 계산한 후 '부분 데이터 세트 엔트로피'를 계산한 후 분할 비율의 가중합을 통해 전체 엔트로피를 구하면 0.69가 된다.

표 5.4 Outlook으로 분할 시 엔트로피 계산

	No	Yes	Total	Ratio	p(No)	p(Yes)	하위세트 엔트로피	엔트로피 가중합
Overcast		4	4	0.29	0.00	1.00	0.00	0.00
Rainy	3	2	5	0.36	0.60	0.40	0.97	0.35
Sunny	2	3	5	0.36	0.40	0.60	0.97	0.35
Total	5	9	14	1.00	0.36	0.64		0.69

Outlook 속성의 정보 획득[Information Gain(Outlook)]은 분할 전 엔트로피(Entro-py(S)에서 데이터 세트 분할 후 엔트로피[Entropy(Outlook)]를 빼면 구할 수 있다.

Information Gain(Outlook) = Entropy(S) – Entropy(Outlook)

즉, 다음과 같이 계산된다.

Information Gain(Outlook)=0.94 – 0.69=0.25

같은 방식으로 Temperature, Humidity, Windy 등의 정보 획득을 계산할 수 있다.

표 5.5 Temperature로 분할 시 엔트로피 계산

	No	Yes	Total	Ratio	p(No)	p(Yes)	하위세트 엔트로피	엔트로피 가중합
Cool	1	3	4	0.29	0.25	0.75	0.81	0.23
Hot	2	2	4	0.29	0.50	0.50	1.00	0.29
Mild	2	4	6	0.43	0.33	0.67	0.92	0.39
Total	5	9	14	1.00	0.36	0.64		0.91

Information Gain(Temperature)=0.94 – 0.91=0.03

표 5.6 Humidity로 분할 시 엔트로피 계산

	No	Yes	Total	Ratio	p(No)	p(Yes)	하위세트 엔트로피	엔트로피 가중합
High	4	3	7	0.50	0.57	0.43	0.99	0.49
Normal	1	6	7	0.50	0.14	0.86	0.59	0.30
Total	5	9	14	1.00	0.36	0.64		0.79

Information Gain(Humidity)=0.94 – 0.79=0.15

표 5.7 Windy로 분할 시 엔트로피 계산

	No	Yes	Total	Ratio	p(No)	p(Yes)	하위세트 엔트로피	엔트로피 가중합
FALSE	2	6	8	0.57	0.25	0.75	0.81	0.46
TRUE	3	3	6	0.43	0.50	0.50	1.00	0.43
Total	5	9	14	1.00	0.36	0.64		0.89

Information Gain(Windy)=0.94 - 0.89=0.05

Information gain을 비교하면, Outlook 속성으로 분할할 때 가장 큰 것을 확인할 수 있다. 따라서 Outlook을 의사결정 노드로 생성하게 되며, 현 단계의 의사결정 트리 모델은 다음과 같이 생성된다.

그림 5.50 Outlook으로 데이터 세트 분할

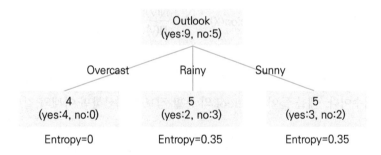

Outlook

	No	Yes	Total	Ratio	p(No)	p(Yes)	하위세트 엔트로피	엔트로피 가중합
Overcast		4	4	0.29	0.00	1.00	0.00	0.00
Rainy	3	2	5	0.36	0.60	0.40	0.97	0.35
Sunny	2	3	5	0.36	0.40	0.60	0.97	0.35
Total	5	9	14	1.00	0.36	0.64		0.69

Overcast 노드는 모든 사례가 yes이기 때문에 더 이상 분할할 이유가 없다. 따라서 Play=yes라는 리프 노드가 생성된다. 그러나 Rainy와 Sunny 노드는 yes와 no 클래스가 혼합되어 있어 더 분할할 수 있다. 따라서 각 노드에 있는 데이터 세트를 가지고 위에서 한 방법대로 정보 획득 계산과 최선의 노드 결정 과정을 반복하여 추가적인 분할을 시도한다.

Gain Ratio

Information gain은 더 많은 범주를 가진 속성의 엔트로피가 낮은 경향이 있으므로 그런 속성이 분할 속성으로 선호되는 경향이 있으며, 이는 학습 데이터의 과적합을 초래한다. Gain ratio(이득 비율)은 Split Information(분할 정보) 또는 Intrinsic Information(고유 정보)라는 공식을 사용하여 더 많은 범주를 갖는 속성에 불이익(penalty)을 줌으로써 이 문제를 완화한다. Split Information는 Information gain이 특정한 속성값에 속하는 사례의 개수에 크기에 영향을 받는다는 사실에 근거를 두며, 속성 x에 대한 Split information 다음과 같이 정의한다.

$$\text{Split Information}(X) = -\sum_{i=1}^{n} \frac{N(v_i)}{N(v)} \times \log_2 \frac{N(v_i)}{N(v)}$$

여기서 $N(v_i)$는 v_i 값을 갖는 사례의 개수, $N(v)$는 전체 사례의 개수, n은 X의 속성값의 개수이다. 예를 들어, Outlook의 분할 정보를 계산하면 아래와 같다.

$$\text{Split Information}(X) = -\frac{5}{14} \times \log_2 \frac{5}{14} - \frac{4}{14} \times \log_2 \frac{4}{14} - \frac{5}{14} \times \log_2 \frac{5}{14} = 1.527$$

Gain Ratio은 Information Gain을 Split Information로 나누어서 얻을 수 있다. 앞의 표를 참조하여 각각의 경우의 Split Information을 측정한 후 Gain Ratio를 구해 보자.

Gain Ratio(Outlook)
Split Information(Outlook) = −0.29 x LOG(0.29, 2) − 0.36 x LOG(0.36, 2) − 0.36 x LOG(0.36, 2) = 0.52+0.53+0.53 = 1.58

Gain Ratio(Outlook) = 0.25/1.58 = 0.1582

Gain Ratio(Temperature)
Split Information(Temperature) = −0.29 x LOG(0.29, 2) − 0.29 x LOG(0.29, 2) −
0.43 x LOG(0.43, 2) = 0.52+0.52+0.52 = 1.56

Gain Ratio(Temperature) = 0.03/1.56 = 0.0192

Gain Ratio(Humidity)
Split Information(Humidity) = −0.50 x LOG(0.50, 2) − 0.50 x LOG(0.50, 2)
= 0.50+0.50 = 1.00
Gain Ratio(Humidity) = 0.15/1.00 = 0.15

Gain Ratio(Windy)
Split Information(Windy) = −0.57 x LOG(0.57, 2) − 0.43 x LOG(0.43, 2)
= 0.46+0.52 = 0.99
Gain Ratio(Humidity) = 0.05/0.99 = 0.0505

Gain Ratio는 ID3를 개선하여 로스 퀸란이 제안한 C4.5 의사결정트리 알고리즘에 사용되었다. C4.5는 의사결정 트리의 대표적인 알고리즘으로 연구와 비즈니스에 많이 사용되고 있다.

Gini Index

Gini index는 Leo Breiman, Jerome Friedman, Richard Olshen, Charles Stone이 1984년에 제안한 CART(Classification and Regression Trees) 알고리즘에서 범주형 종속변수인 경우에 속성 선택기준으로 사용되었다. Gini index는 각 마디에서의 불순도(impurity) 또는 다양도(diversity)를 측정하며 아래와 같이 정의된다.

$$Gini(X) = -\sum_{i=1}^{n} p_i^2$$

여기서 p_i는 x의 클래스 i의 확률을 나타내며, n은 클래스의 개수를 말한다. 데이터를 속성으로 분할하기 전에 지니 계수는 다음과 같이 계산할 수 있다.

$$\text{Gini(S)} = 1 - (0.362 + 0.642) = 0.46$$

데이터를 속성을 사용하여 분할한 후 지니 계수는 다음과 같이 계산할 수 있다.

표 5.8 Outlook의 Gini Index 계산

	No	Yes	Total	Ratio	p(No)	p(Yes)	하위세트 Gini Index	Gini Index 가중합
Overcast		4	4	0.29	0.00	1.00	0.00	0.00
Rainy	3	2	5	0.36	0.60	0.40	0.48	0.17
Sunny	2	3	5	0.36	0.40	0.60	0.48	0.17
Total	5	9	14	1.00	0.36	0.64		0.34

표 5.9 Temperature의 Gini Index 계산

	No	Yes	Total	Ratio	p(No)	p(Yes)	하위세트 Gini Index	Gini Index 가중합
Cool	1	3	4	0.29	0.25	0.75	0.81	0.23
Hot	2	2	4	0.29	0.50	0.50	1.00	0.29
Mild	2	4	6	0.43	0.33	0.67	0.92	0.39
Total	5	9	14	1.00	0.36	0.64		0.91

표 5.10 Humidity의 Gini Index 계산

	No	Yes	Total	Ratio	p(No)	p(Yes)	하위세트 Gini Index	Gini Index 가중합
High	4	3	7	0.50	0.57	0.43	0.99	0.49
Normal	1	6	7	0.50	0.14	0.86	0.59	0.30
Total	5	9	14	1.00	0.36	0.64		0.79

표 5.11 Windy의 Gini Index 계산

	No	Yes	Total	Ratio	p(No)	p(Yes)	하위세트 Gini Index	Gini Index 가중합
FALSE	2	6	8	0.57	0.25	0.75	0.81	0.46
TRUE	3	3	6	0.43	0.50	0.50	1.00	0.43
Total	5	9	14	1.00	0.36	0.64		0.89

위의 계산 결과에 따르면 가장 많이 지니 계수가 개선되는 것은 Outlook이기 때문에 분할 속성으로 선택을 해야 한다.

5) 앙상블 모델링 기법

모델링 기법도 하나의 모델을 사용하는 것보다 다수의 모델을 사용하는 것이 나을 수 있다는 아이디어를 가지고 개발된 기법을 "앙상블(Ensemble)" 기법이라고 한다. 대표적인 앙상블 기법에는 Bagging과 Boosting이 있다.

Bagging

Bagging(Bootstrap Aggregation)은 다수의 샘플을 생성한 후 각각의 모델을 학습시켜 결과를 집계하는 방법을 사용한다. 입력 데이터로부터 복원 랜덤 샘플링을 수행하여 여러 데이터 세트를 생성한다. 각각의 데이터 세트를 사용하여 학습하고 모델의 예측 변수를 집계하여 그 결과로 최종 모델을 생성한다. 이렇게 하는 이유는 높은 편향(bias)으로 인한 과소적합(underfitting)과 높은 분산(variance)으로 인한 과대적합(overfitting) 문제를 해결하여 알고리즘의 안정성과 정확성을 향상하기 위해서이다. 개별 모델의 예측 결과를 통합하기 위해 일반적으로 범주 예측이면 투표(voting)을 사용하고, 수치이면 평균(average)로 집계한다(Breiman 1996). Random Forest는 구현이 쉽고 광범위한 예측 모델링 문제에서 종종 우수한 성능을 제공하기 때문에 아마도 가장 성공적이고 널리 사용되는 Bagging 방법 중 하나이다(Breiman 2001).

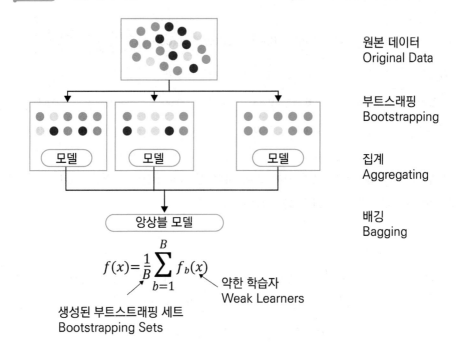

그림 5.51 Bagging의 개념

원본 데이터
Original Data

부트스래핑
Bootstrapping

집계
Aggregating

배깅
Bagging

모델   모델   모델

앙상블 모델

$$f(x) = \frac{1}{B} \sum_{b=1}^{B} f_b(x)$$

약한 학습자
Weak Learners

생성된 부트스트래핑 세트
Bootstrapping Sets

Boosting

Boosting은 Bagging처럼 다수의 모델을 생성하여 예측하는 앙상블 기법이다. Boosting도 Bagging과 동일하게 복원 랜덤 샘플링을 하지만, 사례에 가중치를 부여한다는 차이점이 있다. Bagging이 병렬로 학습하는 반면, Boosting은 순차적으로 학습한다. 즉, 학습이 종료되면 나온 결과에 따라 사례의 가중치를 다시 계산한다. 즉, 오답에 대해 높은 가중치를 부여하고, 정답에 대해 낮은 가중치를 부여하기 때문에 오답에 더욱 집중할 수 있게 된다. Boosting기법의 경우 정확도가 높게 나타나지만 그만큼 이상치에 취약하다. Gradient Boosted Trees는 대표적인 Boosting 모델링 기법이다(Friedman 2001).

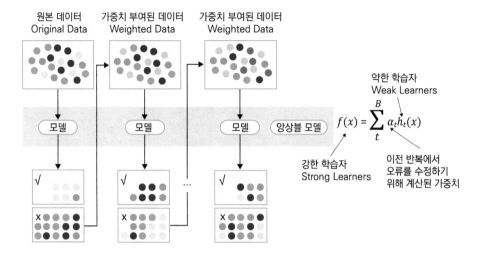

그림 5.52 Boosting의 개념

$$f(x) = \sum_{t}^{B} \alpha_t h_t(x)$$

약한 학습자
Weak Learners

강한 학습자
Strong Learners

이전 반복에서
오류를 수정하기
위해 계산된 가중치

6) Decision Tree모델링 사례

분석 개요

Naïve Bayes에서 우리는 만족스럽지 않은 결과를 얻었다. 우리는 같은 문제를 Decision Tree와 Decision Tree의 앙상블 모델인 Random Forest와 Gradient Boosted Trees(GBT)를 사용하여 개선할 수 있는지 확인해 보도록 하자. 먼저 Naïve Bayes 분석과 동일하게 Read CSV로 데이터를 읽는다(①). Multiply를 추가하여 읽은 데이터 세트를 다수의 Split Validation에 제공하도록 한다(②). Split Validation를 추가한 후 Training 영역에 Decision Tree를 사용하여 학습을 하게하고, Apply Model과 Performance(Binomial Classification)을 Testing 영역에 추가하여 성과를 측정하도록 한다(③). Split Validation을 복사하여 붙여 넣고, 내부 프로세스에서 Decision Tree를 Random Forest로 변경한다(④). 마지막으로 Split Validation을 복사하여 붙여 넣고, 내부 프로세스에서 Decision Tree를 GBT로 변경한다(⑤). Decision Tree, Random Forest, GBT의 파라미터는 기본값으로 설정한다.

그림 5.53 Decision Tree 모델링 – 분석 개요

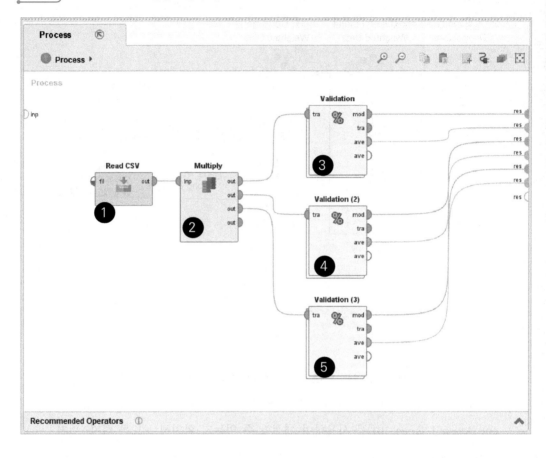

상세 분석 과정

1. Read CSV로 데이터 세트를 읽는 작업은 Naïve Bayes 분석 과정과 동일하다.

2. 읽은 데이터 세트는 3가지 분석을 위해 사용할 것이다. 따라서 같은 데이터 세트를 제공하기 위해 Multiply를 추가한다.

3. Split Validation을 추가한 후 내부 프로세스를 구성한다. Split Validation의 파라미터는 Naïve Bayes 분석 과정과 동일하다. 먼저 Training 영역에 모델링을 수행하는 Decision Tree를 추가하고(①), Testing 영역에 모델을 사용

하여 검증 사례에 적용하기 위해 Apply Model을 추가하고(②) 모델 성과 측정을 위해 Performance(Binomial)을 추가한다(③). Decision Tree의 파라미터는 기본값을 설정하였다. Naïve Bayes와 같이 Performance(Binomial)를 사용하였고, 파라미터 패널에서 accuracy, AUC, precision, recall, f-measure 등을 선택했다.

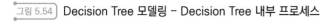

그림 5.54) Decision Tree 모델링 – Decision Tree 내부 프로세스

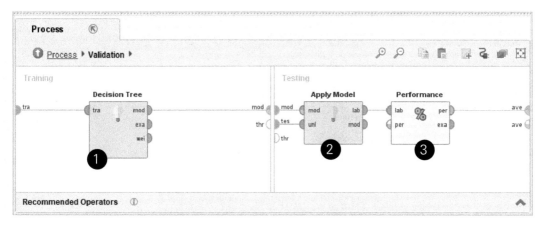

4. 3번째 단계에서 추가한 Split Validation를 복사한 후 붙여 넣은 후 내부 프로세스에서 Decision Tree를 Random Forest로 변경하였다. Random Forest의 파라미터도 다음과 같이 기본값으로 설정하였다.

그림 5.55 Decision Tree 모델링 – Random Forest 파라미터 설정

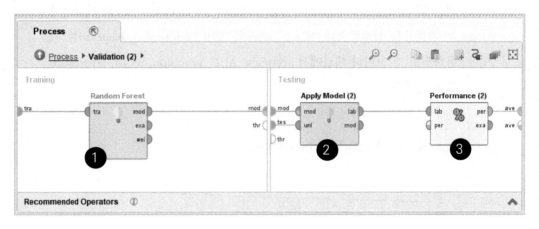

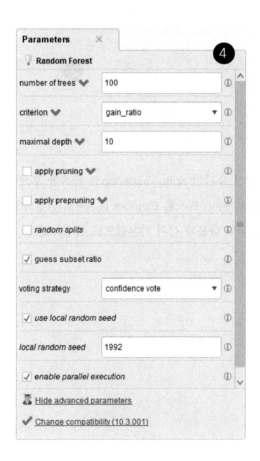

5. 3번째 단계에서 추가한 Split Validation복사한 후 붙여 넣은 후 내부 프로세스에서 Decision Tree를 GBT로 변경하였다. GBT의 파라미터도 아래와 같이 기본값으로 설정하였다.

그림 5.56 Decision Tree 모델링 – GBT 파라미터 설정(기본)

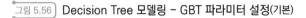

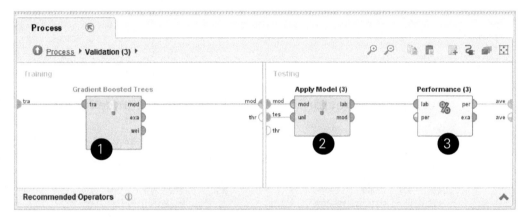

분석 결과

분석 프로세스를 실행한 후에 Performance Vector의 Description 메뉴의 성과 결과를 정리하면 〈그림 5.57〉과 같다. Random Forest는 Accuracy가 83.08%로 가장 좋은 성과를 보인다. 다음으로 Decision Tree 82.26%, GBT가 81.36%이다.

그림 5.57 Decision Tree 모델링 – Decision Tree 성과 지표

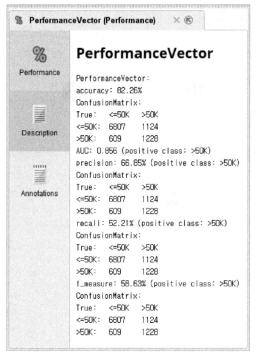

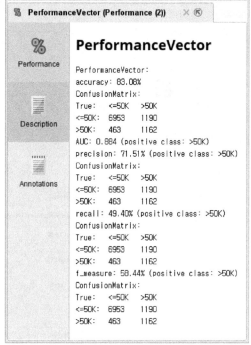

(a) Decision Tree

(b) Random Forest

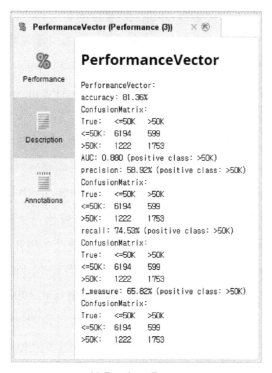

(c) Random Forest

7) 파라미터 최적화

파라미터 설정

이런 성과들은 Decision Tree, Random Forest, GBT의 파라미터를 최적화하지 않은 상태에서 수행했다는 점에 주의하자. 이제 더 나은 성과를 얻기 위해 파라미터 최적화를 시도해 보도록 하자. 먼저 각 모델링 오퍼레이터의 파라미터 중에서 최적화가 필요한 파라미터를 생각해 보자.

Decision Tree 파라미터: Decision Tree의 많은 파라미터들이 모델 성과에 영향을 미친다. 다음과 같은 파라미터들이 상대적으로 중요한 영향을 미친다.

criterion: 이 파라미터는 Decision Tree에서 데이터 분할을 위해 사용하는 사례 세트의 순수성을 측정하는 지표를 설정하기 위한 파라미터로 information gain, gain ratio, gini index, accuracy, least square 등이 있다. 파라미터 최적화를 위해

criterion=[information gain, gain ratio]으로 설정한다.

　　maximal depth: 이 파라미터는 Decision Tree의 깊이에 제한을 주는 파라미터로 깊이가 클수록 더 상세한 Decision Tree가 생성된다. 이것은 Decision Tree 모델링에 매우 강력한 영향을 준다. 파라미터 최적화를 위해 maximal depth=[3, 4, 5, 6, 7, 8, 9, 10]을 설정한다.

　　minimal gain, minimal leaf size, minimal size for split 등은 사전 가지치기, 즉 이 조건에 해당하면 더 이상 분할을 수행하지 않도록 하는 파라미터이다. 이 파라미터는 apply prepruning이 체크된 경우에만 설정할 수 있다. minimal gain은 데이터 분할 후 개선이 여기에 설정된 값 이상이 될 때만 분할한다. minimal leaf size는 분할 후 말단 노드에 정의된 크기 이상의 사례가 있어야 한다. 마찬가지로 minimal size for split는 분할 전에 노드가 정의된 크기 이상의 사례가 있어야 한다. 파라미터 최적화를 위해 minimal leaf size = [2, 4, 6, 8, 10]로 설정한다.

　　confidence는 apply pruning가 체크된 경우에만 적용 가능하며, 사후 가지치기 여부를 결정한다. 파라미터 최적화를 위해 minimal size for split=[0.1, 0.15, 0.2]을 설정한다.

　　Optimize Parameters(Grid)를 추가한 후 Split Validation을 잘라내서, Optimize Parameters(Grid)의 내부에 붙여 넣는다.

그림 5.58 Decision Tree 모델링 – Optimize Parameters(Grid)의 내부에 Split Validation을 붙여 넣기

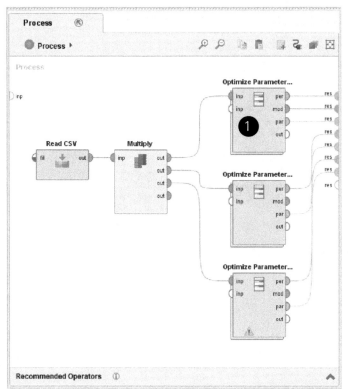

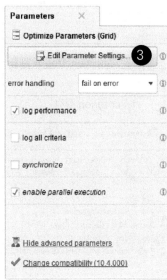

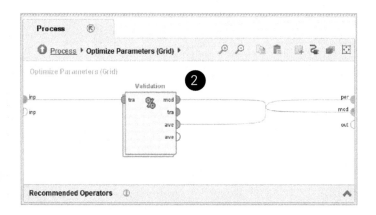

Optimize Parameters(Grid)의 파라미터 패널에서 Edit Parameter Settings··· 버튼을 클릭한 후 아래와 같이 Decision Tree의 파라미터를 설정한다.

그림 5.59 Decision Tree 모델링 – Decision Tree 파라미터 설정

(a) criterion 설정

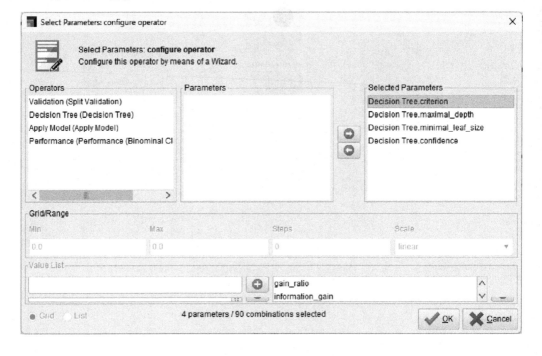

(b) maximal depth 설정

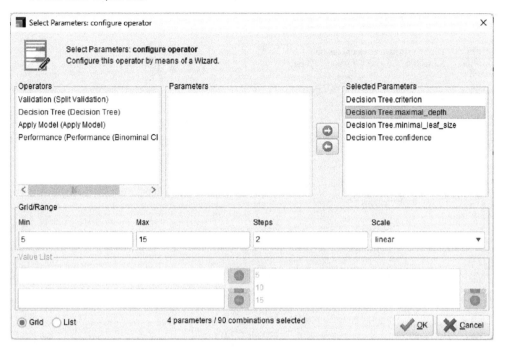

(c) minimal lea size 설정

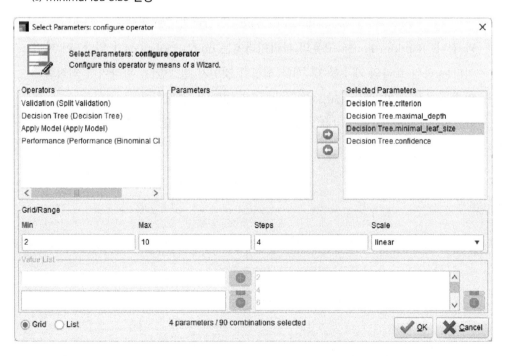

(d) confidence 설정

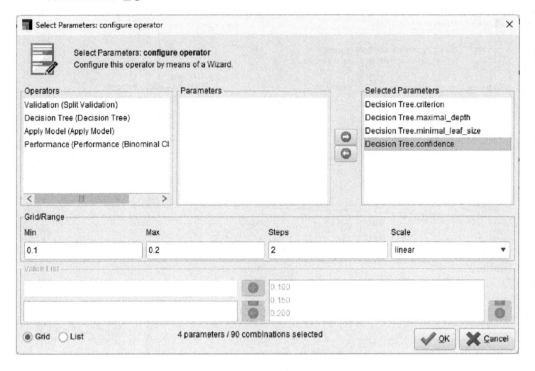

Random Forest 파라미터: Random Forest의 파라미터는 대부분 Decision Tree 와 같다. Random Forest 고유의 파라미터에는 number of trees가 있다. 이 파라 미터는 하위 트리의 개수를 몇 개나 생성할 것인지 결정한다. 파라미터 최적화를 위해 number of trees = [50, 100, 150, 200, 250]을 설정한다. Random Forest의 number of trees 이외의 고유 파라미터들은 기본값을 사용한다.

그림 5.60 Decision Tree 모델링 - Random Forest 파라미터 설정

(a) number of trees

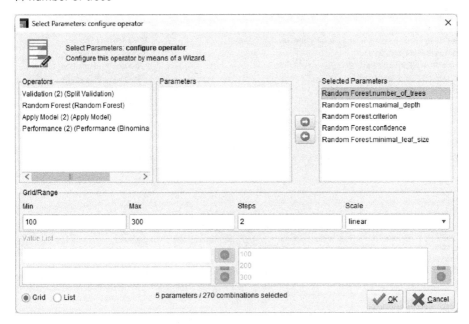

(b) maximal depth

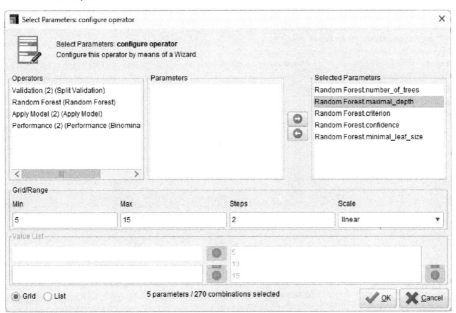

(c) criterion

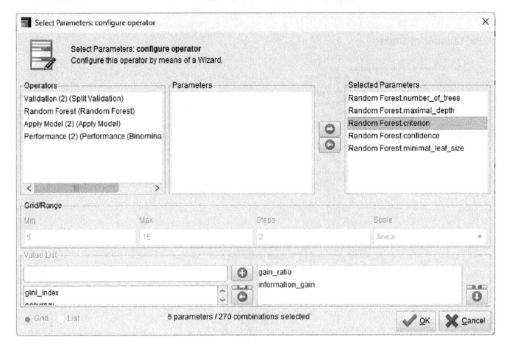

(d) confidence

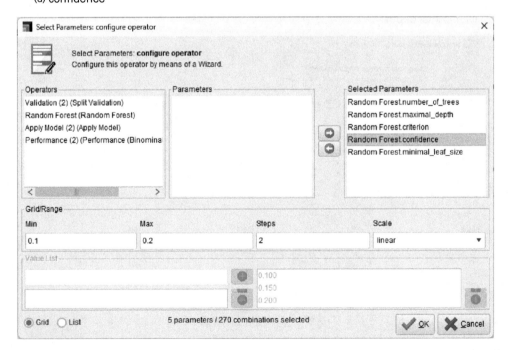

(e) minimal leaf size

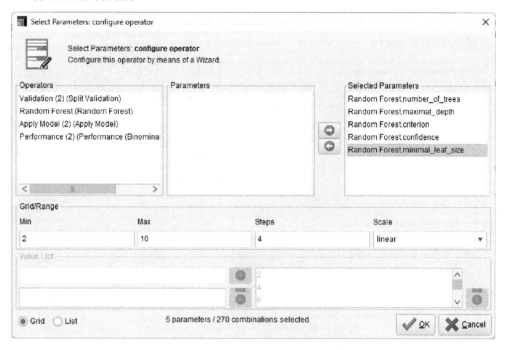

GBT 파라미터. GBT의 파라미터는 대부분 Decision Tree와 같다. Random Forest와 같이 GBT 고유의 파라미터에는 number of trees가 있다. 파라미터 최적화를 위해 number of trees=[50, 100, 150, 200]을 설정한다. GBT의 min row, min split improvement은 Decision Tree의 minimal leaf size, minimal gain와 같은 역할을 한다. 파라미터 최적화를 위해 min row=[2, 4, 6, 8, 10]로 설정한다. 마지막으로 learning rate=[0.001, 0.005, 0.01, 0.05]로 설정한다.

그림 5.61 Decision Tree 모델링 – GBT 파라미터 설정

(a) number of trees

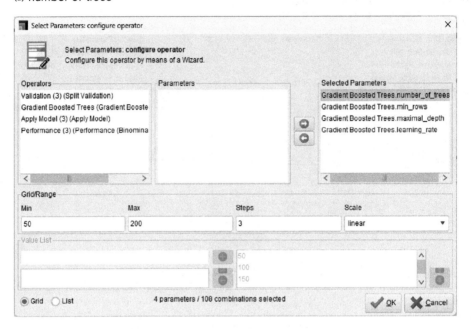

(b) min rows

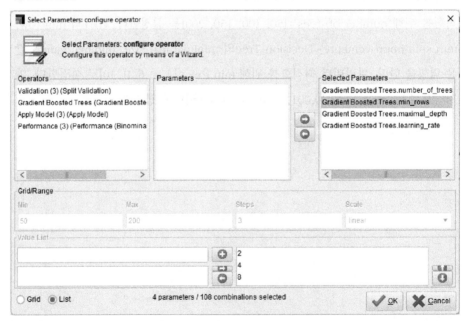

(c) maximal depth

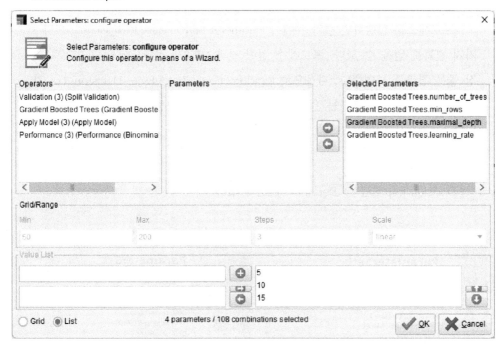

(d) learning rate

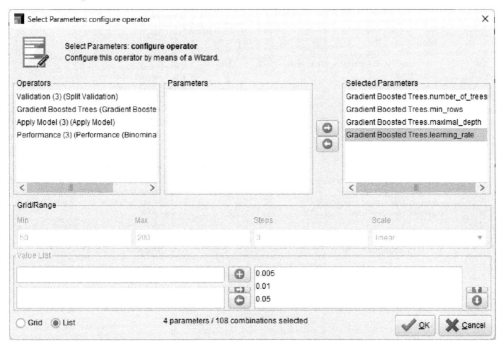

파라미터 최적화 결과

프로세스를 실행하면 결과 뷰에서 Parameter Set[Optimize Parameters(Grid)]의 3 가지 결과를 얻을 수 있다. 프로세스 실행 결과 GBT가 정확도에서 86.77%로 가장 좋은 결과를 보여준다. 다음으로 Random Forest가 85.89%, Decision Tree가 84.06%를 보인다. 최적화를 수행하지 않은 경우 약 4 ~ 5%정도 개선을 달성할 수 있다.

그림 5.62 Decision Tree 모델링 – Decision Tree성과 지표

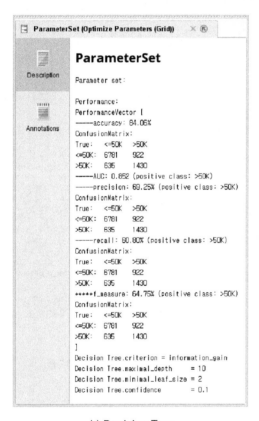

(a) Decision Tree

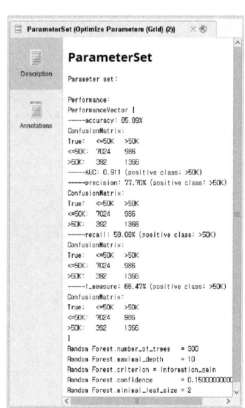

(b) Random Forest

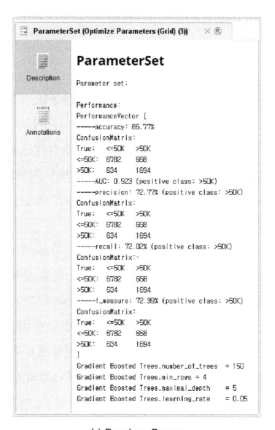

(c) Random Forest

8) 분석 요약

이번 절에서는 Decision Tree를 사용한 범주 예측 문제를 다루었다. Decision Tree는 직관적이며, 성과 또한 좋기 때문에 데이터 분석에 많이 사용된다. 특히, 최근에는 다수의 Decision Tree를 생성하여 함께 예측에 사용하는 앙상블 기법이 개발되었다. Decision Tree는 성과에 영향을 미치는 다양한 하이퍼 파라미터가 있으며 이를 잘 조절하는 것이 필요하다.

5.4.6 Logistic Regression 모델링 기법

1) 개념

선형 회귀 모델을 학습하는 방법을 분류 문제에 활용할 수 있을까? 이 문제에 대한 해결 방안으로 제시되는 것이 Logistic Regression이다(Cox 2018). 이 방법은 범주 값이 2개인 이진 분류(binary classification)에 사용된다. Logistic Regression 모델은 선형 함수의 결과를 로지스틱 함수에 전달하여 발생 확률을 계산한 후 확률을 이진 결과에 매핑한다. 왜 이런 과정을 거쳐야 할까? 이유는 종속변수가 수치 값이 아니라, 범주 값이기 때문이다.

이것이 어떤 의미인지 살펴보자. 종양의 크기(tumor size)에 따라 양성(yes=1)인지, 음성(no=0)인지를 판단하는 데이터가 있다고 하자. 분류 문제이기 때문에 이것을 차트로 나타내면, 모든 값은 0과 1위에 놓이게 될 것이다. 만약 선형 회귀 함수를 적합하면 〈그림 5.63 (a)〉처럼 나타낼 수 있으며, 0.5를 임계치로 사용하면 예측이 가능한 것처럼 보인다. 그런데 만약 X값이 특정한 값 이상 또는 이하가 되면 Y에 대한 예측값이 1 이상 또는 0 이하가 될 가능성이 있으며, Y값의 한계를 벗어나는 위험이 있다. 이 문제를 해결하기 위해 〈그림 5.62 (b)〉처럼 X값이 음의 무한대(-∞)에서 양의 무한대(∞)의 값을 가질 때, Y값을 0과 1 사이의 값으로 변환해야 한다.

그림 5.63 선형회귀와 로지스틱 회귀 비교

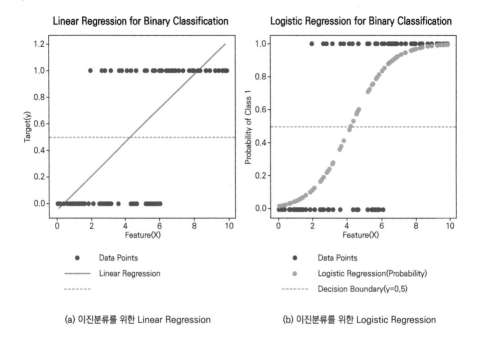

(a) 이진분류를 위한 Linear Regression   (b) 이진분류를 위한 Logistic Regression

2) 용어

Logistic 함수(Sigmoid 함수): Logistic Regression에서 어떤 사건(예, 이진 결과)의 확률 p는 다음과 같은 Logistic함수(또는 Sigmoid 함수라고 함)에 의해 모델링 된다.

$$p = \frac{1}{1+e^{-z}}$$

여기에서 z는 선형 함수이다.

$$z = \beta_0 + \beta_1 x_1 + \beta_2 x_2 + \cdots + \beta_n x_n$$

여기서 β_0는 절편 또는 편향 항목(bias term)이고, β_1, β_2, ..., β_n은 변수 x_1, x_2, ..., x_n에 대응하는 계수이다.

Logistic함수는 S 모양의 그래프를 형성하는데, 이는 z가 양의 무한대에 접근하면 확률이 1이 되고 z가 음의 무한대에 접근하면 확률이 0이 된다는 것을 의미한다. Logistic Regression모델은 어떤 범위의 확률이 어떤 이진 변수에 매핑되는지 결정하는 임곗값(threshold value)을 설정한다. true와 false의 2가지 가능한 결과가 있고 임곗값을 0.5로 설정했다고 가정하면, 0.5 미만의 확률은 결과 false(0)에 매핑되고 0.5 이상의 확률은 true (1)에 매핑된다.

로지스틱 회귀분석에서 오즈비(odds ratio; OR)는 예측변수의 수준이 다른 경우에 대해 사건이 발생할 확률(성공) 대 발생하지 않을 확률(실패) 간의 관계를 정량화한 측정치이다. 로지스틱 회귀분석의 계수로부터 도출되며 예측변수의 변화가 결과의 오즈에 어떤 영향을 미치는지에 대한 통찰력을 제공한다. 변수가 사건의 오즈비(odds ratio)에 미치는 영향을 이해하려면 계수를 지수화하여 승산비를 계산할 수 있다.

$$OR_i = e^{\beta i}$$

여기서 β_i는 Logistic Regression 모델에서 독립변수 x_i와 연관된 계수를 나타내며, e는 자연로그의 베이스(base)로 대략 2.71828의 값을 갖는다. OR 값이 1보다 크면 변숫값이 증가하면 이벤트의 확률이 증가한다는 것을 나타낸다. 1보다 작은 OR 값은 변숫값의 증가가 이벤트의 확률을 감소시킨다는 것을 나타낸다. OR이 1같으면 변숫값의 증가가 이벤트의 발생에 미치는 영향의 없음을 나타낸다.

오즈비는 사건이 일어날 확률에 대한 예측 변수의 영향을 명확하고 해석 가능한 척도로 제공하기 때문에 로지스틱 회귀 분석에서 중요하다. 이들은 예측 변수의 여러 수준 또는 범주 간의 비교를 가능하게 하고 모형에서 중요한 예측 변수를 식별하는 데 도움이 된다. 유의할 점은 오즈비가 예측변수와 결과의 오즈 사이의 곱셈적 관계를 가정하고 있으며, 이 관계의 실제적인 속성을 항상 반영하지는 않을 수 있다는 점이다. 또한 오즈비는 범주형 변수에 대한 기준 범주 선택에 민감할 수 있다.

3) 작동 방법

Logistic Regression의 작동은 많은 부분 Linear Regression과 유사하다. 가중치(weights)를 임의의 값으로 초기화 한다. 설정된 반복 횟수(n_iterations) 동안에 반복적으로 다음과 같은 명령을 수행한다. 먼저 주어진 가중치를 가지고 예측값(z)을 계산한다. 계산값(z)을 시그모이드 함수로 처리하여 예측값을 얻는다. 이 부분이

Logistic Regression을 Linear Regression과 다르게 되는 지점이다. 비용함수를 사용하여 그레디언트(gradient)를 계산하고, 이것을 학습률과 곱하여 가중치를 갱신한다. 지정된 반복 횟수가 끝나면 최적의 가중치를 리턴한다.

➕ **Logistic Regression Gradient Decent 알고리즘**

입력: 반복횟수(n_iterations)

처리

1. 가중치(weights)에 대한 초깃값을 설정한다.

2. 반복 횟수만큼 아래의 과정을 반복한다.

    a. 절편과 가중치를 사용하여 예측 값(z)을 계산한다.

    b. 예측값을 시그모이드 함수로 처리하여 예측을 한다[sigmoid(z)].

    c. 비용함수를 사용하여 그레디언트(gradient)를 계산한다.

    d. 그레디언트에 학습률을 곱하여 가중치를 갱신한다.

출력: 최소의 비용을 달성한 최적의 가중치를 반환한다.

---

4) Logistic Regression 모델링 사례

본 분석에서는 "고객 이탈 문제" 문제를 다루도록 할 것이다(2.2.1, 3.2.4 참고). 데이터 세트에 대한 정보와 데이터는 아래 웹사이트에서 가져올 수 있다. 데이터 세트 중에서 customer_churn_dataset-testing-master.csv 데이터 세트를 사용할 것이다.

https://cafe.daum.net/selfserviceanalytics/t0vn/8

통계 데이터와 차트를 사용하여 데이터 이해 작업을 수행해 보라. 여기에서는 데이터 준비와 모델링에 중점을 두어 설명하도록 할 것이다.

분석 개요

Read CSV를 사용하여 데이터 세트를 읽는 다음(①), Filter Examples를 사용하여 레이블이 결측값이 있는 사례를 제거한다(②). Logistic Regression은 수치 속성으로 학습을 할 수 있기 때문에 범주형 속성을 One-Hot Encoding을 사용하여 수치 값으로 변경하였다(③). Split Validation을 사용하며 모델링과 평가 작업을 수행한다(④). 모델을 만들기 위해 Logistic Regression을 사용하였고(⑤), Apply Model을 사용하여 모델을 테스트 데이터 세트에 적용한다(⑥). 모델 성과는 Performance (Binomial Classification)을 사용하여 측정한다(⑦).

그림 5.64 Logistic Regression 모델링 - 분석 개요

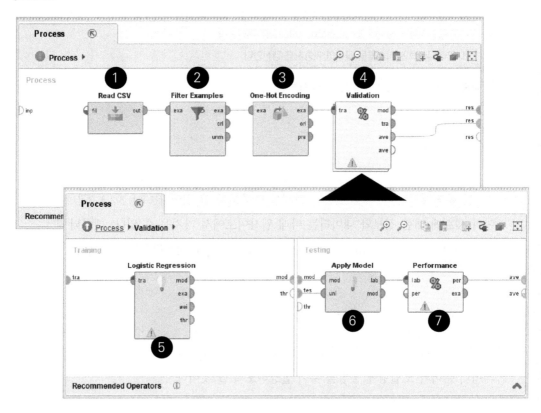

상세 분석 과정

1. Read CSV를 사용하여 데이터 세트를 읽는다. 데이터를 읽은 후 data set meta data information 파라미터의 Edit List 버튼을 클릭한 후 메타 데이터를 〈그림 5.65〉처럼 설정한다. CustomerID의 역할을 id로 설정하고, Gender의 값 유형을 binomial로 설정한다. 마지막으로 Churn의 값 유형은 binomial로 설정하고 역할을 label로 설정한다.

그림 5.65) Logistic Regression 모델링 - 데이터 세트 메타 데이터 설정

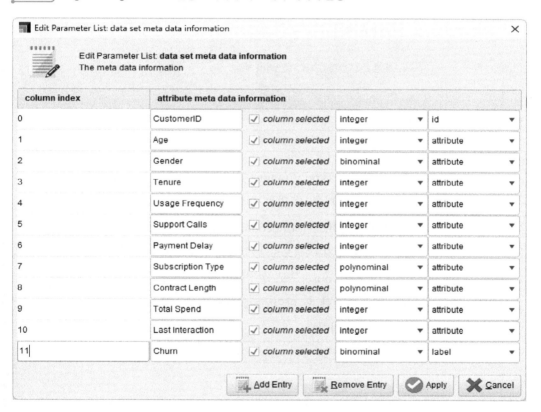

2. 데이터 세트에서 Churn이 결측값을 가지고 있는 것이 있다. 따라서 Filter Examples를 사용하여 결측값을 가진 속성을 제거한다. Filter Examples을

추가한 후 파라미터 패널에서 condition class를 no missing attributes로 설정한다.

그림 5.66 Logistic Regression 모델링 - Filter Examples 설정

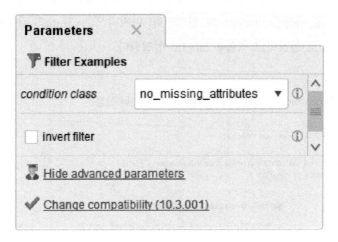

3. Gender, Subscription Type, Contract Length는 범주 유형 속성이다. Logistic Regression에서 다룰 수 없는 속성이다. 따라서 이 속성들을 수치 유형으로 바꿔야 한다. One-Hot Encoding은 이 역할을 수행하며, 이것을 추가하여 범주 속성을 수치 속성으로 변환하게 한다. 파라미터 패널에서 attribute filter type을 subset으로 설정하고, attributes 파라미터의 Select Attributes 버튼을 클릭한 후 다이얼로그에서 Gender, Subscription Type, Contract Length를 추가한다.

그림 5.67 Logistic Regression 모델링 - One-Hot Encoding 파라미터 설정

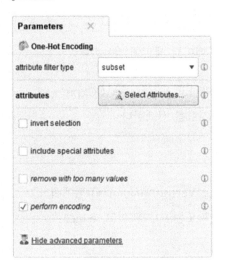
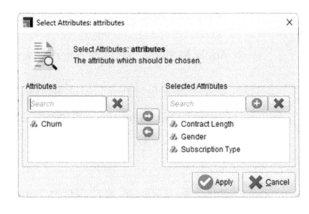

4. 분할 검증을 위해 Split Validation을 추가하고, Split을 relative로 설정하고, Split ratio를 0.7로 설정하여 70%는 학습 데이터로 30%는 검증 데이터로 사용하도록 설정한다. 랜덤 시드를 사용하기 위해 use local random seed를 체크하고 local random seed를 1992로 설정한다.

그림 5.68 Logistic Regression 모델링 - Split Validation 파라미터 설정

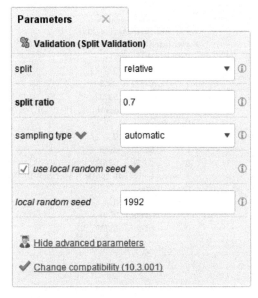

5. Logistic Regression을 추가하여 모델링을 수행하도록 한다. Logistic Re-
gression의 파라미터는 기본 파라미터를 사용한다.

6. Apply Model을 사용하여 학습된 모델을 검증 데이터 세트에 적용한다.

7. 성과 측정을 위해 Performance(Binomial)를 추가하고 Accuracy, AUC, pre-
cision, recall, f1-measure를 측정하도록 평가지표를 선택한다.

분석 결과

프로세스를 실행한 후 결과 뷰에서 Performance Vector(Performance) 탭에서
Description을 메뉴를 실행하여 성과를 확인한다. 정확도는 89.59%이고, f-mea-
sure는 88.46으로 상당히 양호한 것을 알 수 있다.

그림 5.69) Logistic Regression 성과 지표

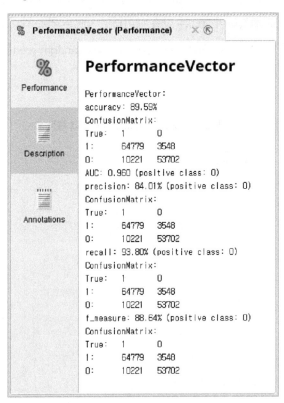

> **참고**
>
> 이전에 배운 Naïve Bayes와 Decision Tree, Decision Tree의 앙상블 모델인 Random Forest, Gradient Boosted Trees를 사용하여 모델링을 수행할 수 있다. 수행하여 성과 지표를 확인해 보자.

모델의 이해하기 위해 결과 뷰에서 Logistic Regression Model(Logistic Regression) 탭을 클릭하면 〈그림 5.70〉과 같은 결과를 볼 수 있다. 계수(Coefficient), 표준화 계수(Std. Coefficient)를 통해 속성이 이탈에 영향을 미치는 정도를 확인하고, 계수의 통계적 신뢰성을 p-Value를 통해 확인하자.

절편(편향 항목 Bias Term)은 모든 입력 변수가 0일 때 이벤트의 log-odds를 나타낸다. 절편이 양수이면 사건이 발생할 확률이 더 높음을 나타낸다(class 1). 절편이 음수이면 이벤트가 발생할 확률이 낮음을 나타낸다(클래스 0).

속성의 각 계수는 해당 속성의 1단위 증가에 대한 이벤트(outcome)의 log-odds 변화를 나타내며 다른 모든 속성은 일정하게 유지된다. 계수가 양이면 속성의 증가는 이벤트의 log-odds(즉, 확률)의 증가로 이어진다. 계수가 음이면 속성의 증가는 이벤트의 log-odds(즉, 확률)의 감소로 이어진다.

그림 5.70 Logistic Regression 모델

Logistic Regression Model (Logistic Regression)

Attribute	Coefficient	Std. Coefficient	Std. Error	z-Value	p-Value
Gender = Male	1.157	0.573	0.012	97.742	0
Subscription Type = Standard	0.121	0.057	0.013	8.979	0
Subscription Type = Premium	0.124	0.059	0.013	9.195	0
Contract Length = Annual	15.351	7.527	2.700	5.685	0.000
Contract Length = Quarterly	15.357	7.525	2.700	5.687	0.000
Age	-0.036	-0.443	0.000	-71.826	0
Tenure	0.008	0.134	0.000	24.392	0
Usage Frequency	0.015	0.128	0.001	23.213	0
Support Calls	-0.748	-2.298	0.003	-243.481	0
Payment Delay	-0.112	-0.927	0.001	-143.694	0
Total Spend	0.006	1.457	0.000	197.466	0
Last Interaction	-0.061	-0.525	0.001	-89.043	0
Intercept	-14.577	-3.653	2.701	-5.398	0.000

Data

Description

Annotations

분석 결과

이번 분석에서 우리는 Logistic Regression을 활용한 모델링 기법에 대해 배웠다. Logistic Regression은 Linear Regression과 유사한 방법으로 학습을 한다. 차이점은 종속 변수가 수치 값이 아닌 이항 범주 값이라는 점이다. Logistic Regression도 성과 지표에 영향을 미치는 파라미터가 없다. Linear Regression은 계수의 해석을 통해 독립변수가 종속 변수에 미치는 영향을 확인할 수 있다는 점에서 해석이 가능한 모델이다.

5.4.7 SVM 모델링 기법

1) 개요

SVM의 목표는 n차원 공간을 클래스로 분리할 수 있는 최적의 결정 경계(decision boundary)를 만들어 미래에 새로운 사례를 올바른 범주에 쉽게 넣을 수 있도록 하는 것이다. 이 최적의 결정 경계를 초평면(hyperplane)이라고 한다. Support Vector Machine 또는 SVM은 회귀 문제만 아니라 분류 문제에도 사용되는 대표적인 지도학습 알고리즘 중 하나이지만, 주로 분류 문제에 사용된다(Steinwart and Christmann 2008).

그림 5.71  SVM 개념

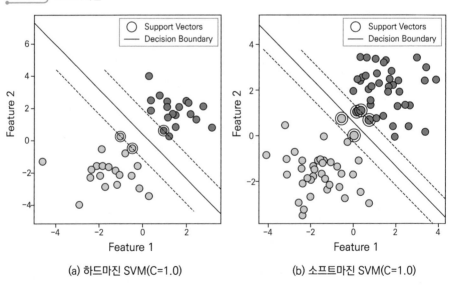

(a) 하드마진 SVM(C=1.0)   (b) 소프트마진 SVM(C=1.0)

2) 용어

초평면(Hyperplane): n차원 공간에서 클래스를 분리하기 위해 여러 선/결정 경계가 있을 수 있지만, 데이터 포인트를 분류하는 데 도움이 되는 최적의 결정 경계를 찾아야 한다. 이 최적의 경계를 SVM의 초평면이라고 한다. 초평면의 치수는 데이터 세트에 존재하는 특징에 따라 달라지는데, 이것은 만약 두 개의 특징이 있다면(이미지에서 보는 것처럼) 초평면은 직선이 될 것이라는 것을 의미한다. 그리고 만약 세 개의 특징이 있다면 초평면은 2차원 평면이 될 것이다. 우리는 항상 사례 사이의 최대 거리를 의미하는 최대 마진을 갖는 초평면을 만든다.

지지벡터(Support Vectors): 초평면에 가장 가깝고 초평면의 위치에 영향을 주는 사례를 지지 벡터(Support Vectors)라고 한다.

마진(Margin): Margin은 서로 다른 클래스의 가장 가까운 사례 위의 두 선 사이의 간격으로 정의할 수 있다. 선에서 지지 벡터까지의 수직 거리로 계산할 수 있다. 큰 마진은 좋은 마진으로 간주되고 작은 마진은 나쁜 마진으로 간주된다. 마진은 소프트 마진(soft margin)과 하드 마진(hard margin)이 있다.〈그림 5.71 (a)〉처럼 하이퍼플레인 생성 시 오류를 허용하지 않는 것을 하드마진이라고 하고, 〈그림 5.71 (b)〉처럼 오류를 어느 정도 허용하는 것은 소프트마진이라고 한다.

선형 SVM: 선형 SVM은 선형 분리 가능한 데이터에 사용되며, 이는 데이터 세트를 단일 직선을 사용하여 두 개의 클래스로 분류할 수 있는 경우 이러한 데이터를 선형 분리 가능한 데이터라고 하고 분류기를 선형 SVM 분류기라고 한다.

비선형 SVM: 비선형 SVM은 비선형으로 분리된 데이터에 사용되며, 이는 데이터 세트를 직선을 사용하여 분류할 수 없는 경우 이러한 데이터를 비선형 데이터라고 하고 사용된 분류기를 비선형 SVM 분류기라고 한다.

커널 함수(kernel function): SVM은 두 범주를 잘 분류하면서 마진이 최대화된 초평면을 찾는 선형 분류 기법이다. 그러나 어떤 직선으로도 두 범주를 완벽하게 분류하기 어려운 경우 즉, 비선형 문제(non-linear problem)인 경우가 있다. 이런 경우 어떻게 선형 모델을 사용하여 해결할 것인가가 중요한 문제다. 커널 함수는 이 문제를 해결하기 위해 제안됐다. 〈그림 5.72〉를 보면 입력 공간(input space)의 데이터를 선형 분류가 가능한 고차원 피처 공간(feature space)으로 매핑한 뒤 두 범주를 분류하는 초평면을 찾을 수 있다. 여기에서 가장 중요한 것은 입력 공간과 피처 공간 사이를 매핑해주는 함수 ϕ이다. 그런데 모든 데이터를 매핑하는 건 계산량이 어마어마하게 증가한다. 이를 위해 커널 트릭(kernel trick)을 사용하여 모든 데이터를 매핑하지 않고 같은 효과를 낼 수 있다. 커널 함수는 적절한 피처 공간의 두 점 사이에 내적(inner product)을 반환한다.

그림 5.72) 커널 변환

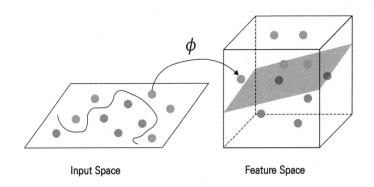

Input Space   Feature Space

C: SVM의 정규화 파라미터 C는 마진 극대화(margin maximization)와 오분류(misclassification) 패널티의 균형을 맞춘다. 이는 마진을 초과하거나 데이터 항목을 잘못 분류했을 때의 페널티를 결정한다. C의 값이 클수록 페널티가 더 엄격해지므로 마진이 줄어들고 오분류가 줄어들 수도 있다.

힌지 손실(Hinge Loss): SVM에서 대표적인 손실 함수는 힌지 손실이며, 이는 잘못된 분류나 마진 위반에 패널티를 부여한다. SVM에서 목적 함수는 정규화 항(regularization term)과 결합하여 형성되는 경우가 많다.

3) 작동방법

SVM은 비용 함수(cost function)를 기반으로 모델을 업데이트하지만, 일반적으로 신경망과 같은 다른 머신 러닝 모델과 동일한 종류의 경사 하강 알고리즘을 사용하지는 않는다.

SVM 모델은 최적의 의사 결정 경계를 찾기 위해 최적화 문제를 정의한다. 최적화의 목표는 다음과 두 가지를 같이 고려한다.

마진 극대화 항(margin maximization term): 클래스들 사이의 마진을 최대로 한다. 마진은 각 클래스의 경계에서 가장 가까운 지점까지의 거리의 두 배이다.

벌점 항(penalty term): 힌지 손실(hinge loss)라 불리는 분류 오류를 최소화한다. 이는 마진을 최대화하면서 가능한 한 많은 점을 올바르게 분류하는 것을 의미한다.

SVM 알고리즘은 이 두 항의 균형을 맞추는 최적화 문제를 해결한다. 경사 하강법은 가장 가파른 하강 방향으로 가중치를 반복적으로 업데이트하여 비용 함수를 최소화하는 많은 기계 학습 알고리즘에서 사용되는 일반적인 방법이지만, SVM은 일반적으로 Quadratic Programming(QP)이라는 다른 방법을 사용한다. QP 솔버(QP solver)는 마진 극대화와 힌지 손실을 모두 고려한 수학 방정식을 풀어서 해를 찾는다.

최적화 문제의 해결책을 사용하여 지원 벡터들을 식별한다. 이들은 결정 경계에 가장 가까이 놓여 있는 사례들이다. 이들 사례만으로 결정 경계가 결정되는데, 이는 지원 벡터들 만이 최종 모델에 기여한다는 것을 의미한다.

마지막으로 SVM은 지원 벡터를 사용하여 결정 경계를 정의하는 가중치 w와 바이어스 b를 계산한다. 결정 경계는 다음과 같이 나타낼 수 있다.

$$w.x + b = 0$$

여기서 x는 데이터 포인트, w는 가중치 벡터, b는 바이어스이다.

데이터를 선형으로 분리할 수 없다면, SVM은 커널 트릭(Kernel Trick)을 사용하여 데이터를 분리할 수 있는 고차원 공간에 매핑한다. 최적화는 여전히 이중 문제를 해결하는 것이지만, 이제 이 변환된 공간에서 작동한다.

➕ **SVM 알고리즘**

처리

1. SVM 모델은 최적의 의사 결정 경계를 찾기 위해 최적화 문제를 정의한다.

2. Quadratic Programming(QP)을 사용하여 최적화 문제를 해결한다.

3. 최적화 문제의 해결책을 사용하여 지원 벡터들을 식별한다.

4. 지원 벡터를 사용하여 결정 경계를 정의하는 가중치 w와 바이어스 b를 계산한다.

출력: 최소의 비용을 달성한 최적의 가중치와 바이어스를 반환한다.

4) 분석 사례

본 분석에서는 "은행 마케팅 문제"를 다루도록 할 것이다(2.2.1, 3.2.4 참고). 데이터 세트에 대한 정보와 데이터는 아래 웹사이트에서 가져올 수 있다. 데이터 세트 중에서 bank.csv 데이터 세트를 사용할 것이다.

https://cafe.daum.net/selfserviceanalytics/t0vn/3

통계 데이터와 차트를 사용하여 데이터 이해 작업을 수행해 보라. 여기에서는 데이터 준비와 모델링에 중점을 두어 설명하도록 할 것이다.

분석 개요

Read CSV를 사용하여 데이터를 읽는다(①). SVM은 독립변수가 모두 수치 값이어야 한다. 따라서 One-Hot Encoding을 사용하여 범주 유형 속성을 수치 유형 속성으로 변경하였다(②). 분할 검증을 위해 Split Validation을 추가한 후 70%를 학습 데이터 세트로, 30%를 검증 데이터 세트로 분할한다(③). Split Validation의 내부 프로세스에서 SVM을 Training 영역에 추가하여 모델을 생성하였고(④), Apply Model을 사용하여 모델을 테스트 데이터 세트에 적용하였고(⑤), Performance(Binomial)을 사용하여 성과를 측정하였다(⑥).

그림 5.73 SVM 모델링 - 분석 개요

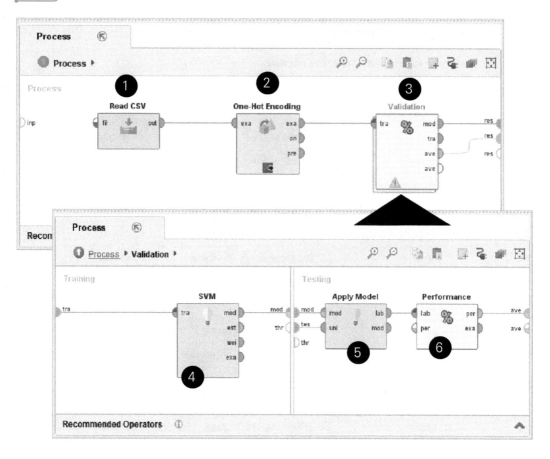

상세 분석 절차

1. Read CSV를 사용하여 데이터 세트를 읽는다. 파라미터 패널에서 데이터 세트의 메타 데이터 정보를 〈그림 5.74〉처럼 설정한다. 이진값을 갖는 de-fault, housing, loan, y의 값을 binomial로 설정하고, 레이블값은 y로 설정한다. 너무 많은 값을 갖는 day는 속성에서 제거한다.

그림 5.74 SVM 모델링 –데이터 세트 메타 데이터 정보 설정

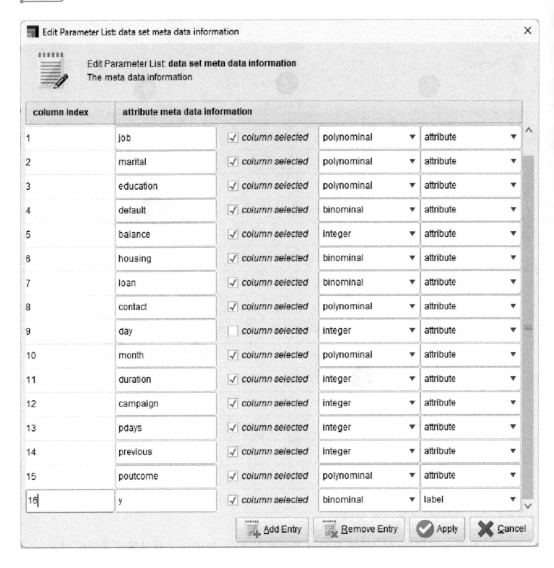

2. 범주 유형 속성을 수치 유형 속성으로 변경하기 위해 One-Hot Encoding을
   추가한 후 범주 유형 속성에 적용되도록 파라미터 패널에서 attribute filter
   type을 value type으로 설정하고, value type을 nominal로 설정한다.

그림 5.75 SVM 모델링 - One-Hot Encoding 파라미터 설정

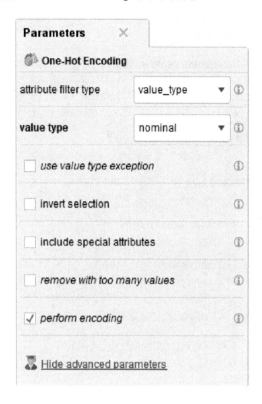

3. 분할 검증을 위해 Split Validation을 추가하고 학습 데이터 세트를 70%와 검증 데이터 세트를 30%로 분할하기 위해 〈그림 5.76〉과 같이 파라미터를 설정한다. local random seed를 설정하는 것을 잊지 말자.

그림 5.76 SVM 모델링 – Split Validation 파라미터 설정

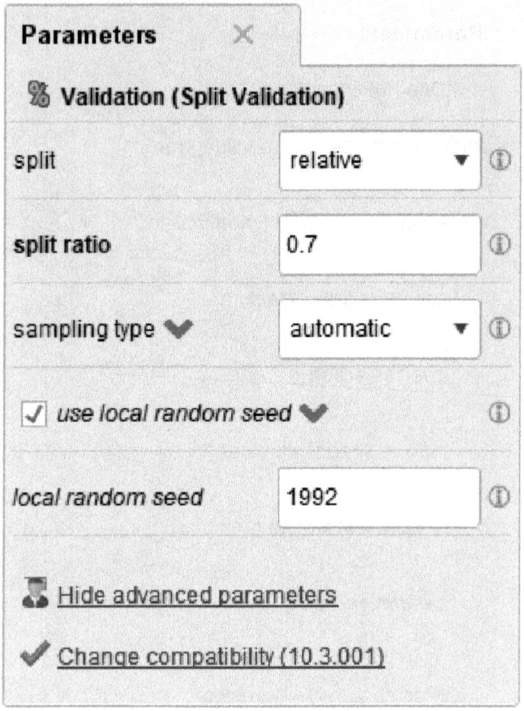

Parameters ✕

% **Validation (Split Validation)**

split	relative ▼ ⓘ
split ratio	0.7 ⓘ
sampling type ❤	automatic ▼ ⓘ
☑ *use local random seed* ❤	ⓘ
local random seed	1992 ⓘ

👥 Hide advanced parameters

✔ Change compatibility (10.3.001)

4. Split Validation 내부 프로세스의 Training 영역에 SVM을 추가한다. 기본
   모델에서 SVM 파라미터는 기본값을 사용한다,

그림 5.77 SVM 모델링 – SVM 기본 파라미터 설정

5. Apply Model을 추가하여 SVM 모델을 검증 데이터 세트에 적용한다.

6. 성과 측정을 위해 Performance(Binomial)를 추가하고 accuracy, AUC, pre-cision, recall, f1-measure를 측정하도록 평가지표를 선택한다.

분석 결과

프로세스를 실행하여 모델 성과 지표를 확인하자. 정확도는 87.83%로 나쁘지는 않은 것 같다. 그렇지만, yes에 대한 예측 성과는 no에 비해 좋지 않은 것을 확인할 수 있다(precision 44.58%, recall 23.72%, f-measure 30.963%). 특히 no로 편향되게 예측한 것을 의심해 볼 수 있다. 목표 함수를 정확도가 아니라, f-measure로 변환하여 분석을 최적화하는 것이 필요해 보인다.

그림 5.78) SVM 모델링 - 모델링 결과

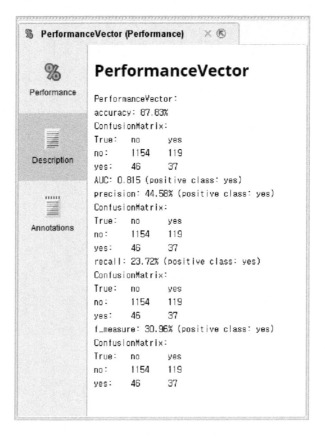

No Code 빅데이터 분석: Altair RapidMiner AI Studio를 활용한 분석실무

파라미터 최적화

SVM에서 성과에 영향을 미치는 중요한 파라미터에는 커널 유형(kernel type)과 C가 있다. SVM에서 커널 유형의 선택은 의사결정 경계의 형태와 SVM이 데이터를 정확하게 분류하는 능력을 결정하기 때문에 매우 중요하다. 파라미터의 최적화를 위해 〈그림 5.79〉와 같이 프로세스를 구성하였다. 주의할 것은 파라미터 최적화가 정확도(accuracy)가 아니라 yes값 레이블의 f-measure를 최대화하는 방향으로 이루어졌다는 점이다.

1. Optimize Parameters(Grid)를 추가한다.

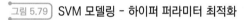

그림 5.79 SVM 모델링 – 하이퍼 퍼라미터 최적화

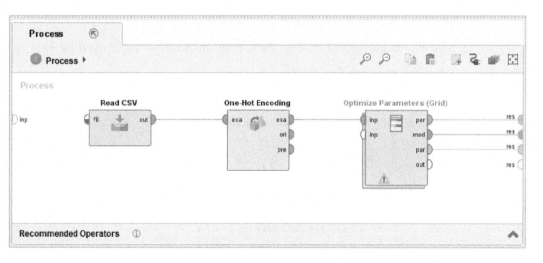

2. Split Validation을 잘라내서 Optimize Parameters(Grid) 내부 프로세스에 붙여 넣는다.

그림 5.80) SVM 모델링 - Optimize Parameters(Grid) 내부 프로세스

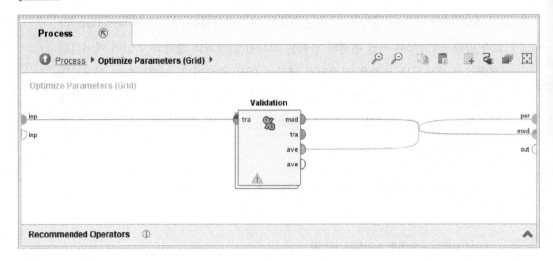

3. Split Validation 내부의 프로세스에서 Performance(Binomial)을 main cri-
terion을 f_measure로 설정한다.

그림 5.81) SVM 모델링 - Performance(Binomial) 파라미터 설정

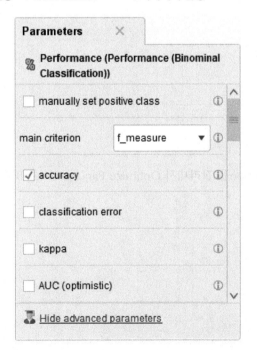

4. 프로세스 패널 탭의 Process링크를 클릭하여 메인 프로세스로 돌아와서, Optimize Parameters(Grid)의 파라미터 패널에서 Edit Parameters Setting을 클릭한 후 Select Parameters 다이얼로그의 Operators의 오퍼레이터 리스트에서 SVM(Support Vector Machine)을 선택한 후 kernel_type 파라미터를 설정한다.

SVM에서 커널 유형은 고차원 공간으로의 매핑 SVM은 고차원 공간에서 서로 다른 클래스의 사례를 분리하는 최적의 초평면을 찾아 작동한다. 커널 함수를 통해 SVM은 입력된 데이터를 선형 분리가 가능한 고차원 특징 공간에 암시적으로 매핑할 수 있다. 비선형성 처리 커널 함수의 주요 역할은 데이터의 비선형 관계를 처리하는 것이다. 많은 실제 시나리오에서 클래스는 원래의 특징 공간에서 선형적으로 분리할 수 없다. 커널 함수를 사용하면 SVM이 데이터를 고차원 공간에 투영하여 복잡한 결정 경계를 학습할 수 있으며, 여기서 비선형 관계는 선형적으로 변환될 수 있다.

AI Studio에서 지원하는 커널 유형에는 dot, radial, polynomial, neural, anova, epachnenikov, gaussian_combination, multiquadric 등이 있다. 커널 파라미터의 효과 각 커널 유형에는 특히 일반화 및 과적합 측면에서 SVM의 성능에 큰 영향을 미칠 수 있는 파라미터 세트가 함께 제공된다. 좋은 성능을 얻으려면 적절한 파라미터를 선택하는 것이 중요하다. 정리하면, SVM에서 커널 유형의 선택은 데이터에서 복잡한 패턴을 학습하고 분류하는 SVM의 능력을 결정하는 중추적인 역할을 한다. 이는 SVM이 고차원 공간에서 효과적으로 작동하고 특징 간의 비선형 관계를 처리할 수 있게 하므로 SVM을 분류 및 회귀 작업을 위한 강력한 도구로 만든다. 우리는 모든 커널 유형을 사용하되, 각 커널 유형과 관련된 파라미터는 기본값을 사용한다.

그림 5.82　SVM 모델링 - Kernel type 설정

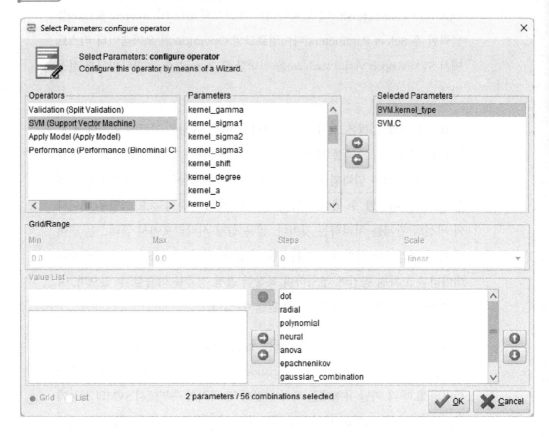

5. Select Parameters 다이얼로그의 Operators의 오퍼레이터 리스트에서
   SVM(Support Vector Machine)을 선택한 후 C 파라미터를 설정한다. Select
   Parameters 다이얼로그의 하단에 있는 List 버튼을 클릭한다. Value List 영
   역의 텍스트 입력 창에 0.01, 0.05, 0.1, 0.5, 1, 10, 100을 차례로 입력한다.

그림 5.83 SVM 모델링 - C 파라미터 설정

SVM의 C매개변수는 낮은 훈련 오차(low training error)를 달성하는 것과 모델 복잡성(model complexity)을 최소화하는 것(즉, 과적합을 제어하는 것) 사이의 상충 관계를 제어하는 데 중요한 역할을 한다. SVM에서 C 매개변수의 역할에 대한 자세한 설명은 다음과 같다.

첫째, SVM에서 C는 정규화 파라미터(regularization parameter)로 작용한다. 정규화는 학습 데이터에 너무 밀착될 수 있는 복잡한 결정 경계에 대해 모델에 불이익을 주어 과적합을 방지하기 위한 기법이다. C파라미터는 사례를 잘못 분류할 경우의 패널티를 제어한다.

둘째, SVM은 의사결정 경계(초평면)와 가장 가까운 사례(지원 벡터) 사이의 마진(거리)을 최대화하는 것을 목표로 한다. 이 마진은 C 매개변수에 의해 결정된다. C

값이 작으면 마진이 넓어져서 잠재적으로 더 많은 마진 위반(잘못 분류된 포인트)이 허용되는 반면, C값이 크면 마진이 좁아지고 마진 위반이 줄어든다.

셋째, C가 작을 때 SVM은 더 많은 마진 위반(오분류)을 허용하여 더 큰 마진을 확보한다. 그러면 더 단순하게 일반화할 수 있지만 너무 작으면 학습 데이터를 과소평가할 수 있다. C의 값이 클수록 마진 위반에 대해 더 엄격한 페널티가 부과되며, 모든 학습 사례를 올바르게 분류하는 것을 목표로 한다. 이는 학습 데이터에 밀접하게 맞는 더 복잡한 결정 경계를 초래할 수 있으며, C가 과도하게 클 경우 잠재적으로 과적합으로 이어질 수 있다.

넷째, 낮은 C값은 잠재적으로 더 높은 편향을 갖는 더 단순한 모델에 대한 욕구를 강조한다(즉, 모델이 데이터의 모든 패턴을 캡처하지 않을 수 있음). C값이 높을수록 훈련 데이터를 더 밀접하게 맞추는 것이 우선되며, 잠재적으로 편향은 낮지만 분산은 더 높아질 수 있다(즉, 모델이 보이지 않는 데이터에 잘 일반화되지 않을 수 있다). C의 최적값은 문제의 기본적인 복잡성과 특정 데이터 세트에 따라 결정된다. 일반적으로 교차 검증과 같은 방법을 사용하여 결정되며, 여기서 C의 다양한 값을 시도하고 검증 데이터에서 가장 좋은 성능을 발휘하는 값을 선택한다.

C를 선택하는 것은 모델의 복잡성과 일반화 능력 사이의 균형을 포함한다. 과소적합 또는 과적합을 방지하기 위해서는 C의 극단적인 값을 피하는 것이 중요하다. C은 종종 로그 스케일(예를 들어, 0.01, 0.1, 1, 10, 100)로 선택되고 검증 성능에 기초하여 미세 조정된다. 요약하면, SVM에서 C 매개변수는 훈련오차와 모델 복잡도 간의 상충관계를 조절한다. 사례를 잘못 분류할 경우 마진 폭과 페널티에 영향을 미치므로 보이지 않는 데이터로 일반화하는 SVM의 능력을 결정하는 데 중요한 역할을 한다. 보이지 않는 새로운 사례에 대해 우수한 성능을 발휘하는 SVM 모델을 구축하기 위해서는 C를 적절히 선택하는 것이 필수적이다.

프로세스를 실행하여 결과 뷰에서 Parameter Set[Optimize Parameters(Grid)] 탭의 결과를 확인한다. 최적의 kernel type은 polynomial이고, C는 0.1이다. 이때 정확도는 84.81%로 기본값으로 파라미터를 설정했을 경우인 87.83%로 좋지 않다. 그렇지만, f-measure는 50.72%로 기본 파라미터 설정인 30.96%보다 많이 개선이 이루어진 것을 알 수 있다.

그림 5.84 모델링 – 하이퍼 파라미터 최적화 후 성과 지표

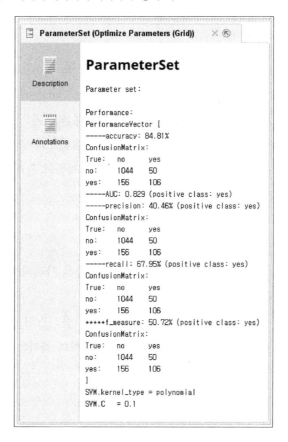

그림 5.84

5) 분석 요약

이번 절에서는 SVM을 활용한 모델링 기법에 대해 학습했다. SVM은 범주 분류를 위한 좋은 사용한 범주 예측 모델을 생성한다. 이번 분석에서는 최적화가 정확도가 아닌 f-measure를 기준으로 이루어질 수 있음을 학습했다. 최적화는 이외에도 분석 목적에 따라 accuracy, precision 또는 recall이 될 수도 있다.

5.4.8 K-Means 모델링 기법

1) 개념

클러스터링은 사례의 속성을 기반으로 클러스터(clusters)라 불리는 유사한 특징을 지닌 사례의 그룹을 만드는 작업을 말한다. K-Means는 클러스터링을 수행하도록 지원하는 모델링 기법으로 임의의 k개의 사례를 초기의 클러스터 중심점(centroid)으로 지정한 후 클러스터를 만들고, 새로운 클러스터 중심을 다시 계산하여 클러스터링을 수행하도록 하는 과정을 반복하여 최종의 클러스터를 형성한다(Sinaga and Yang 2020).

2) 용어

클러스터(cluster): 클러스터란 비슷한 속성값을 가진 사례의 집합이다. 사례가 비슷하지 여부는 유사도 또는 거리에 의해 판단한다.

중심점(centroid): 클러스터의 "중심"을 나타내며, 클러스터 내의 모든 사례의 속성값의 평균이다. 사례는 유사도 또는 거리로 측정하여 가까운 클러스터에 할당하는 데 사용된다.

3) 작동 방법

k-Means 모델링 기법은 사전에 생성할 클러스터 개수(k)와 클러스터를 생성하기 위해 모델링 과정의 최대 반복 회수(n)을 지정해야 한다. 모델링 과정이 시작되면 임의의 k개의 사례를 선택하여 중심점(centroid)으로 지정한다. 지정된 k개의 중심점과 다른 사례의 유사도를 계산한 후 사례를 가장 가까운 중심점의 클러스터로 배정한다. 일단 사례의 배정이 끝나면, 중심점을 다시 계산한 후 새로 계산한 중심점이 기존의 중심점이 최소 임곗값보다 작거나, 반복 횟수보다 작으면 현재의 클러스터를 결과로 반환한다. 만일 이런 조건이 만족되지 않으면 클러스터로의 배정과 중심점 재계산을 반복적으로 수행한다.

➕ k-Means 모델링 기법의 작동 원리

전제조건

1. 클러스터 개수: number of clusters = k

2. 반복 횟수: number of iteration = n

3. 임곗값: threshold = θ

입력: 학습 데이터 세트(training dataset)

처리:

1. 임의의 k 사례를 선택하여 중심점(centroid)로 지정한다.

2. 사례와 중심점까지 거리/유사도를 계산하여 가장 가까운 클러스터에 지정한다.

3. 새롭게 형성된 클러스터의 중심점을 다시 계산한다.

4. 다음의 조건을 만족시키기 전까지 2단계와 3단계를 반복한다.

   - 새롭게 형성된 클러스터의 중심점이 임계값보다 작다.

   - 모든 사례가 같은 클러스터에 남아있다.

   - 최대 반복 회수에 도달한다.

출력: k개의 클러스터

4) k-Means를 활용한 모델링

분석 개요

본 분석에서는 "상점 고객 분석 문제"를 다루도록 할 것이다(2.2.1, 3.2.4 참고). 데이터 세트에 대한 정보와 데이터는 아래 웹사이트에서 가져올 수 있다.

https://cafe.daum.net/selfserviceanalytics/t0vn/9

통계 데이터와 차트를 사용하여 데이터 이해 작업을 수행해 보라. 여기에서는 데이터 준비와 모델링에 중점을 두어 설명하도록 할 것이다.

k-Means의 분석 과정은 〈그림 5.85〉와 같다. Read CSV로 데이터를 읽고, 수치값에 대해 정규화를 수행한 후 범주값은 One-Hot Encoding으로 수치값으로 변환하였다. k-Means를 사용하여 클러스터링을 수행했고, 마지막으로 Cluster Model Visualizer를 사용하여 결과를 볼 수 있다. 구체적인 분석 프로세스를 확인해 보자.

그림 5.85 k-Means 모델링 - 분석 개요

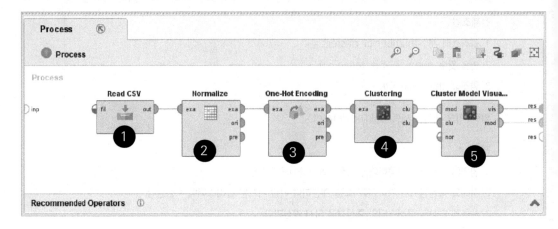

분석 상세 프로세스

1. Read CSV를 사용하여 데이터 세트를 읽는다. 데이터 세트 메타 데이터 정보는 〈그림 5.86〉과 같이 설정한다.

그림 5.86 k-Means 모델링 - 데이터 세트 메타 데이터 정보 설정

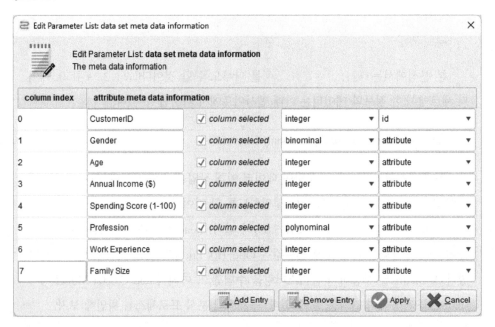

2. k-Means는 유사도 함수를 통해 유사도를 계산하여 클러스터링 작업을 수행하기 때문에 수치 값에 대해 Normalize정규화를 사용하여 Z-transformation을 수행한다. 다음과 같이 Normalize의 파라미터는 attribute filter type은 value type, value type은 numeric으로, method는 Z-transformation으로 설정한다.

그림 5.87 k-Means 모델링 - 정규화 수행

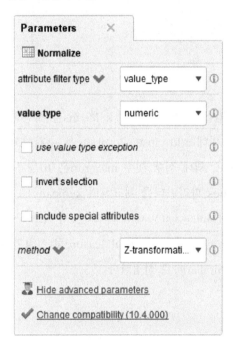

3. 데이터 세트가 범주형 속성을 포함하고 있기 때문에 One-Hot Encoding을 사용하여 수치 유형으로 변형한다.

그림 5.88 k-Means 모델링 - One-Hot Encoding 수행

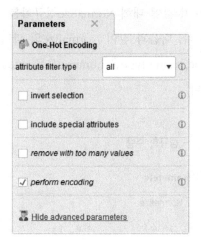

4. 클러스터링 작업을 수행하기 위해 k-Means를 사용한다. 클러스터를 속성으로 추가하기 위해 add cluster attribute을 추가하고, 클러스터의 개수 k는 5로 설정했고, 최대 실행 횟수 max run은 10을 사용하였다. determine good start values 파라미터를 체크하면 k-means++ 휴리스틱을 사용하여 k 값을 결정한다(Arthur and Vassilvitskii 2007). 수치로 구성된 데이터 세트이기 때문에 measure types를 NumericalMeasure로 설정한 후 numerical measure를 Cosine Similarity로 설정한다.

그림 5.89 k-Means 모델링 – k-Means 파라미터 설정

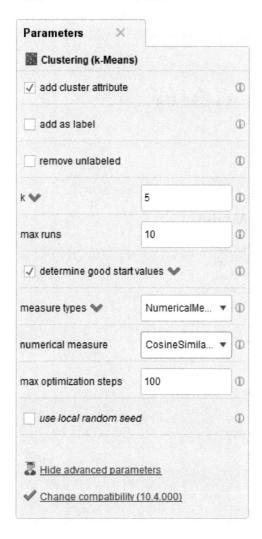

5. 클러스터링 결과를 보기 위해 Cluster Model Visualizer를 추가한다.

분석 결과

이제 프로세스 설계가 완료되었으니 프로세스를 실행하여 결과를 확인해 보자. 결과 뷰에서 Cluster Model(Clustering) 탭을 선택하자. Description 메뉴에서 클

러스터링에 대한 크기 요약 정보를 볼 수 있다. Folder View에서는 클러스터에 포함된 사례를 확인할 수 있다. Centroid Table에서는 클러스터의 중심점에 대한 정보를 확인해 볼 수 있다.

그림 5.90 k-Means 모델링 – k-Means 모델 결과

(a) 모델 요약

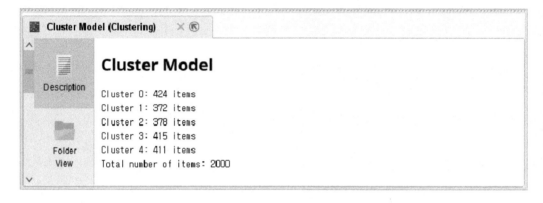

(b) 클러스터별 사례 확인

(c) 클러스터별 중심점 정보

Attribute	cluster_0	cluster_1	cluster_2	cluster_3	cluster_4
Gender = Female	0.618	0.621	0.529	0.614	0.579
Profession = Healthcare	0.163	0.204	0.161	0.149	0.173
Profession = Engineer	0.094	0.081	0.002	0.108	0.000
Profession = Lawyer	0.087	0.075	0.061	0.072	0.058
Profession = Entertainment	0.111	0.116	0.087	0.161	0.107
Profession = Artist	0.314	0.258	0.312	0.294	0.348
Profession = Executive	0.086	0.086	0.079	0.067	0.085
Profession = Doctor	0.087	0.078	0.003	0.065	0.080
Profession = Marketing	0.047	0.048	0.045	0.036	0.036
Age	0.186	-0.830	0.017	1.076	-0.542
Annual Income ($)	-0.692	0.373	0.421	0.200	-0.290
Spending Score (1-100)	-0.910	-0.251	-0.059	0.289	0.939
Work Experience	-0.116	-0.063	1.363	-0.274	-0.490
Family Size	-0.556	1.065	-0.400	0.607	-0.633

결과 뷰에서 Cluster Model Visualizer Object 탭을 클릭하면 클러스터링 결과를 확인할 수 있다. 왼쪽 메뉴를 선택하여 결과를 확인해 보자.

• Overview: 클러스터의 사례 개수와 특징을 설명한다.

그림 5.91 k-Means 모델링 – 클러스터링 결과 시각화

• Heat Map: 클러스터별 특징을 Hit Map으로 시각화 한다. 클러스터 간의 차이를 시각적으로 확인하며, 어떤 차이가 있는지를 직관적으로 확인할 수 있다.

그림 5.92 k-Means 모델링 – 클러스터링 Heat Map 결과

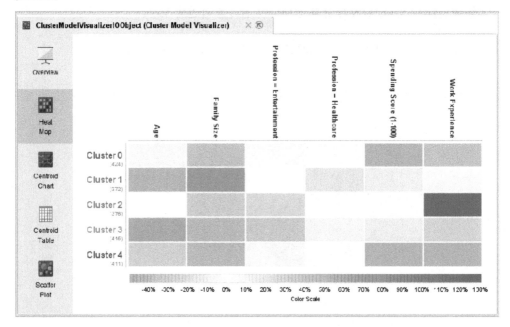

- Centroid Chart: 각 클러스터의 중심값을 시각화로 표현한다.

그림 5.93 k-Means 모델링 – 클러스터링 Centroid Chart결과

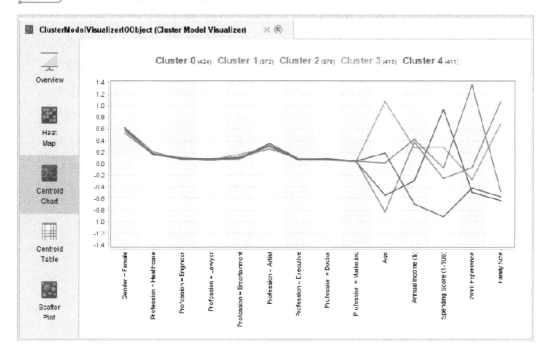

- Centroid Table: 이를 테이블 형태로 제공하여 어떤 차이가 있는지 확인할 수 있게 한다. Cluster Model(Clustering) 탭의 정보와 동일하다.

5) K-Means 하이퍼 파라미터 최적화

이론적 배경

k-Means의 성과와 관련하여 가장 중요한 파라미터는 얼마나 많은 클러스터를 생성할 것이냐는 k이다. k-Means 클러스터링에서 최적의 k값을 찾는 것은 특히 노이즈가 많은 데이터의 경우 매우 어려울 수 있다. 적절한 k의 값은 데이터 구조와 해결 중인 문제에 따라 달라진다. 작은 값을 선택하면 언더 클러스터링(under-clustering)이 되고, 큰 값을 선택하면 오버 클러스터링(over-clustering)이 발생할

수 있으므로 올바른 k값을 선택하는 것이 중요하다.

AI Studio는 k값을 찾는 알고리즘 중에서 Davies Bouldin Index(DBI)를 지원한다. DBI는 다음과 같은 아이디어에 기반을 두고 있다. 군집은 군집에 할당된 사례의 분산이 적고, 다른 군집과의 거리가 크다는 2가지 특성이 있어야 한다. 첫 번째 특징을 클러스터 내 인덱스(intra-cluster index)라고 하고, 두 번째 특성은 클러스터 간 인덱스(inter-cluster index)라고 한다. 클러스터 내 인덱스는 클러스터에 할당된 데이터의 분산을 측정하며 이 값이 낮을수록 점수가 높아진다. 클러스터 간 인덱스는 클러스터가 서로 얼마나 분산되어 있는지를 나타내는 척도이며 두 클러스터를 비교하는 데 사용된다. 모든 군집의 경우 최종 지수는 군집 내 및 군집 내 점수를 결합한다. 클러스터 내 점수가 낮고 클러스터 간 점수가 높을 때 총점수는 더 작아진다. 이들 사이의 총점수가 낮으면 2개의 양호한 군집을 나타낸다. 이것을 측정하는 지표가 DBI라는 것이다.

DBI는 다음과 같이 정의된다.

$$DBI = \frac{1}{N} \sum_{i=1}^{N} \max_{j \neq i} \left(\frac{S_i + S_j}{M_{ij}} \right)$$

$$R_{ij} = \frac{S_i + S_j}{d_{ij}}$$

- N: 클러스터의 개수
- S_i, S_j : 클러스터 i와 j 안에 있는 각 사례와 클러스터 i와 j의 중심점 사이의 평균 거리, 즉 클러스터 내 인덱스(intra-cluster index)
- M_{ij}: 클러스터 i와 j 의 중심점 사이의 거리, 즉 클러스터 간 인덱스(inter-cluster index)

DBI의 값은 작을수록 두 클러스터의 군집화가 잘 되어 있다고 판단한다.

프로세스 개요

k-Means의 최적의 k값을 찾는 개괄적인 분석 프로세스는 다음과 같다. 데이터 전처리 단계는 위에서 설명한 k-Means 모델링 과정과 같다. Optimize Parameters(Grid)를 사용하여 최적의 k을 찾기 위해 오퍼레이터를 추가하고, 내부 프로세스에서는 k-Means를 사용하여 모델링을 하고 Cluster Distance Performance를 사용하여 성과를 측정하였다. 단계별로 분석 프로세스 설계 방법을 자세히 살펴보자.

그림 5.94 k-Means 최적화 모델링 - 분석 개요

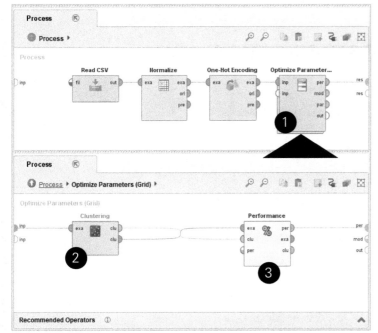

상세 분석 프로세스

1. k-Means파라미터 최적화를 위해 Optimize Parameters(Grid)를 추가한다.

2. Optimize Parameters(Grid) 내부에 k-Means를 추가하여 모델링 작업을 수행한다. 유사도 함수는 k-Means 모델링에 영향을 미치기 때문에 최적화를 통해 적절한 함수를 찾을 것이다.

3. 클러스터링의 성과 측정을 위해 Cluster Distance Performance를 사용하여 성과를 측정한다. Cluster Distance Performance의 파라미터는 다음과 같이 설정한다. 최적화를 위한 main criterion은 Davies Bouldin을 설정하였고, normalize와 maximize를 체크한다. normalize는 결과를 정규화해야 하는 지를 지정하는데, 체크를 하면 정규화된 값이 결과로 제공된다. maximize 는 결과를 최대화해야 하는지를 지정하는데, 체크하면 결과에 마이너스 1을 곱하지 않은 값이 결과로 제공된다.

그림 5.95) k-Means 최적화 모델링 - 클러스터 거리 성과 측정 지표 설정

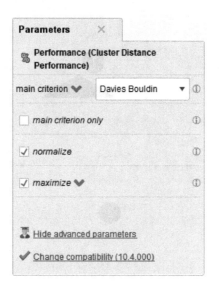

4. Optimize Parameters(Grid)의 내부 프로세스 구성이 완료되면 상위 프로세스로 돌아가 Optimize Parameters(Grid)의 파라미터를 설정한다. Edit Parameter Settings버튼을 클릭한 후 다이얼로그에서 Clustering(k_Means)를 선택한 후 Clustering.k를 선택한다. 값의 범위는 최소(Min) 2, 최대(Max) 15로 설정하고 단계(steps)는 10으로 한다.

그림 5.96 k-Means 최적화 모델링 – k파라미터 설정

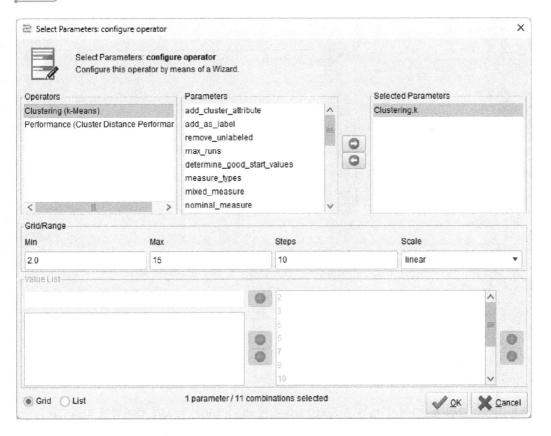

하이퍼 파라미터 최적화 분석 결과

분석 프로세스를 실행한다. 주의할 점은 분류나 회귀에서 ParameterSet이 최적의 결과를 보여주는데 파라미터 설정과 결괏값을 보여주지만, 클러스터링의 경우에는 그렇지 않다는 점이다. 대신에 Optimize Parameters(Grid)를 선택한 다음 Simple Chart 메뉴를 선택한 후 아래와 같이 차트를 생성해 보자. Chart style은 Scatter를 선택하고, x축(x-Axis)은 Clustering. k를 y축(y-Axis)는 Davies Bouldin을 선택한다.

그림 5.97) k-Means 분석 프로세스: Davies Bouldin 결과

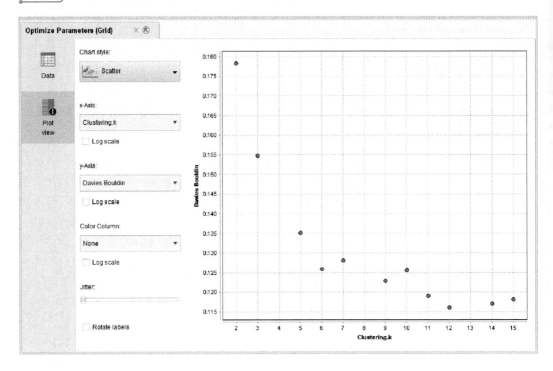

〈그림 5.98〉에서 보는 것처럼 Davies Bouldin Index는 k가 증가함에 따라 감소하다 k가 이 6일 때 최젓값을 갖고 다시 상승 또는 하락하는 모습을 보여준다. 따라서 우리는 k가 6일 때 최적의 클러스터가 생성되었다고 볼 수 있다.

6) 분석 요약

이번 절에서는 k-Means를 사용하여 클러스터링을 수행하는 방법에 대해서 학습을 했다. K-Means는 적절한 크기의 클러스터 개수를 설정해 주면 속성이 유사한 그룹을 생성해 준다. Davies Bouldin Index는 적절한 클러스터 개수를 정하는 데 도움을 준다. 그러나, 클러스터의 개수를 설정할 때 업무 지식을 사용하여 결정하는 것도 유용하다.

5.4.9 FP-Growth 모델링 기법

1) 개요

연관 규칙은 데이터 세트에서 속성과 속성 간의 연관(association)을 표현한다. 예를 들어, X와 Y라는 속성의 연관은 만일 X가 있으면, Y가 있다는 의미를 지니는 규칙으로 표현한다. 연관 규칙 모델링 기법은 이런 연관 규칙을 발견하는 기법이다. 연관 규칙 모델링 기법은 구매자가 같은 한 번에 구매하는 아이템 중에서 자주 같이 구매하는 아이템의 연관을 분석하는 장바구니 분석에 많이 사용된다. 즉, 구매자가 두부를 사면 계란을 같이 산다는 연관 패턴을 찾기 위해 사용한다. 이번 장에서는 연관 규칙을 학습하는 대표적인 모델링 기법인 FP-Growth에 대해 학습하고자 한다(Borgelt 2005).

2) 용어

빈발 항목 집합(frequent item set). 빈발 항목 집합은 데이터 세트에서 함께 자주 발생하는 항목 집합(item set)이다. 항목 집합의 빈도는 항목 집합을 포함하는 데이터 집합의 트랜잭션 수 또는 레코드 수인 지원 횟수(support count)로 측정된다. 예를 들어 데이터 집합에 100개의 트랜잭션이 포함되어 있고 해당 트랜잭션 중 20개에 항목 집합 {milk, break}이(가) 나타나면 지원 횟수는 20이다.

빈발 패턴 트리(frequent-pattern tree; FP-tree): 빈발 패턴 트리는 데이터베이스에 빈발 패턴에 대한 정량적 정보를 저장하는 콤팩트 한 데이터 구조를 말한다. 빈발 패턴 트리를 생성한 후 이를 사용하여 연관 규칙을 생성한다.

3) 작동 방법

FP-성장 알고리즘은 크게 두 단계로 구성된다. FP-트리(Frequent Pattern Tree; FP-Tree) 구축 이 단계에서는 데이터 세트를 한 번 스캔하여 FP-트리를 구축한다. FP-트리는 빈발 항목 집합(Frequent Itemset)과 그 빈도를 저장하는 콤팩트 한 데이터 세트이다. 빈발 항목 집합 마이닝 단계에서는 빈발 패턴 트리를 재귀적으로 순회함으로써 빈발 항목 집합을 생성한다. 구체적인 FP-Growth알고리즘은 다음 내용과 같다.

➕ FP-Growth 알고리즘

FP-Tree 구축

1. 데이터 세트 스캔: 각 항목의 빈도를 계산하고 최소 지원 임곗값을 충족하는 항목을 식별한다.

2. 빈도별 항목 정렬: 각 트랜잭션의 항목을 내림 빈도별로 정렬한다.

3. 트리 구성:

   ① NULL 루트로 시작한다.

   ② 각 트랜잭션에 대해 트리에 분기를 생성한다. 트랜잭션의 Prefix에 대해 분기가 이미 존재하는 경우 기존 노드의 빈도 수를 늘린다.

FP-Tree에서 자주 사용하는 항목 집합 마이닝

4. 조건부 패턴 베이스추출: FP-Tree의 각 항목에 대해 해당 조건부 패턴 베이스(Conditional Pattern Bases)를 추출한다.

5. 조건부(Conditional FP-Tree) 구축: 각 조건부 패턴 베이스에 대한 FP-Tree를 구축한다.

6. 빈발 항목 집합 생성: 각 조건 FP-Tree를 재귀적으로 마이닝한다.

4) FP-Growth를 활용한 연관 규칙 모델링

분석 개요

본 분석에서는 "구매 데이터 분석 문제"를 다루도록 할 것이다(2.2.1, 3.2.4 참고). 데이터 세트에 대한 정보와 데이터는 아래 웹사이트에서 가져올 수 있다.

https://cafe.daum.net/selfserviceanalytics/t0vn/10

통계 데이터와 차트를 사용하여 데이터 이해 작업을 수행해 보라. 여기에서는 데이터 준비와 모델링에 중점을 두어 설명하도록 할 것이다.

〈그림 5.98〉은 FP-Growth를 활용한 분석 과정을 보여준다. Read CSV로 데이터 세트를 읽고, Pivot을 사용하여 회원-아이템별 구매 개수를 나타내는 테이블을 생성한다. 속성 이름을 아이템 이름만 나오도록 변경한다. 분석에 필요 없는 속성을 제거하고, 결측값은 0으로 대체한 다음 속성값을 이항 범주로 변경하여 0보다 큰 경우에는 true, 그렇지 않으면 false로 변환한다. 마지막으로 FP-Growth 알고

리즘을 적용하여 빈발 패턴을 생성한 후에 빈발 패턴을 활용하여 연관 규칙을 생성한다.

그림 5.98 연관 규칙 모델링 - 분석 개요

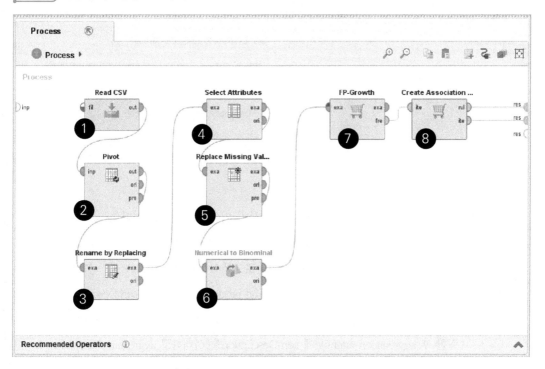

상세 분석

1. Read CSV를 사용하여 Groceries_dataset.csv를 읽는다. 데이터의 메타 데이터 정보는 〈그림 5.94〉와 같이 설정한다. 프로세스를 실행하여 데이터 세트를 확인해 보자.

그림 5.99 연관 규칙 모델링 – 데이터 세트 메타 데이터 정리

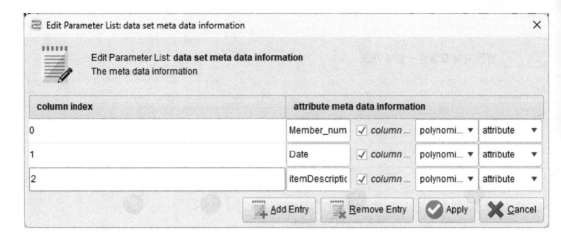

2. 회원별로 아이템을 구입한 결과를 집계하기 위해 Pivot을 사용한다. Pivot을 추가한 후 파라미터 패널에서 group by attributes 파라미터의 Select Attributes ... 버튼을 클릭한 다음 그룹 속성 선택 다이얼로그에서 Member_number를 선택한다. 속성을 아이템으로 선택하기 위해 column grouping attribute을 itemDescription으로 설정한다. aggregation attributes 파라미터를 설정하기 위해 List Edit... 버튼을 클릭한 후 aggregation attribute에 itemDescription을 선택하고 aggregation functions을 count로 설정한다. Pivot의 out 포트를 res 포트에 연결 후 프로세스를 실행하면 〈그림 5.102〉와 같은 결과를 얻는다

각 속성 이름이 count(itemDescription)_으로 시작하기 때문에 이를 제거하도록 하자.

그림 5.100 연관 규칙 모델링 – Pivot 활용 거래 빈도 생성

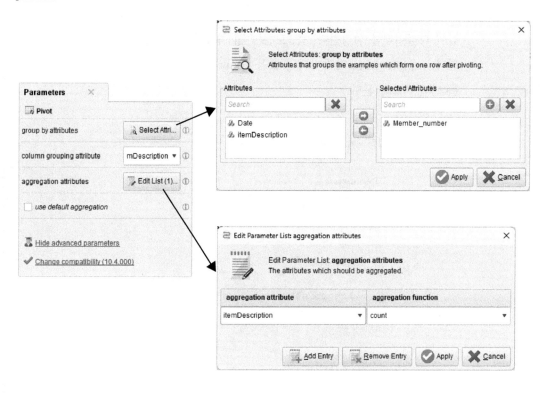

그림 5.101 연관 규칙 모델링 – Pivot 결과

3. Rename by Replacing을 추가한 후 Pivot의 out 포트를 exa 포트에 연결하고, exa 포트를 프로세스 패널의 res 포트에 연결한 다음, 〈그림 5.102〉와 같이 파라미터를 설정한다. 즉, 모든 속성 이름에서 count(...)_ 부분을 제거한다. replace what 파라미터의 값을 count\(.*\)_로 설정하고, replace by 는 빈 공백으로 둔다.

그림 5.102 연관 규칙 모델링 – 속성 이름 변경

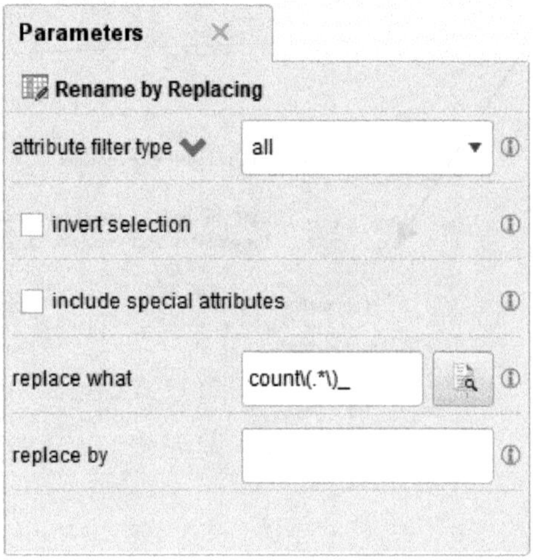

프로세스를 실행하여 결과를 확인해 본다. 생성된 결괏값은 〈그림 5.104〉와 같다. 각 속성 이름의 count(itemDescription)_가 제거된 것을 확인할 수 있다.

그림 5.103 연관 규칙 모델링 – 속성 이름 변경 결과

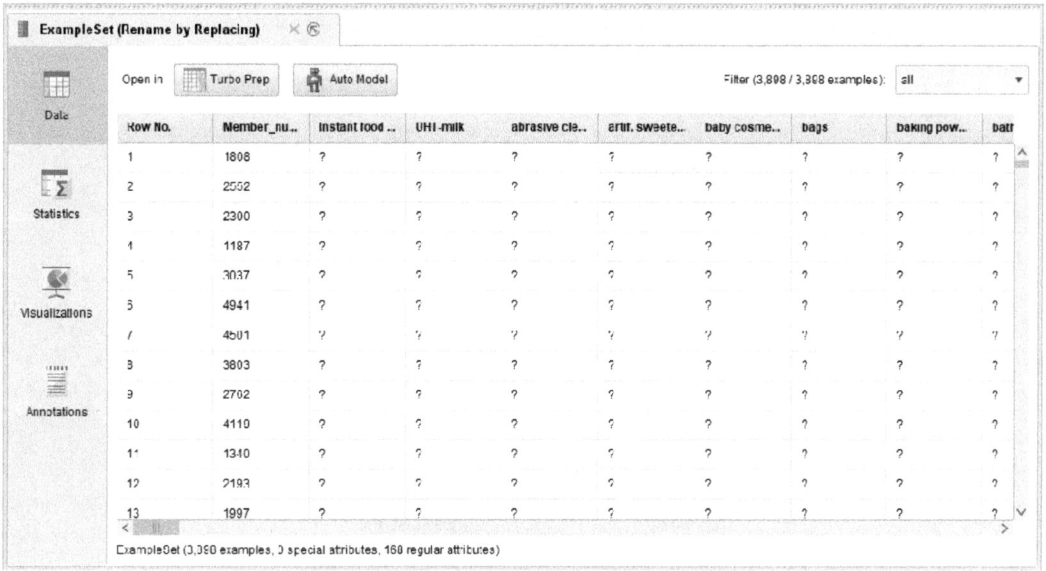

4. Member_number는 이후 프로세스에서 사용하지 않으므로 Select Attri-
   butes을 사용하여 제외한다.

그림 5.104 연관 규칙 모델링 – Member_number 속성 제거

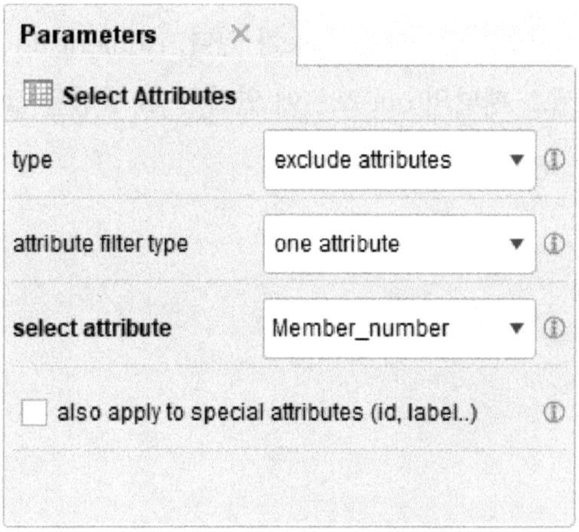

5. Replace Missing Values를 사용하여 결측값을 0으로 변경한다. Replace Missing Values의 파라미터는 〈그림 5.105〉와 같이 설정한다.

그림 5.105 연관 규칙 모델링 – 결측값을 0으로 대체

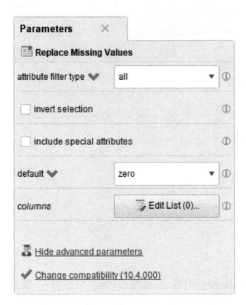

6. 이제 구매 이력이 있는 경우와 없는 경우의 값으로 대체하기 위해 Numer-ical to Binominal을 사용한다. 이 오퍼레이터를 사용하면 구매 이력이 있는 경우에는 true, 아닌 경우에는 false가 된다. Numerical to Binominal의 exa 포트를 프로세스 패널의 out 포트에 연결한 후 생성된 값을 확인하면 〈그림 5.107 (b)〉와 같다.

그림 5.106 연관 규칙 모델링 – 속성값을 Binomial로 변환

(a) Numerical to Binomial 파라미터 설정

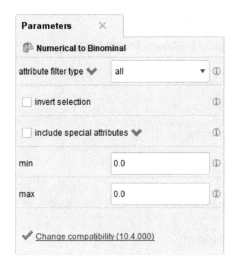

(b) Numerical to Binomial 수행 결과

7. 이제 FP-Growth를 사용하여 빈발 아이템을 생성해 보자. FP-Growth를 추가한 후에 파라미터를 〈그림 5.107〉과 같이 설정한다. 입력 형식(input for-mat)은 items in dummy coded columns를 지정한다. 다른 파라미터는 기

본값을 사용하되 실제로 빈발 아이템 생성에 영향을 미치는 min require-
ment(최소 요구 사항) 기준을 support(지지도)로 설정하고, min support(최소 지
지도)를 0.5로 설정한다.

그림 5.107 연관 규칙 모델링 – FP-Growth 파라미터 설정

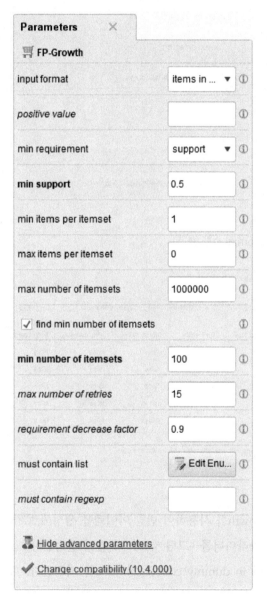

No Code 빅데이터 분석: Altair RapidMiner AI Studio를 활용한 분석실무

FP-Growth의 feq 포트를 프로세스 패널의 res 포트에 연결한 후 프로세스를 실행하여 생성된 값을 확인하면 〈그림 5.109〉와 같다.

그림 5.108 연관 규칙 모델링 - 빈발 아이템 셋 결과

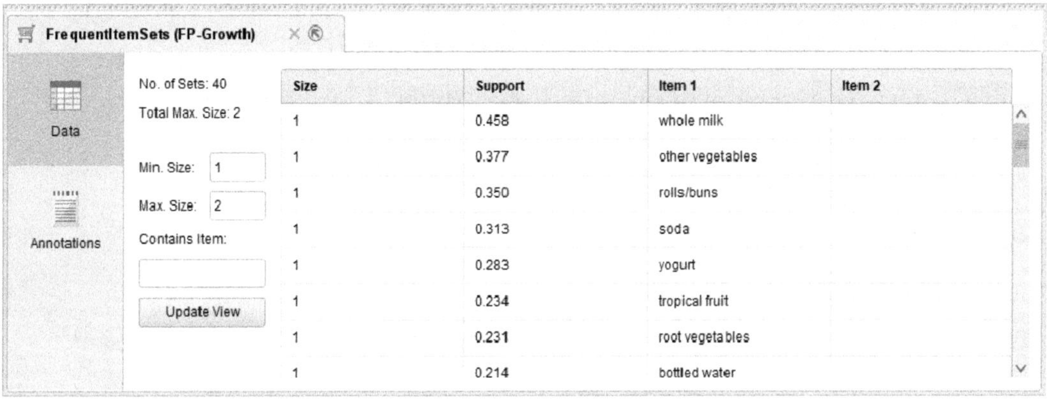
FrequentItemSets (FP-Growth)
Data
Annotations
No. of Sets: 40
Total Max. Size: 2
Min. Size: 1
Max. Size: 2
Contains Item:
Update View
Size
Support
Item 1
Item 2
1 0.458 whole milk
1 0.377 other vegetables
1 0.350 rolls/buns
1 0.313 soda
1 0.283 yogurt
1 0.234 tropical fruit
1 0.231 root vegetables
1 0.214 bottled water

8. 빈발 항목 세트이 생성되면 Create Association Rules를 사용하여 규칙을 생성할 수 있다. criterion(규칙 생성 기준)을 lift(리프트)로 설정하고 min criterion value(최소 기준값)을 0.8로 설정한다.

그림 5.109 연관 규칙 모델링 - Create Association Rules - 파라미터 설정

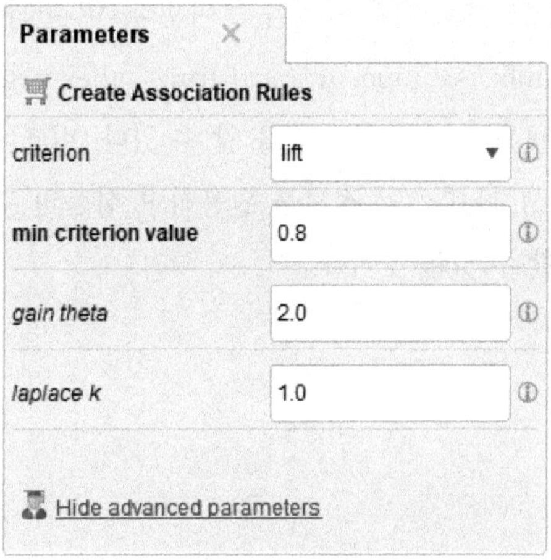
Parameters
Create Association Rules
criterion
lift
min criterion value
0.8
gain theta
2.0
laplace k
1.0
Hide advanced parameters

분석 결과

이제 분석 프로세스를 실행하여 연관 규칙을 생성해 보자. Association Rules (Create Association Rules) 탭을 클릭하면 〈그림 5.110〉과 같은 결과를 확인할 수 있다. 연관 규칙은 전제 조건(Premises)와 결론(Conclusion)으로 구성된다. 또한 각 규칙에 대한 품질 지표(Support, Confidence, LaPlace, Gain, p-s, Lift, Conviction)가 표시되어 있다(성과지표에 관한 설명은 2.4.3의 5) 참조). 테이블의 왼쪽에는 Show rules matching이라는 파라미터가 있고(매칭된 규칙만 보기), 선택할 수 있도록 되어 있다.

그림 5.110 연관 규칙 모델링 - Association Rules 결과

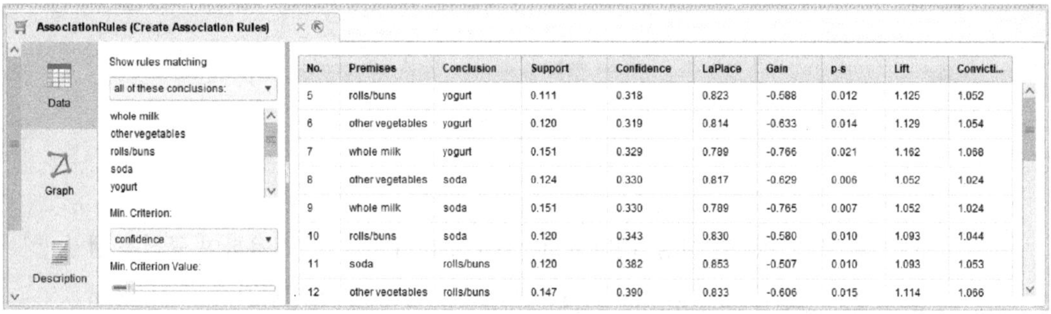

No.	Premises	Conclusion	Support	Confidence	LaPlace	Gain	p-s	Lift	Convicti...
5	rolls/buns	yogurt	0.111	0.318	0.823	-0.588	0.012	1.125	1.052
6	other vegetables	yogurt	0.120	0.319	0.814	-0.633	0.014	1.129	1.054
7	whole milk	yogurt	0.151	0.329	0.789	-0.766	0.021	1.162	1.068
8	other vegetables	soda	0.124	0.330	0.817	-0.629	0.006	1.052	1.024
9	whole milk	soda	0.151	0.330	0.789	-0.765	0.007	1.052	1.024
10	rolls/buns	soda	0.120	0.343	0.830	-0.580	0.010	1.093	1.044
11	soda	rolls/buns	0.120	0.382	0.853	-0.507	0.010	1.093	1.053
12	other vegetables	rolls/buns	0.147	0.390	0.833	-0.606	0.015	1.114	1.066

리스트 아래 있는 아이템 리스트에서 아이템을 클릭하면 해당 아이템에 해당하는 규칙만 보이게 된다. 예를 들어, yogurt를 선택하면 〈그림 5.111〉과 같이 결론이 yogurt를 포함하고 있는 연관 규칙을 보여준다. 이 결과를 통해 yogurt를 구매한 고객은 whole milk, sausage, tropical fruit, other vegetables, rolls/buns, sada, bottled water 등을 같이 구매한 것을 알 수 있다. 비즈니스에서 이런 정보는 매우 유익한 것으로 생각된다. 이 정보를 활용하여 상품의 추천 또는 매대 진열, 판매 촉진 등에 활용할 수 있을 것이다.

그림 5.111 연관 규칙 모델링 – Association Rules 결과(결론=yogurt)

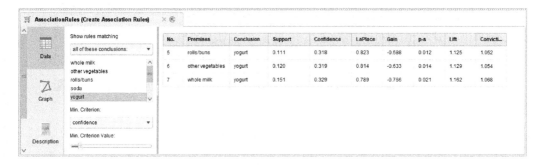

같은 결과를 시각적으로 확인해 보자. 왼쪽 메뉴에서 Graph 메뉴를 클릭한 후 Filter에서 yogurt를 선택하면 관련된 아이템을 〈그림 5.112〉와 같은 결과를 볼 수 있다.

그림 5.112 연관 규칙 모델링 – Association Rules 결과 그래프(결론=yogurt)

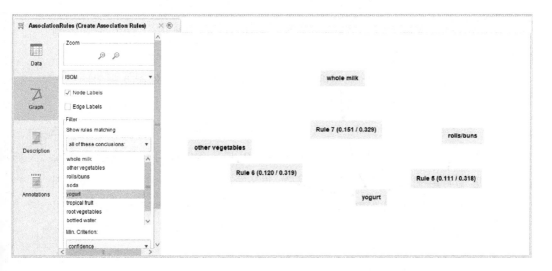

분석 요약

본 절에서는 FP-Growth 알고리즘을 사용하여 연관 규칙을 도출하는 방법에 대해서 학습했다. 전처리 작업을 통해 거래-아이템 데이터 세트를 생성하여 빈발 아이템 세트를 도출한 후 연관 규칙을 생성하였다. 연관 규칙은 장바구니 분석만 아니라 텍스트 데이터 세트에서 함께 출현하는 단어 세트에 대한 분석에도 사용할 수 있다.

5.5 결론

본 장에서는 모델링 단계에 대해 논의하였다. 모델링은 데이터 읽기, 모델 선택, 모델 적용, 성과 평가 단계로 구성되어 있다. 학습 데이터를 활용하여 모델링 오퍼레이터는 모델을 생성한다. 이 모델의 성과를 검토하기 위해 테스트 데이터에 모델을 적용한다. 마지막으로 모델 적용에 따른 예측 결과와 실제 결과를 비교하여 성과를 측정한다. 한 데이터 세트에 다양한 모델을 적용할 수 있고, 같은 모델을 적용하더라도 파라미터 설정을 다르게 하여 성과가 다른 모델을 얻을 수 있다. 따라서 어떤 모델과 어떤 파라미터를 설정하였을 때 가장 좋은 성과를 얻는지 평가해야 한다. 모델링 단계에서는 정량적인 평가지표로 최선의 모델을 선택한다.

학습된 모델은 비즈니스 문제해결에 사용하기 전에 데이터 분석 결과가 비즈니스 측면에서 적합한지 평가해야 한다. 이것이 다음 장에서 다룰 문제다. 간혹 모델링 결과를 비즈니스 결과로 오해하는 경우가 있다. 그러나 비즈니스 측면에서 모델을 활용할 수 없다면, 분석은 실패한 것이다. 따라서 다음 장은 매우 중요한 주제다.

제**6**장

평가

◆ 서론

◆ 결과를 평가하라

◆ 프로세스를 검토하라

◆ 다음 단계 결정하라

◆ 결론

제6장 평가

6.1 서론

모델링 단계에서 우리는 예측, 분류, 군집화 등을 위한 다양한 모델링 방법에 관해 학습하였고, 모델을 평가하기 위한 정량적 평가 지표를 사용하여 좋은 모델을 선택하는 방법에 관해 학습하였다. 모델은 정보시스템에 배치되어 의사 결정을 대체해 줄 수 있고, 조직의 의사 결정을 돕기 위해 사용할 수 있다. 평가 단계에서는 모델링 결과들을 비즈니스 측면에서 평가하여 실제로 활용할 수 있을지 결정한다.

CRISP-DM은 평가 단계에서 수행해야 할 구체적인 작업으로 다음과 같은 3가지 작업을 제시한다.

결과를 평가하라: 모델이 비즈니스 목표를 충족하는 정도를 평가하고 시간과 예산이 허락하는 경우 테스트 애플리케이션에서 모델을 테스트하여 결과를 평가한다. 이 작업의 산출물은 데이터 분석 결과의 평가(assessment of data analysis results)와 승인된 모델(approved model)이다.

프로세스를 검토하라: 프로세스 중에 간과된 중요 요소나 과제가 있는지 확인하고, 품질 보증 문제를 파악하며, 프로세스 검토를 요약하고, 누락되거나 반복되어야 하는 활동을 강조한다. 이 작업의 산출물은 프로세스 검토 보고서가 있다.

다음 단계를 결정하라: 프로젝트를 진행하는 방법을 평가하여 다음 단계를 결정한다. 이 부분에서는 각 옵션에 대한 찬반 이유와 함께 잠재적인 추가 조치를 나열하고 진행 방법을 설명하는 것이 중요하다. 이 작업의 산출물은 가능한 행동의 리스트와 의사결정이다.

평가 단계에 도달하면 우리는 비즈니스 의사 결정 지원 또는 대체를 위한 잠재적인 후보자들을 갖게 된다. 중요한 것은 이 후보자들을 그대로 쓸 수는 없다는 것이다. 이들은 분석을 위해 사용된 데이터로부터 얻은 것이지, 실제 사용할 때도 그러할 것이라고 보장할 수 없고 비즈니스 측면에서 반드시 실현 가능하거나 올바른 것이 아닐 수도 있다. 평가 단계에서는 실제로 이 후보자들을 실제로 평가하여 비즈니스 측면에서 가장 좋은 후보자를 찾아야 하는 것이다.

결과 평가는 실증적 증거에 기반한 검증을 필요로 한다. 실증적 증거는 관찰(observations)이나 실험(experiments)을 통해 수집된 정보나 자료를 말한다. 실증적 증거는 관찰이나 인터뷰와 같은 질적(qualitative)이거나 실험이나 조사의 데이터와 같은 양적(quantitative)일 수 있다. 실증적 증거를 수집하고 분석하는 데 사용되는 방법은 결과의 타당성과 신뢰성에 영향을 미칠 수 있으므로 신중하게 고려하는 것이 중요하다.

실증적 데이터를 수집할 때는 실증적 데이터 수집의 목적을 명확하게 정의한다. 이렇게 하면 데이터 수집 프로세스를 보다 잘 구축할 수 있고, 수집된 데이터가 목적과 관련 여부를 확인에 도움이 된다. 실증적 데이터 분석을 위해 적절한 데이터 수집 방법을 선택한다. 가장 관련성이 높은 데이터 수집 방법을 결정할 때 연구 질문, 사용 가능한 원천 및 연구 인구를 고려해야 한다. 실증적 데이터 분석에 필요한 데이터 수집에 방법에 대한 파일럿 테스트한다. 이렇게 하면 데이터 수집 프로세스의 문제나 문제를 파악하고 수집된 데이터의 신뢰성과 유효성을 보장하는 데 도움이 된다. 실증적 데이터 분석을 위한 데이터가 윤리적으로 수집되었는지 확인한다. 여기에는 참가자의 사전 동의를 얻고, 개인 정보와 기밀을 보호하며, 피해나 불편을 방지가 포함된다. 실증적 데이터 분석을 위해 데이터 수집을 위해 신뢰할 수 있고 유효한 측정 도구를 사용한다. 이렇게 하면 수집된 데이터가 정확하고 연구 모집단을 대표할 수 있다. 마지막으로 수집된 데이터의 제한 사항을 고려한다. 수집된 데이터의 한계를 인식하고 연구 결과에 보고해야 한다.

일단 실증적 데이터를 수집했으면 의미 있는 결론과 통찰력을 도출하기 위해 분석하고 해석하는 것이 중요하다. 실증적 데이터를 분석하고 해석한 후에는 그 결과를 사용하여 데이터 분석 평가에 답하고 의미 있는 결론을 도출할 수 있다. 실증 분석을 통해 프로젝트 결과가 비즈니스 성공 기준을 충족하는지에 대한 평가를 공식화한다.

실증적 분석이 완료되면, 데이터 분석 결과가 비즈니스 성공 기준을 충족하는지에 대한 평가를 문서화해야 한다. 보고서에서 다음 질문을 고려한다.

- 결과가 명확하고 쉽게 제시될 수 있는 형태로 명시되어 있는가?
- 특별히 강조해야 할 참신하거나 독특한 발견이 있는가?
- 모델과 결과를 비즈니스 목표에 적용할 수 있는 순서대로 순위를 매길 수 있는가?
- 일반적으로 이러한 결과가 비즈니스 목표에 얼마나 잘 부합하는가?
- 결과에 대해 어떤 추가적인 질문이 제기되었는가? 이 질문들을 비즈니스 용어로 어떻게 표현할 수 있는가?

결과를 평가한 후 최종 보고서에 포함할 승인된 모델 목록을 작성한다. 이 목록에는 조직의 데이터 분석 및 비즈니스 목표를 모두 충족하는 모델이 포함되어야 한다. 이 작업의 결과물에는 다음 2가지 항목이 포함된다.

- 결과 평가(비즈니스 목표에 대한): 비즈니스 이해 단계에서 수립한 비즈니스 성공 기준과 관련하여 결과를 요약한다. 프로젝트를 시작할 때 정의된 비즈니스 목표에 도달했는지를 명시적으로 설명한다.
- 승인된 모델: 여기에는 비즈니스 성공 기준을 충족하는 모든 모델이 포함된다.

6.3 프로세스를 검토하라

데이터 분석하는 과정은 생각보다 복잡할 수 있고, 과정 중에 실수했을 가능성이 있다. 따라서 이제까지 진행된 과정을 다시 살펴보고 분석이 적절하게 이루어졌는지 검토해야 한다. 좀 더 구체적으로 데이터 분석 프로세스를 검토는 다음과 같은 몇 가지 이유로 필수적이다.

품질 보증(quality assurance): 데이터 분석 프로세스는 데이터 수집, 전처리, 분석 및 해석을 포함한 다양한 단계를 포함한다. 프로세스를 검토하면 각 단계가 올바르게 실행되었는지, 결과가 정확하고 신뢰성 있으며 고품질인지 확인할 수 있다.

오류 탐지 및 수정(error detection and correction): 오류는 데이터 분석 프로세스의 모든 단계에서 발생할 수 있다. 프로세스를 검토하면 데이터, 방법론 또는 분석 기법의 오류, 불일치 또는 이상을 식별할 수 있다. 이는 잘못된 정보에 기초한 잘못된 결론 또는 결정을 방지하는 데 도움이 된다.

데이터 무결성(data integrity): 프로세스를 검토하면 데이터 무결성을 유지에 도움이 된다. 데이터가 완전하고 일관성 있으며 정확하게 표현됐는지 확인하면 오해의 소지가 있는 통찰력과 신뢰할 수 없는 결과를 방지하는 데 도움이 된다.

결과의 타당성 검증(validation of results): 자료 분석을 통해 생성된 결과가 타당하고 통계적으로 타당한지를 확인하며, 가설 검정, 모델링 및 검증에 사용된 방법을 조사하여 분석에서 도출된 결론이 정당한지를 확인할 수 있다.

목표와의 일치(alignment with objectives): 데이터 분석은 종종 특정 비즈니스 질문이나 목표를 해결하기 위해 수행된다. 프로세스를 검토하면 분석이 이러한 목표와 일치하는지를 확인하고 의사 결정에 정보를 줄 수 있는 실행 가능한 통찰력을 제공하는 데 도움이 된다.

지속적인 개선(continual improvement): 데이터 분석 프로세스에 대한 정기적인 검토를 통해 개선해야 할 영역을 식별할 수 있다. 이는 데이터 수집 방법의 정교화, 분석 기법의 강화 또는 결과 전달의 개선을 포함할 수 있다.

투명성과 책임성(transparency and accountability): 프로세스 검토는 취한 단계, 만들어진 가정 및 사용된 방법론을 문서화함으로써 투명성을 촉진한다. 이러한 투명성은 이해 관계자 사이의 신뢰를 형성하고 결과에 대한 책임을 보장함으로 중요하다.

변화에 대한 적응(adaptation to changes): 비즈니스 환경, 데이터 원천 및 목표는 시간이 지남에 따라 변경될 수 있다. 데이터 분석 프로세스를 정기적으로 검토하면 새로운 과제와 기회를 해결에 있어 데이터 분석 프로세스가 지속적으로 관련성을 유지하고 효과적으로 유지될 수 있다.

윤리적 및 법적 준수(ethical and legal compliance): 데이터 분석 프로세스는 윤리적 지침 및 법적 규정을 준수해야 한다. 프로세스를 검토하면 데이터 개인 정보 보호 또는 규정 준수 요구 사항에 대한 윤리적 우려 또는 잠재적 위반 식별에 도움이 된다.

커뮤니케이션 및 협업(communication and collaboration): 효과적인 데이터 분석 프로세스는 분석가, 도메인 전문가 및 의사 결정자를 포함한 다양한 이해 관계자 간의 협업을 포함한다. 프로세스를 검토하면 결과를 명확하게 전달하여 팀원 간의 협업과 이해를 높일 수 있다.

자원 최적화(resource optimization): 프로세스를 검토하여 자원(시간, 인력, 컴퓨팅 능력)이 최적화될 수 있는 영역을 식별하여 분석이 효율적이고 비용 효율적으로 수행되도록 할 수 있다.

리스크 관리(risk management): 편향, 보안 취약성 또는 부적절한 모델 검증과 같은 데이터 분석 프로세스의 잠재적인 리스크를 식별하여 의사 결정에 영향을 미치기 전에 이러한 리스크를 완화하기 위한 조치를 취할 수 있다.

데이터 분석 프로세스를 검토할 때 이러한 요소를 고려하여 결과를 신뢰할 수 있고, 의미 있고, 조직에 가치가 있음을 확인할 수 있다. 이 작업의 결과물은 프로세스 검토 보고서이다. 이 문서에서는 검토 프로세스와 결과를 개략적으로 설명하고 간과했거나 재검토해야 할 단계와 같이 즉각적인 주의가 필요한 문제를 강조해야 한다.

6.4 다음 단계 결정하라

평가 단계는 다음 단계에 무엇을 할 것인지에 대한 권장 사항 제안으로 마무리된다. 이 시점에서는 기본적으로 2가지 선택이 가능하다. 첫 번째, 배치 단계로 계속 진행한다. 다음 단계에서는 모델 결과를 비즈니스 프로세스에 통합하고 최종보고서를 작성한다. 데이터 분석에 실패한 경우에도 CRISP-DM의 배포 단계를 사용하여 프로젝트 스폰서에게 배포할 최종 보고서를 만들어야 한다. 두 번째, 비즈니스 이해 단계로 돌아가서 모델을 다듬거나 교체한다. 결과가 거의 최적이 아닌 경우에는 다른 모형화를 고려해 보라. 이 단계에서 배운 내용을 바탕으로 모델을 세분화하고 더 나은 결과를 도출할 수 있다.

이 시점에서는 모델링 결과의 정확성과 관련성이 포함하여 결정한다. 분석 결과가 데이터 마이닝 및 비즈니스 목표를 충족할 때, 배치 단계에 도달할 준비가 됐다. 어떤 결정을 내리든 평가 프로세스를 철저히 문서화해야 한다. 이 작업의 결과물에는 각 대안 조치에 대해 가장 강력한 찬성 및 반대 이유를 설명하는 가능한 작업 목록과 각 가능한 조치에 대한 최종 결정과 결정 배경과 이유를 설명하는 결정을 제시해야 한다.

6.5 결론

이번 장에서는 평가 단계에 대해서 학습했다. 이 단계는 분석 결과를 실제로 사용할 것인지를 결정하는 단계다. 아무리 분석을 잘 수행했더라도 이 단계를 통과하지 못한다면, 결국 쓸모 없는 것이 된다. 데이터 분석에 너무 치우친 경우에 이 단계의 중요성에 대해 인지하지 못하는 경우가 많다. 그러나 비즈니스에 실질적인 영향을 미치지 못한다면, 데이터 분석은 아무런 가치가 없는 것이다.

이제 평가 결과에 따라 분석의 다음 단계인 배치 단계로 나가야 한다. 만일 평가에서 결과에 문제가 있다면 배치 단계로 넘어가는 것은 보류해야 한다. 어떤 경우에는 다시 분석을 수행하여 대안을 찾을 수도 있다. 분석으로 문제를 해결할 수 없음이 분명하다면, 배치 단계로 넘어가 분석을 종료해야 한다. 만약 평가 결과 모델에 대한 최종적 결정이 완료되었다면 우리는 배치 단계로 갈 수 있다. 다음 장에서 이에 대한 논의를 하도록 하겠다.

제 **7** 장

배치

◆ 서론

◆ 배치를 계획하라

◆ 모니터링 및 유지 관리를 계획하라

◆ 최종 보고서를 작성하라

◆ 프로젝트를 검토하라

◆ 결론

제7장 배치

7.1 서론

이제 데이터 분석 결과를 얻었다. 이것을 실제 비즈니스에 사용해야 하는 데 이것을 배치(deployment) 한다고 한다. 배치는 데이터 분석의 한 사이클의 최종 단계로 데이터 분석의 성공에 매우 중요하다. 적절한 배치가 없으면 비즈니스 이해, 데이터 이해, 데이터 준비, 모델링 및 평가 단계에 들어간 모든 작업이 낭비된다. 모델링 단계에서 생성된 해결 방안은 실행에 옮겨질 경우에만 가치가 있으며, 이는 배치를 통해서만 달성될 수 있다(Paleyes, Urma et al. 2022).

CRISP-DM의 배치 단계에서는 다음의 4가지 작업을 수행한다.

배치를 계획하라. 모델 배치 계획을 개발하고 문서화한다. 이 단계의 산출물은 배치 계획이다.

모니터링 및 유지관리 계획 수립하라. 모델의 운영 단계(또는 프로젝트 이후 단계)에서 문제가 발생하지 않도록 철저한 모니터링 및 유지관리 계획을 수립한다. 이 단계의 산출물은 모니터링과 유지보수 계획이다.

최종 보고서를 작성하라. 프로젝트 팀은 데이터 분석 결과의 최종 프레젠테이션을 포함할 수 있는 프로젝트 요약을 문서화한다. 이 작업의 결과물은 프로젝트 보고서와 프로젝트 프레젠테이션이다.

프로젝트를 리뷰하라. 무엇이 잘 되었는지, 무엇이 더 나을 수 있었는지, 그리고 미래에 어떻게 개선할 것인지에 대한 프로젝트 회고를 실시한다. 이 작업의 결과는 경험 문서다.

배치 단계는 정보시스템 배치(information system deployment)와 비즈니스 배치(business deployment)로 구분할 수 있다. 정보 시스템 배치는 개발된 모델을 정보시스템에 구현하여 사용하는 것을 의미한다. 정보시스템 배치는 정보시스템의 개발이 필요하기 때문에 정보시스템 전문가(예, 데이터 엔지니어, 정보시스템 분석가, 정보시스템 개발자)의 참여가 필수적이다. 정보시스템 전문가들의 입장에서 개발된 모델의 운영이 어렵거나, 더 나아가 불가능하다면 데이터 분석 결과는 활용될 수 없다. 유명한 Netflix 추천 시스템 경진대회의 경우 우승을 한 벨 연구소의 연구 결과가 실제로는 구현되지 못했다는 것은 많이 알려진 사실이다(Hallinan and Striphas 2016). 최근 데이터 분석 결과를 정보시스템에 바로 적용할 수 있게 하기 위한 MLOps 방법론의 발전과 이를 지원하는 소프트웨어 개발이 이루어져 왔다. 머신 러닝 오퍼레이션(Machine Learning Operations)의 줄임말인 MLOps는 생산에서 머신 러닝 모델을 안정적이고 효율적으로 배포하고 유지하는 것을 목표로 하는 일련의 관행이다. 머신 러닝, DevOps(Development Operations) 및 데이터 엔지니어링의 교차점으로, 모델 개발에서 배포 및 모니터링에 이르기까지 머신 러닝 라이프사이클을 효율화하고 자동화하는 것을 목표로 한다(Tamburri 2020, Kreuzberger, Kühl et al. 2023).

배치의 두 번째 접근은 비즈니스 배치이다. 비즈니스 배치는 데이터 분석에서 얻은 결과를 활용하여 비즈니스에 적용하는 것이다. 일반적으로 엔지니어로서 데이터분석가의 경우 이것은 고려 사항이 아니다. 그렇지만, 비즈니스의 입장에서는 비즈니스 배치가 더욱 중요한 경우가 많다. 비즈니스 배치가 비즈니스 성과에 더 직접적으로 영향을 미칠 수 있기 때문이다. 비즈니스 배치의 경우 회사에서 비즈니스 업무를 담당하는 직원을 통해 기존 비즈니스 프로세스의 일부로 통합된다. 비즈니스 관점에서 모델 배치를 확인하려면 머신 러닝 모델을 배치하는 것이 비즈니스 목표와 어떻게 일치하고 조직에 이점을 주며 의사 결정 프로세스에 영향을 미치는지를 이해해야 한다(Halper 2014).

배치 계획은 모델링에서 운영으로 성공적으로 전환하는 데 필요한 프로세스와 자원을 정리하여 위험을 최소화하고 릴리스 프로세스를 간소화하는 로드 맵의 제시를 목표로 한다. 데이터 분석의 성과를 공유하려면 결과의 원활하고 포괄적인 배치를 위한 계획을 세우는 데 시간을 할애해야 한다.

배치 계획은 다음과 같은 내용을 포함한다.

배치 목표(deployment objectives): 배치의 목표와 결과를 명확하게 정의한다. 여기에는 특정 일정, 성능 벤치마크 및 사용자 만족도의 측정 기준이 포함될 수 있다. 목표를 설정하면 모든 이해관계자가 공통된 비전을 공유하고 배포의 성공 여부를 측정할 수 있다.

범위 및 일정(scope and schedule): 배포할 특정 구성 요소, 기능 또는 업데이트를 포함하여 배포 범위를 자세히 설명한다. 계획 및 준비에서 배포 후 모니터링에 이르기까지 프로세스의 각 단계에 대한 일정표를 만든다. 이를 통해 프로젝트가 정상 궤도에 있도록 지원하고 모든 이해관계자가 예상되는 이정표를 이해할 수 있다.

역할 및 책임(roles and responsibilities): 배치 프로세스에 참여한 각 팀원 또는 이해관계자에게 작업과 책임을 할당한다. 이를 통해 책임과 조정을 촉진하여 필요한 모든 작업을 효율적이고 효과적으로 완료할 수 있다.

종속성 및 요구사항(dependencies and requirements): 타사 통합, 인프라 구성 요소 또는 기타 소프트웨어 시스템과 같은 종속성을 식별하고 배포 전에 충족해야 하는 필수 구성 요소를 나열한다. 이를 통해 배포 프로세스 중에 예기치 않게 지연되는 것을 방지하고 필요한 모든 자원을 확보할 수 있다.

위험 평가 및 완화 전략(risk assessment and mitigation strategies): 배치와 관련된 잠재적 위험 및 과제에 대한 철저한 분석을 수행한다. 이러한 우려를 해결하기 위한 계획 및 전략을 개발한다. 여기에는 비상 계획, 추가 자원 또는 대체 접근 방식이 포함될 수 있다.

테스트 및 유효성 검사 절차(testing and validation procedures): 배치 프로세스 중에 수행할 테스트 및 유효성 검사 활동을 설명한다. 사용할 테스트, 도구 및 방법론을 지정하고 배포 성공 여부를 결정하는 기준을 설정한다. 이를 통해 소프트웨어가 의도된 요구 사항을 충족하고 운영 환경에서 예상대로 작동한다.

롤백 전략(rollback strategy): 배포 문제가 발생할 때 이전 버전의 소프트웨어 또는 시스템으로 되돌리기 위한 계획을 수립한다. 여기에는 문제 식별, 영향 평가 및 롤백 프로세스 실행을 위한 단계가 포함되어야 한다. 명확하게 정의된 롤백 전략을 수립하면 예상치 못한 문제가 발생할 때 최종 사용자 및 비즈니스 운영에 미치는 영향을 최소화할 수 있다.

커뮤니케이션 계획(communication plan): 배치 프로세스 전반에 걸쳐 모든 이해관계자에게 정보를 제공하고 참여할 수 있는 전략을 수립한다. 여기에는 정기적인 상태 업데이트, 진행 상황 보고서 및 배치 후 검토가 포함될 수 있다. 효과적인 커뮤니케이션은 모든 당사자가 프로젝트의 진행 상황을 인식하고 발생하는 문제나 우려에 대응할 수 있도록 도움이 된다.

조직은 이러한 각 핵심 요소를 종합적으로 구축 계획에서 포함함으로써 배포 프로세스의 효율성, 효과 및 성공을 크게 향상할 수 있다. 이는 결과적으로 비즈니스와 최종 사용자 모두에게 더 나은 결과로 이어진다.

배치 계획은 일반적으로 배치 관리자(deployment manager), 프로젝트 관리자(project manager) 또는 기술 책임자(technical lead)가 주도한다. 프로젝트의 크기와 복잡성에 따라 시스템 관리자(system administrators), 시스템 개발자(systgem developers) 및 시스템 분석가(system analysts)와 같은 다른 이해관계자도 참여할 수 있다.

7.3 모니터링 및 유지 관리를 계획하라

소프트웨어를 배치할 때 일반적으로 가동 시간, 대기 시간 및 메모리 활용률과 같은 것을 모니터링한다. 하지만 머신 러닝 모델의 경우 고려해야 할 사항이 이보다 훨씬 더 많다. 데이터 과학자는 배치 중에 모델을 면밀히 추적하고 피드백을 수집하여 모든 것이 제대로 작동하는지를 확인해야 할 수도 있다. 하지만 곧이어 다른 프로젝트로 넘어가게 되고 배치된 모델은 쉽게 무시될 수 있다. 따라서 모델 모니터링을 구현하는 것이 사후 고려 사항이 되지 않도록 개발 자체에서 모델 모니터링 계획을 세우는 것이 일반적으로 좋다(Ehrlinger and Wöß 2022).

그러면 어떻게 효과적인 모델 모니터링 계획을 세울 수 있을까? 모니터링 계획의 수립 시 고려해야 할 요인에는 다음과 같은 것들이 있다(Jayawardena 2021).

성과 지표. 주요 모델 성능의 모니터링 목표는 선택한 모델링 기법의 모니터링 지표를 기반으로 모델이 계속해서 좋은 결과를 도출하는지 확인하는 것이다. 시간이 지남에 따라 지표 값의 변화를 살펴보고 변화가 특정 임곗값을 통과할 때마다 경고를 설정하여 이를 모니터링한다. 모델을 개발하는 동안 모델의 성능을 평가하기 위한 몇 가지 적합한 지표를 결정했을 것이다. 모델과 사용 사례에 따라 다른 성능 지표가 가장 합리적일 것이다. 예를 들어, 사기 모델에서는 가능한 한 적은 거짓 음의 값을 갖기를 원하므로 전체 정확도는 큰 의미가 없다. 마찬가지로 일부 모델에서는 다른 세그먼트(연령, 성별 등)의 성능에도 관심이 있다. 따라서 모델의 성공 여부 결정에 도움이 된 동일한 지표를 계속 모니터링하는 것이 중요하다.

속성 분포. 초기 탐색적 데이터 분석과 마찬가지로 가장 중요한 속성의 특징을 모니터링하여 속성 분포가 어떻게 변화하고 있는지 확인할 수 있다.

- 특이치/가능한 값의 범위(outliers/range of possible values): 학습 데이터 세트에서 가능한 값의 범위와 도메인 지식에 기초한 가능한 값의 범위를 관찰함으로써 예상되는 한계를 벗어난 새로운 값이 들어올 때 경고를 받을 수 있다. 이는 속성에 대한 데이터 입력이 실제로 변경되었거나 데이터 원천/데이터 처리에서 오류일 수 있으므로 발생할 수 있다.
- 결측 값의 개수(number of nulls): 속성에 따라 일정한 평균 결측값의 수가 존재할 것으로 예상할 수 있지만 시간이 지남에 따라 결측값의 수가 증가하기 시작하면 문제가 발생할 수 있다. 결측값이 증가한 특징이 모델의 주요 특징 중 하나일 경우 이 문제는 더 큰 문제가 된다. 이를 모니터링하면 이를 조기에 포착하고 개입할 수 있다.
- 히스토그램(Histograms): 히스토그램의 스냅샷을 촬영하면 시간에 따른 데이터 분포의 변화를 관찰할 수 있다.

임곗값(threshold values). 모니터링 계획을 수립하고 이를 실행하는 것의 요점은 우리가 모델이 악화되는 것을 조기에 발견할 수 있도록 하는 것이다. 이를 위해 우리는 다른 임곗값을 설정하기를 원한다. 임곗값은 모델 성능을 모니터링하기 위해 설정되지만 속성 드리프트(attribute drift)와 같은 것을 모니터링하기 위해 확장될 수도 있다. 좋은 방법은 일반적으로 경고 임곗값과 중요 임곗값을 설정하는 것이다. 경고 임곗값을 초과하면 모델을 즉시 교체 또는 재보정해야 하는 것이 아니라 조사를 시작할 수 있다. 어느 쪽이든 조사하고 대응할 시간이 있으면 일시적인 상황이거나 덜 심각한 문제일 수 있다. 중요 임곗값은 모델이 수행해야 할 절대 최소로 설정될 수 있다. 초과하면 무엇인가 심각하게 잘못되어 있으며 즉시 점검이 수행되어야 한다. 모델이 실제 사용에서 중단되거나 사람이 개입할 수도 있다. 이는 단지 예시일 뿐이며 엄격한 규칙이 아니다. 실제 배치는 모델, 위험 수준 및 비즈니스에 따라 다르다.

비즈니스 핵심성과지표(Key Perfromance Indicators; KPI). 대부분의 모델은 비즈니스 문제를 해결하거나 개선하려고 시도하고, 이는 핵심성과지표의 효과가 비즈니스 지표의 형태로 나타날 수 있음을 의미한다. 일반적으로 KPI가 하락하면 모델의 성능이 이미 저하되었음을 의미한다. 예를 들어, 고객 이탈을 예측하는 모델의 성능이 좋지 않을 때 분기별 구독 갱신이 감소한다. 따라서 KPI를 모니터링하고 모든 것이 정상인지 확인하고 문제가 발견되면 이에 따라 모니터링 계획을 조정하는 것이 중요하다.

모니터링 빈도. 이제 성능 측정지표(performance matrics)을 결정하고 적절한 임곗값을 설정했으므로 모니터링 및 검토를 얼마나 자주 수행해야 하는지 결정해야 한다. 이는 모델 출력의 중요도, 데이터/트렌드가 얼마나 쉽게 변경될 수 있는지 및 사용 가능한 자원에 따라 달라진다. 일부 모델은 임곗값 위반 여부와 그에 따른 조치를 매년 확인할 수 있다. 더 중요한 출력의 경우 빈번한 모니터링을 설정할 수 있다.

모든 모델에 대해 실시간 모니터링을 설정하지 않는 이유는 무엇일까? 가장 중요한 모델은 자체 실시간 모니터링과 모델의 상태를 표시하는 대시보드가 있을 수 있다. 그러나 회사 기술 자원에 따라 전용 모니터링을 지속적으로 설정할 수 없을 수 있다. 실시간 모니터링의 경우 보고서를 통한 연간/분기별 모니터링보다 유지보수가 더 문제가 된다. 임곗값 변경 사항, 알림이 필요한 사람에 대한 변경 사항 등은 즉시 업데이트해야 하며, 많은 수의 모델에서는 구성이 최신이 아닐 가능성이 높아질 수 있다. 그렇지만, 모델을 훨씬 더 자주 업데이트해야 하는 사용 사례가 분명히 있다. 여기에서는 더 긴 기간(분기별, 연간, 그리고 아마도 매달)에 걸쳐 모니터링 되는 모델에 초점을 맞추고 있다.

이해관계자. 모델 배포의 경우 일반적으로 다수의 이해관계자가 있다. 일부는 데이터 및 모델 자체(데이터 과학자, 데이터 엔지니어, 데이터 과학 관리자)에 관심이 있고 다른 일부는 모델의 결과(모델 사용자, 비즈니스 이해관계자)에 관심이 있을 것이다. 의료, 보험 또는 금융과 같은 일부 산업은 모델의 공정성을 점검하기 위해 규제팀을 배치할 것이다. 모델이 성능이 떨어지는 것으로 판명될 때 상황에 따라 적절한 이해관계자에게 연락해야 한다. 문제가 발생한 후 이 프로토콜을 스크램블하고 파악하는 것보다 항상 사전에 결정해야 한다(Sato, Wider et al. 2019).

재보정 계획. 지속적으로 모델의 성능이 떨어지는 것으로 확인되면 관련 이해관계자는 어떤 조치를 취할 것인지 결정해야 한다. 여기에는 일반적으로 모델 재학습 또는 새 모델 생성이 포함된다.

이 작업의 결과물은 모니터링 및 유지 관리 계획이다. 이것은 모델의 성능을 지속적으로 검토하기 위한 전략을 요약한 것이다. 지속적으로 올바르게 사용되고 있으며 모델 성능의 저하가 감지되는지 확인해야 한다. 다음 문제에 대해 메모하고 최종 보고서에 포함해야 한다.

- 각 모델 또는 결과에 대해 어떤 요인 또는 영향(예: 시장 가치 또는 계절 변동)을 추적해야 하는가?
- 각 모델의 유효성과 정확성을 어떻게 측정하고 모니터링할 수 있는가?
- 모델이 "만료"된 시점을 어떻게 결정하겠는가? 정확도 임곗값 또는 예상되는 데이터의 변경 등에 대한 구체적인 정보를 제공한다.
- 모델이 만료되면 어떻게 되는가? 새로운 데이터로 모델을 간단히 재구축하거나 약간의 조정을 할 수 있는가? 아니면 새로운 데이터 마이닝 프로젝트가 필요할 정도로 변화가 확산될 것인가?

- 이 모델은 만료된 후에도 유사한 비즈니스 문제에 사용할 수 있는가? 여기서 각 데이터 분석 프로젝트의 비즈니스 목적을 평가하는 데 좋은 문서가 중요해진다.

7.4 최종 보고서를 작성하라

최종 보고서를 작성하는 것은 이전 문서의 느슨한 결말을 묶을 뿐만 아니라 결과를 전달하는 데도 사용될 수 있다. 이것은 간단해 보이지만, 결과에 이해관계가 있는 다양한 사람들에게 결과를 제시하는 것이 중요하다. 여기에는 분석 결과의 구현을 담당하는 기술 관리자와 결과에 따라 결정을 내리는 마케팅 및 관리 후원자가 모두 포함될 수 있다.

먼저, 당신의 보고의 대상을 생각해야 한다. 기술 개발자인지, 마케팅 전문가인지에 따라 별도의 보고서를 작성해야 할 수도 있다. 두 경우 모두 보고서에는 다음 사항이 대부분 포함되어야 한다.
- 비즈니스 문제에 대한 자세한 설명
- 데이터 마이닝 수행에 사용되는 프로세스
- 프로젝트 비용
- 원래 프로젝트 계획에서 벗어난 부분에 대한 참고 사항
- 모델과 결과 모두 데이터 마이닝 결과 요약
- 제안된 배치 계획의 개요
- 탐색 및 모델링 과정에서 발견된 흥미로운 잠재 고객을 포함한 추가 데이터 마이닝 작업에 대한 권장 사항

프로젝트 보고서 외에도 프로젝트 결과를 지원 부서나 관련 부서에 제시해야 할 수도 있다. 이 경우 보고서에서 동일한 정보의 대부분을 사용할 수 있지만 더 넓은 관점에서 제공할 수 있다. 차트와 그래프는 이러한 유형의 프레젠테이션을 위해 쉽게 내보낼 수 있다. 이 작업의 결과물에는 다음 2가지 항목이 포함된다.

- 최종 보고서: 최종 보고서는 지금까지 생성된 모든 보고서를 조합하고 전체 프로젝트와 결과를 요약한 개요를 추가하여 전체 프로젝트를 요약한다.
- 최종 프레젠테이션: 최종 보고서의 요약은 경영진과의 회의에서 제시된다. 이것은 또한 미해결 문제를 해결할 수 있는 기회이다.

7.5 프로젝트를 검토하라

이것은 분석의 마지막 단계이며, 최종 느낌을 공식화하고 데이터 분석에서 얻은 교훈을 수집할 수 있는 기회를 제공한다. 당신은 데이터 분석 과정에 관련된 사람들과 간단한 인터뷰를 할 수 있다. 이 인터뷰에서 고려해야 할 질문은 다음과 같다.
- 프로젝트에 대한 당신의 전반적인 느낌은?
- 이 과정에서 일반적인 데이터 분석과 사용 가능한 데이터에 대해 무엇을 배웠나?
- 프로젝트의 어떤 부분이 잘 진행되었나?
- 어디에서 어려움이 발생했나?
- 혼란 완화에 도움이 될 만한 정보가 있었나?

데이터 분석 결과가 배포된 후에는 고객 또는 비즈니스 파트너와 같이 결과의 영향을 받는 사람들을 인터뷰할 수도 있다. 여기서 목표는 프로젝트가 가치 있었는지 여부와 프로젝트가 창출하기 위해 설정한 이점을 제공했는지를 결정하는 것이다. 이러한 인터뷰의 결과는 데이터 분석에서 얻은 교훈에 중점을 두어야 하는 최종 보고서에서 요약될 수 있다. 마지막으로, 데이터 분석 팀은 무엇이 효과가 있었는지, 무엇이 효과가 없었는지, 무엇을 다시 해야 하는지, 무엇을 피해야 하는지에 대해 논의하기 위해 모인다. 이 단계에도 성과물이 있지만, 데이터 분석 팀을 위한 것이지 관리자 또는 고객을 위한 것은 아니다. 이것은 경험 문서 보고서이다. 여기에서는 특히 잘 작동한 작업 방법을 개략적으로 설명하여 나중에 다시 사용할 수 있도록 문서화하고 프로세스를 개선할 수 있도록 해야 한다. 또한 향후 유사한 문제를 방지하기 위한 권장 사항과 함께 문제와 나쁜 경험을 문서화할 수 있다.

배치의 성공적인 수행을 통해 데이터 분석은 그 효용성을 인정받는다. 실제 배치되지 않은, 즉 활용되지 않은 분석은 빛 좋은 개살구이다. 아무리 최신 기법을 써서, 현란한 기술을 가지고 분석을 했더라도 현실에 배치되어 활용되지 않는다면 아무런 가치가 없는 것이다. 이번 장에서 우리는 CRISP-DM을 기반으로 배치단계에 수행할 중요한 작업에 대해 학습을 했다. 실제의 배치는 여기에서 배운 것보다 훨씬 어려울 수 있다. 각각의 프로젝트의 상황이 다르기 때문이다.

구현 단계가 종료되면 분석의 한 사이클 종료된다. 일반적으로 데이터 분석 프로젝트도 종료한다. 그렇지만, 조직의 입장에서는 데이터 분석의 종료를 의미하지는 않는다. 경영이 조직이 존재하는 한 지속적으로 존재하듯이 데이터 분석도 지속적으로 존재한다. CRISP-DM의 모델을 다시 한번 살펴보자. 바깥 쪽에 있는 큰 원으로 된 화살표가 보이는가? 이것은 데이터 분석이 한번에 끝나지 않고 지속적으로 수행되어야 하는 것임을 명확히 나타내는 것이다.

제**8**장

결론

제8장 결론

　책에서는 AI Studio를 활용하여 머신 러닝 데이터 분석을 수행하기 위한 방법에 대해서 배웠다. 저자는 독자들이 데이터 분석의 기초적인 개념 이해할 수 있도록 설명하고, 데이터 분석 프로젝트 맥락에서 데이터 분석을 어떻게 수행할지를 설명하는 데 초점을 두었다. 기초적인 개념을 아는 것이 중요하다. 모든 아름답고 웅장한 건축물이 좋은 기초를 기반으로 하여 세워졌다. 기초가 튼튼하면 더 높고, 더 크게 지을 수 있는 것이다.

　이 책의 내용이 다양하고 복잡한 현실의 문제를 풀기에는 부족할 수 있다. 더 많은 학습이 필요할 것이다. 어떻게 하면 더 많이 배울 수 있을까? 당신이 이 책을 통해 데이터 분석에 대한 기초적인 지식을 갖게 되었다면 실제의 문제에 적용해 볼 것을 제안한다. 실제로 해 보지 않으면, 성장할 수 없다. 실제의 문제를 해결하다 보면, 예측하지 못했던 문제에 직면하게 될 것이다. 이 문제를 해결해 나가면서 분석의 역량이 향상되는 것이다.

　공간의 제약으로 인해 여기에서 AI Studio의 모든 기능과 오퍼레이터에 대해서 설명할 수 없다. 학습을 하는 좋은 방법은 AI Studio가 제공하는 Help 메뉴의 오퍼레이터 설명을 참조하여 지식을 넓히는 것이 필요하다. 학습에는 상상력이 필요한 것 같다. 문제를 해결하기 위해 필요한 기능이 무엇인지 곰곰히 생각하고, 그것이 AI Studio에서 제공되는지 확인해 보는 습관을 갖는다면 더 잘 배우게 될 것이다.

　시작이 반이고, 천리길도 한 걸음부터이다. 이제 데이터 분석의 세계에 첫 발을 들여놓았으니 힘차게 앞으로 나가길 바란다.

참고문헌

Arthur, D. and S. Vassilvitskii (2007). k-means++: The advantages of careful seeding. Soda.

Borgelt, C. (2005). An Implementation of the FP-growth Algorithm. Proceedings of the 1st international workshop on open source data mining: frequent pattern mining implementations.

Breiman, L. (1996). "Bagging predictors." Machine learning 24: 123-140.

Breiman, L. (2001). "Random forests." Machine learning 45: 5-32.

Breiman, L. (2001). "Statistical modeling: The two cultures." Statistical Science 16(3): 199-123.

Chen, X., Y. Fang, M. Yang, F. Nie, Z. Zhao and J. Z. Huang (2017). "Purt-reeclust: A clustering algorithm for customer segmentation from massive customer transaction data." IEEE transactions on knowledge and data engineering 30(3): 559-572.

Cilimkovic, M. (2015). "Neural networks and back propagation algorithm." Institute of Technology Blanchardstown, Blanchardstown Road North Dublin 15(1).

Cortez, P., A. Cerdeira, F. Almeida, T. Matos and J. Reis (2009). "Modeling wine preferences by data mining from physicochemical properties." Decision support systems 47(4): 547-553.

Cover, T. and P. Hart (1967). "Nearest neighbor pattern classification." IEEE transactions on information theory 13(1): 21-27.

Cox, D. R. (2018). Analysis of binary data, Routledge.

Darlington, R. B. and A. F. Hayes (2017). "Regression analysis and linear models." New York, NY: Guilford: 603-611.

Davenport, T. H. (2006). "Competing on analytics." Harvard business review 84(1): 98.

Ehrlinger, L. and W. Wöß (2022). "A survey of data quality measurement and monitoring tools." Frontiers in big data 5: 850611.

Friedman, J. H. (2001). "Greedy function approximation: a gradient boosting machine." Annals of statistics: 1189-1232.

Gartner. (2017). "Gartner Says More Than 40 Percent of Data Science Tasks Will Be Automated by 2020." Retrieved 04/02, 2024.

Hallinan, B. and T. Striphas (2016). "Recommended for you: The Netflix Prize and the production of algorithmic culture." New media & society 18(1): 117-137.

Halper, F. (2014). "Predictive analytics for business advantage." TDWI Research: 1-32.

Hecht-Nielsen, R. (1992). III.3 - Theory of the Backpropagation Neural Network**Based on "nonindent" by Robert Hecht-Nielsen, which appeared in Proceedings of the International Joint Conference on Neural Networks 1, 593–611, June 1989. © 1989 IEEE. Neural Networks for Perception. H. Wechsler, Academic Press: 65-93.

Huang, B., M. T. Kechadi and B. Buckley (2012). "Customer churn prediction in telecommunications." Expert Systems with Applications 39(1): 1414-1425.

Jayawardena, N. (2021). "Model Monitoring Plan." Retrieved May, 19, 2024, from https://practicalml.net/Model-Monitoring-Plan/.

Jurafsky, D. and J. H. Martin (2024). Speech and Language Processing.

Kasem, M. S., M. Hamada and I. Taj-Eddin (2024). "Customer profiling, segmentation, and sales prediction using AI in direct marketing." Neural Computing and Applications 36(9): 4995-5005.

Kohavi, R. (1996). Scaling up the accuracy of Naive-Bayes classifiers: a decision-tree hybrid. Proceedings of the Second International Conference on Knowledge Discovery and Data Mining. Portland, Oregon, AAAI Press: 202-207.

Kreuzberger, D., N. Kühl and S. Hirschl (2023). "Machine learning operations (mlops): Overview, definition, and architecture." IEEE access.

Latham, G. (2020). Goal setting: A five-step approach to behavior change. Organizational collaboration, Routledge: 10-20.

Moro, S., R. Laureano and P. Cortez (2011). Using Data Mining for Bank Direct Marketing: An Application of the CRISP-DM Methodology. The European Simulation and Modelling Conference(ESM'2011), Guimarães, Portugal.

Paleyes, A., R.-G. Urma and N. D. Lawrence (2022). "Challenges in deploying machine learning: a survey of case studies." ACM computing surveys 55(6): 1-29.

Quinlan, J. R. (1986). "Induction of decision trees." Machine learning 1: 81-106.

Quinlan, J. R. (2014). C4. 5: programs for machine learning, Elsevier.

Rittho, O., R. Klinkenberg, S. Fischer, I. Mierswa and S. Felske (2001). Yale: Yet another learning environment. LLWA 01-Tagungsband der GI-Workshop-Woche Lernen-Lehren-Wissen-Adaptivität.

Ruder, S. (2016). "An overview of gradient descent optimization algorithms." arXiv preprint arXiv:1609.04747.

Sato, D., A. Wider and C. Windheuser. (2019). "Continuous Delivery for Machine Learning - Automating the end-to-end lifecycle of Machine Learning applications." Retrieved May, 19, 2024, from https://martinfowler.com/articles/cd4ml.html.

Sinaga, K. P. and M.-S. Yang (2020). "Unsupervised K-means clustering algorithm." IEEE access 8: 80716-80727.

Steinwart, I. and A. Christmann (2008). Support vector machines, Springer Science & Business Media.

Tamburri, D. A. (2020). Sustainable mlops: Trends and challenges. 2020 22nd international symposium on symbolic and numeric algorithms for scientific computing (SYNASC), IEEE.

Ünvan, Y. A. (2021). "Market basket analysis with association rules." Commu－
nications in Statistics-Theory and Methods 50(7): 1615-1628.

Wirth, R. and J. Hipp (2000). CRISP-DM: Towards a standard process model for
data mining. Proceedings of the 4th international conference on the prac－
tical applications of knowledge discovery and data mining, Manchester.

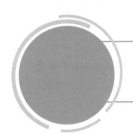

색인

저자소개

김양석

계명대학교

No Code 빅데이터 분석: Altair RapidMiner AI Studio를 활용한 분석실무

초판발행   2024년 10월 31일

지은이   김양석
펴낸이   안종만·안상준

편 집   탁종민
기획/마케팅   장규식
표지디자인   BEN STORY
제 작   고철민·김원표

펴낸곳   ㈜ **박영사**
              서울특별시 금천구 가산디지털2로 53, 210호(가산동, 한라시그마밸리)
              등록 1959.3.11. 제300-1959-1호(倫)
전 화   02)733-6771
f a x   02)736-4818
e-mail   pys@pybook.co.kr
homepage   www.pybook.co.kr
ISBN   979-11-303-2052-6 93000

copyright©김양석, 2024, Printed in Korea

* 파본은 구입하신 곳에서 교환해드립니다. 본서의 무단복제행위를 금합니다.

정 가   25,000원